KB060602

신쌤의
통합논술
완전정복

신쌤의
통합논술
완전정복

신진상 지음

바야흐로 중도의 시대입니다. 중도가 먼저 만개한 곳은 정치 분야입니다. 진보도 중도, 보수도 중도, 중간파도 중도 모두 중도를 표방하고 있습니다. 시인 김지하의 말대로 중도는 이제 시대정신으로까지 번져 갈 추세입니다. 중도라는 말이 애매하기는 하지만 진보와 보수의 장벽을 허무는 대연정, 대통합의 정치임은 부인키 어렵습니다. 학계에서는 통섭이 대유행입니다. '통섭'이란 말은 지식의 대통합을 뜻하는 라틴어 계통의 '컨실리언스Consilience'를 번역한 용어로서, 원효대사가 '모든 것을 다스린다'는 뜻으로 쓴 말입니다. 이 용어는 2005년 이화여대 최재천 교수가 자신의 스승인 에드워드 윌슨의 책 《컨실리언스》를 번역하면서 알려졌습니다. 한마디로 경계를 허문다는 뜻이지요. 학문과 학문 간, 정확히는 인문학과 자연 과학의 경계를 허문다는 뜻입니다. 산업계에서도 통섭 마인드를 적극 받아들이기 시작했습니다. 예를 들어 진화 생물학을 전공한 최재천 교수는 귀뚜라미 수컷이 암컷을 부르는 소리 신호에 기초한 신개념의 휴대전화를 SK텔레콤과 공동으로 개발 중입니다. 이때 학문과 현실 간 경계를 허무는 것으로 해석될 수 있겠지요. 문화계에서도 통합은 낯설지 않습니다. 온라인과 오프라인의 창조적 만남, 디지로그는 전형적 통합의 사례라고 볼 수 있지요.

왜 논술 책 서문에서 논술 이야기는 하지 않고 사회 이야기를 하는지 궁금하시지요? 저는 세상이 논술과 무관하지 않다고 생각합니다. 중도, 통합, 통섭, 디지로그 등으로 불리는 사회 현상들이 바로 통합 논술이 대학 입시의 핵심으로 등장하는 것과 어떤 필연적인 관계가 있다는 말이지요. 지난 10년 동안 우리나라 고등학생들이 밤을 새워 공부한 이유는 수능에서 고득점을 받기 위해서였습니다. 하지만 수능은 문항당 정답률이 70%에 이를 정도로 변별력도 떨어졌고 정답을 찾는 단순 훈련을 반복하게 함으로써 학생들에게 참을성 이상은 길러 주지 못합니다. 세상은 통합을 원하고 문제 해결 능력과 창의력을 원하는데 입시 제도는 그와는 반대의 길을 걸었던 것이지요. 일부에서는 학벌 사회, 양극화, 천민자본주의 등 우리 사회 모순과 병폐의 직접적인 원인이 교육 제도 그중에서 객관식 시험에 있다고 주장합니다. 저 역시 전적으로 동의합니다. 저는 각 대학들이 논술, 통합 논술을 강조하는 이유가 단순한 변별력 확보 차원에서가 아니라 우리 대학과 우리나라가 살 길을 찾고 경쟁력을 확보하기 위한 특단의 조처에서 기인한 것이라고 생각합니다. 저는 통합 논술에서 교육 아니 우리 사회를 바꿀 수 있는 힘을 보았습니다.

제가 이 책을 기획한 동기는 이렇습니다. 저는 이런 이야기를 출판 관계자로부터 듣고 깜짝 놀란 적이 있습니다. 시중에 나와 있는 논술 교재를 주로 사보는 사람들은 학생이 아니라 논술 강사나 학교 교사들이라는 것이지요. 정작 필요한 학생들은 제목에 '논술' 자들어가는 책들을 외면한다는 겁니다. 가장 큰 이유는 난이도 문제입니다. 학생 눈높이에서 쉽게 논술을 설명해 주는 책이 드물다는 것이지요. 사실 제대로 된 논술 책이라면, 한 번 읽고 논술이 쉬워졌다고 말할 수는 없더라도 '논술이 뭔지 대충 감이 온다' 정도는 누구나 느껴야 하는 것 아닐까요? 통합 논술이 어려울수록 논술 교육에 종사하는 사람이라면 당연히 당의정을 입히는 시도를 해야 한다고 생각하게 된 것이지요. 그래서 저는 어떻게 하면 학생들이 통합 논술을 가장 쉽게 받아들일 수 있을지 고민했습니다. 그 결과, 지식이나 노하우를 가르치는 방식이 아니라 학생들이 선생님과 마음을 열고 문답식으로 대화를 주고받는 방법이 가장 효과적이라는 사실을 깨달았습니다. 저는 논술 지도를 이렇게 합니다. 학생들에게 화두를 던져 주고 스스로 생각해 본 뒤 자신의 생각을 정리해 표현할 수 있도록 옆에서 도와주는 멘토의 역할이지요. 그래서 이 책

쌤, 논술의 고수가
되고 싶어요!

은 처음부터 끝까지 강의와 대화의 절충을 유지하고 있습니다.

제가 통합 논술에서 강조하는 것은 주제 통합이 아니라 형식의 통합입니다. 저는 학생들을 가르치기 전에 신문사와 잡지사에서 9년 정도 기자 생활을 했습니다. 지금도 국내 최초의 논술 주간지를 펴내는 출판사에서 편집 부장직을 맡고 있습니다. 기자란 직업이 힘들면서, 묘하게 매력이 있는 것이 바로 마감 시간과의 전쟁입니다. 기자들은 마감 시간이라는 숙명 속에서 살면서 아는 것을 언제든 곧바로 글로 토해 내는 능력을 자연스럽게 갖춥니다. 책을 읽고 내 것으로 만든 것, 사람을 만나 취재한 내용들을 바로바로 글로 엮어 내는 훈련을 했기 때문입니다. 기자들에게는 읽기와 쓰기가 분리되지 않고 바로 연결이 되는 것이지요. 저는 이 과정을 읽고 쓰기 과정의 통합이라고 명명했습니다. 통합 교과 논술에서 요구되는 능력은 문과 이과의 주제 통합도 필요하지만 읽고 생각한 것을 바로바로 글로 표현할 수 있는 능력을 키우는 일이 더 중요합니다. 내가 읽은 것을 요약하고 평가해 보고 견해를 다는 방식으로 준비하다 보면 자연스럽게 통합 논술의 기초 체력이 생기는 것이지요.

저는 학생들에게 논술 지도를 하면서 강조하는 원칙이 세 가지 있습니다. 첫째는 절대 배경 지식만 따로 습득하지 말라는 것입니다. 둘째는 글쓰기를 따로 시간 내서 하지 말고 책이나 신문을 읽고 글이든 메모든 어떤 식으로든 생각을 표현하고 기록으로 남기라고 요구합니다. 셋째는 "사고력은 별것 아니다, 그게 내 문제라고 생각해 보는 것에서 시작된다"는 것입니다. 학생들에게 제가 하는 잔소리는 하나뿐입니다. "관심을 가져 보라" 이 세 원칙은 이 책 곳곳에서 강조되고 있습니다.

이 책은 모두 3부로 구성되어 있습니다. 1부에서는 논술이 무엇인지, 논술과 통합 논술은 어떻게 다른지, 논술 시험에 정답이 있는지, 논술 시험에서 가장 중요한 게 창의력인지 독해력인지, 논술 시험에서 암기가 필요한지 그렇지 않은지 등등을 하나하나 따져 갑니다. 논술의 실체에 대해 따지는 이상의 논술이 있을 리 없지요. 2부에서는 통합 논술에서 가장 중요하다고 평가되는 독해력을 구체적으로 어떻게 업그레이드시킬 수 있는지 방법을 소개합니다. 논제는 어떻게 분석하는지, 어떤 글들이 제시문으로 나오는지, 제시문들은 어떤 순서로 독해해야 하는지, 요즘 부쩍 는 그림과 도표 제시문은 어떻게 대처해야 하는지 등을 다룹니다. 마지막 3부는 쓰기 파트로 독해력을 키우면서 쓰기 능력도 키우는 요약의 비법과 논리적으로 사고하고 논증적으로 글쓰기 위한 단계별 글쓰기 훈련법, 최고의 글쓰기 교재로 평가받는 신문 100% 활용법 등을 담고 있습니다.

각 장은 학생들과의 대화 형식으로 진행되거나 아니면 학생들이 이메일로 질문을 보내 와 답변하는 편지글 형태로 되어 있습니다. 문어체 문장보다 구어체 문장이 현장감을 더 느끼게 해주고 학생들이 훨씬 더 몰입할 수 있을 것이라고 판단하고 문체는 반말 투를 사

쌤, 논술의 고수가
되고 싶어요!

용했습니다. 현장 강의를 그대로 중계한 것은 아니지만 제가 수업 중에 학생들과 대화한 내용들이 적잖이 포함돼 있습니다. 학생들의 도움이 없었다면 아마 이 책은 탄생하지 못했을 겁니다.

논술을 하면 할수록 묘한 매력을 느낍니다. 바로 소통의 즐거움입니다. 저는 통합과 논술의 최대 교집합이 상호 이해와 소통의 정신이라고 생각합니다. 부모님들에게는 조금 죄송하지만 아이들에게 논술 실력을 키우는 만큼 소통의 즐거움도 더 느끼게 해주고픈 바람이 있습니다. 세상에 관심이 없고 자기 관심사 외에는 말문을 전혀 열지 않던 학생들이 수업이 진행될수록 조금씩 변하는 모습을 보고 저는 논술 교육에서 큰 희망을 발견합니다. 옛말에 '부급추사 불원천리負笈追師不遠千里(책 보따리를 짊어지고 스승을 찾아 천릿길도 마다하지 않는다)'는 말이 있지요. 저는 공부하는 자세란 모름지기 이래야 한다고 생각했는데 지금 와서는 선생도 그래야 한다는 생각이 드는군요. 소통하는 즐거움 때문에 선생도 학생들을 위해서라면 천릿길도 마다하지 않아야 한다는 뜻이지요.

비록 직접 강의가 아닌 책을 통한 만남이지만 독자 여러분과 제가 이 자리를 빌려 소통할 수 있는 즐거움을 공유했으면 합니다.

2007년 8월

신쌤 드림

Contents

통합 논술에 대한 통념을 깨자!

제시문과 친해지면 논술이 쉬워진다!

논리적으로 생각하고 논증적으로 써라!

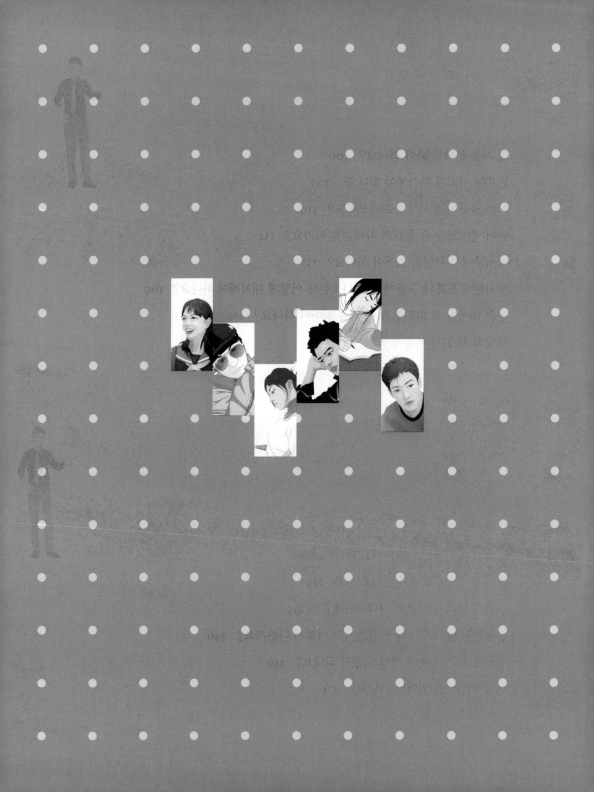

CHAPTER 1

통합 논술에 대한
통념을 깨자!

01

쌤, 논술이 뭐예요?

쌤   너희들 논술을 공부하려고 여기에 왔지? 그것도 남들 다 쉬

     는 일요일 아침에 늦잠도 못 자고 나왔잖아?

  예.

쌤   본격적인 강의를 시작하기 전에 너희들에게 먼저 묻고 싶은

     게 있어. 너희들 논술이 뭔지 아니?

학생A 논리적인 글쓰기 아닐까요?

쌤   글쓰기는 다 알 테고 논리적이란 말은 무슨 뜻일까?

학생A 자기주장에 합당한 근거를 대는 능력 아닐까요?

쌤   '말이 된다'거나 '합리적'이라고 할 때 그게 바로 논리적이라

는 거지. 쌤도 동의해. 그런데 논술이 논리적인 글쓰기란 건 일종의 분석명제야. 분석명제란 건 술어가 주어에서 도출된다는 뜻이야. 무슨 이야기인고 하니, "지구는 둥글다"라는 말은 지구地球라는 말에 이미 둥글다球라는 뜻이 포함돼 있기 때문에 하나마나한 소리라는 거야. 대신 "지구의 반지름은 약 6,130km"라는 명제는 종합명제라고 해. 반지름의 길이는 지구라는 개념에 포함돼 있는 것이 아니라 실험 및 추리에 의해 인식될 수 있기 때문에 그런 거지. 여러 사실들을 종합해 봐야 하잖아? 논술이 논리적인 글쓰기라는 것은 분석명제는 되어도 종합명제는 될 수 없는 거야. 다르게 정의하고 싶은 사람 없나? 분석명제는 이제 안 받는다.

학생B 세상과의 대화 아닐까요?

 (웃는다.)

쌤 시적인 표현이구나. 나도 네 견해에 적극 동의한다. 쌤이 보기에도 논술은 세상과의 대화야. 세상을 어떻게 보고 있고 세상을 어떻게 느끼는지 차분하게 기술하는 글이라고 할 수 있지. 그런데 많은 사람들이 이 견해에 동의하지 않는구나.

학생B 왜요?

쌤 논술 시험의 본질을 보지 못한 표현이라는 거야.

★★★★★

논술 시험은 등수를 가르는 시험이 아니라 합격과 불합격을 가르는 시험이라는 점이 다르지. 따라서 합격과 불합격의 기준이 뭔지가 제일 중요하고 그다음이 유형과 주제가 중요하다는 거야.

학생C 논술 시험의 본질이 뭔데요?

쌤 논술 시험의 본질은 논술 이전에 시험이라는 거야. 시험은 합격과 불합격, 1등과 2등을 가리는 평가를 위한 도구잖아? 논술 시험은 등수를 가르는 시험이 아니라 합격과 불합격을 가르는 시험이라는 점이 다르지. 따라서 합격과 불합격의 기준이 뭔지가 제일 중요하고 그다음이 유형과 주제가 중요하다는 거야. '세상과의 대화' 이런 식의 표현은 비유는 멋들어질지 몰라도 현실적이지는 못하다는 거야. 대개 학원에서 논술을 오래 가르친 쌤들이 이런 생각을 갖고 있어. 그들은 "논술은 수능 이후에 치르거나 수능 이전에 치르는 대학 입학시험으로, 그 형식은 원고지나 답안지에 서술의 형태로 일정 분량의 글을 쓰는 시험"이라고 정의를 내려야 한다는 거지.

학생D 그렇게 이야기하려면 수능은 정부에서 주관하고 내신은 고등학교에서 맡고 논술은 대학에서 자율적으로 출제하는 시험이라고 해야 정확하지 않을까요? 시험의 주체도 다 다르잖아요?

쌤 맞아. 그런 의미에서 논술은 대학별 고사라고 볼 수 있지. 수능이 국가가 주관하는 대학 입학 자격시험이라면 대학별 고사는 대학들이 자기네들이 원하는 기준의 대학생을 선발하는 시험이야. 대학교는 어떤 학생을 뽑으려고 하겠니? 공부와 연구를 잘 할 수 있는 사람을 선발하려고 하지 않겠어? 공부와 연구는 어떻게 하니?

학생A 전공 서적을 읽고 리포트를 써 내야 하지 않나요?

쌤　너희가 대학에 들어가면 지금보다 훨씬 많이 글을 써야 해. 구체적으로는 리포트. 평소에 책을 읽고 연구한 결과물을 리포트 형식으로 제출을 해야 하지. 리포트는 보고서 혹은 소논문이라고도 하거든. 즉, 대학에서 필요한 글쓰기 능력은 이 리포트를 잘 쓰는 능력이야. 결국 대학 입학을 위한 글쓰기 능력은 이 리포트와 어떤 연관이 있겠지. 서울대학교 《대학 국어》에는 다음과 같은 말이 있단다. 예전에는 논술 고사를 준비하기 위해 자기가 지망하는 대학의 교양 국어 교재를 갖고 공부하는 학생들도 있었어. 한번 참조해 보라는 뜻에서 쌤이 내용을 인용할게.

"대학 생활은 여러 가지 글쓰기를 필요로 한다. 강의 내용과 관련되는 다양한 형태의 보고서는 학생들이 자주 써야 하는 학술적(學術的)인 글이다. ……(중략)…… 대학 생활이 학문을 위한 수련 기간이라고 한다면, 학술적 성격이 강한 여러 가지 형태의 글쓰기는 대학 생활 속에서 이루어지는 가장 구체적인 학술 연구 활동이라고 할 수 있다."

— 서울대, 《대학 국어》, '대학 생활과 글쓰기', p. 67.

학생B 논술은 예비 대학생들의 학술적인 글쓰기라는 이야기지요? 학술적인 성격이 강하다면 논술은 서론–본론–결론으로 구성된 형식적 글이라고 할 수 있겠네요.

쌤 맞아, 지극히 형식적인 글이지. 대개 서론–본론–결론으로 구성되는데 서론에서 문제 제기하고 본론에서 논증하고 결론에서 자신의 주장을 요약하는 식으로 쓴다고 하잖아? 형식이 서론–본론–결론이라면 내용은 무엇이라고 할 수 있을까?

학생C 내용은 주장과 근거가 아닐까요?

쌤 맞아. 논술문은 주장과 근거로 구성되지. 주장과 근거를 효과적으로 배치하는 것이 바로 논증이야. 그래서 논술을 논증적인 글쓰기라고도 하는 거야. 여기서 효과적이란 말은 무슨 뜻이겠니?

학생D "설득적이다"라는 뜻 아닌가요?

쌤 맞아. 설득력, 호소력이라고 하지. 글을 읽는 사람, 정확히는 채점 교수가 자신의 글을 읽고 설득을 당해야 해. 설득은 주로 무엇으로 한다고 배웠니?

학생A 이성과 논리로 하는 것 아닌가요? 감정적인 표현은 금물이라고 배웠는데요.

쌤 그렇기는 해. 하지만 감정이나 감성이 설득에 전혀 도움이 되지 않는 건 아냐. 그런 이야기는 나중에 하기로 하고. 지금까지 나온 이야기들을 종합하면 논술은 대학 입학시험으로 일

★★★★★
지금까지 나온 이야기들을 종합하면 논술은 대학 입학시험으로서 일정한 형식을 갖춘 논증적인 글쓰기 시험이라고 할 수 있겠네? 너희 생각은 어때?

정한 형식을 갖춘 논증적인 글쓰기 시험이라고 할 수 있겠네? 너희 생각은 어때?

 동의해요.

쌤 서론-본론-결론은 논술 답안지의 형식이고 논술 문제지의 형식은 아냐. 모든 시험에는 답안지가 있고 문제지가 있잖아? 문제지의 형식은 뭔지 아는 사람?

학생B 제시문이 있고…….

쌤 제시문을 제일 먼저 이야기하는구나. 제시문은 대학 측에서 자료로 제시하는 지문이야. 글을 쓸 때 참조하라고 하는데 단순한 참조가 아니라 정확하고 꼼꼼한 분석이 필요하지. 제시문을 주는 이유는 학생들이 쓰는 글의 방향을 어느 정도 정해 주려는 의도야. 그래야 채점이 편하지 않겠어? 또 한 가지 이유는 우리나라 학생들의 독서량이 부족한 탓이야. 글 쓸 때 쓸 거리, 즉 배경 지식이 없기 때문에 글을 쓰기 힘들다는 거야. 그런 학생들의 편의를 위해서 제시문을 제공하는 거지. 제시문 외에 뭐가 있을까? 논술 시험에서 다루는 문제의 주제를 뭐라고 하는지 들어봤니?

학생C 논제 아닌가요?

쌤 맞아. 논제야. '~에 대해서 논하라'라고 할 때 '~'이 논제가 되는 거지. 문제지는 논제와 제시문으로 구성되어 있어. 이게 다일까?

학생D 유의 사항도 있지 않나요?

쌤 맞아. 원고지 몇 자로 쓰라든지, 제목을 달라든지, 서론을 쓰지 말고 본론부터 쓰라든지 하는 유의 사항이 있어. 따라서 우리나라 논술 시험은 '논제-제시문-유의 사항'으로 구성되어 있는 글쓰기 시험이라고 할 수 있어. 쌤의 강의는 전반부에서는 논술 시험 문제를 분석하고 후반부에서는 논술 답안지 쓰는 방법에 대해서 이야기할 거야. 전반부 강의에서는 논제, 제시문, 유의 사항 이런 단어들이 나오면 두 눈 부릅뜨고 긴장해서 들어라. 후반부에서는 서론-본론-결론, 논증 이런 단어들이 나오면 졸다가도 퍼떡 일어나야 해. 알았지. 다음 시간부터는 본격적인 논술 공부에 들어가기로 하자.

논술이면 논술이지,
통합 논술은 또 뭐예요?

학생A 쌤!

쌤 왜?

학생A 중학교 때는 논술을 배웠거든요. 그런데 고등학교 들어와서
는 통합 논술을 배우라고 해요. 논술과 통합 논술이 다른 건
가요?

쌤 좋은 질문이다. 나머지 학생들은 이 친구 궁금증에 대해 답해
줄 수 있니?

(쥐 죽은 듯 조용하다.)

쌤 주관식은 어렵다 이거지, 그럼 문제를 객관식으로 바꿔 볼

게. 다음 명제는 통합 논술에 대해 전문가들이 정의한 내용이 야. 이중에서 가장 그럴 듯한 정의를 찾아 봐.

① 통합 교과 논술이란 여러 영역의 원리를 조합해 문제 해결에 활용하는 창의적 사고 능력을 평가 하는 시험이다.

② 통합 교과 논술은 자신이 알고 있는 지식의 양을 측정하는 게 아니라 자기가 알고 있는 지식을 어 떤 문제 상황에 적용하는 능력을 헤아리는 시험이다.

③ 통합 교과 논술도 기존 논술과 별반 다르지 않다. 언어 및 문장 구사 능력과 논리적인 추론 능력 을 평가하는 시험이다.

④ 특정 교과의 암기된 지식을 묻고 그 답의 옳고 그름을 평가하는 결과 중심형 시험이 아니라, 문 제 해결 과정을 지켜보는 과정 중심형 시험이다.

①번에 가장 많은 학생들이 손을 든다. ②번과 ④번에 손을 든 학생도 눈에 띈다. 하지만 ③번에 손을 드는 학생들은 한 명도 없었다.

쌤   역시, 통합 논술이 뭔지 몰라도 너희들은 통합 논술이 기존의 논술과 확실히 다르다는 것은 느끼고 있구나. 쌤이 보기에는 모두 맞는 말이야. 하지만 쌤에게 하나를 고르라면 ④번을 고 르고 싶어.

학생B 왜요? 논술에서는 창의력이 제일 중요하다고 하지 않나요? 제가 보기에는 ①번이 통합 논술의 본질을 가장 잘 표현한 것 같은데.

쌤 일리가 있어. 그런데 창의력을 측정하기 어렵단다. 그 이야기는 나중에 하기로 하고 오늘은 통합 교과 논술의 정의에 대해서만 논의를 집중해 보자. 선생님은 암기한 지식을 측정하는 게 아니라 그 과정을 보겠다는 것이 통합 논술의 가장 큰 특징이라고 생각하기 때문에 ④번에 비중을 더 둔 거야. 그런데 너희들 결과보다 과정을 중시하겠다는 게 무슨 말인지 아니?

학생C 답이 아니라 풀이 과정을 보겠다는 뜻 아닌가요? 답이 틀려도 풀이 과정이 맞다면 부분 점수를 줄 수 있다는 뜻 같은데요?

쌤 맞았어. 선생님은 이런 비유를 하고 싶어. 만약에 논술 시험 문제에서 1+1이 뭐냐는 질문이 나왔다고 쳐. 기존의 시험에서는 답을 2라고 쓴 사람은 맞고 나머지는 다 틀리잖아? 하지만 한 친구가 "1+1=1이다. 왜냐하면 내가 슬퍼서 눈물 한 방울을 흘렸다. 그 눈물이 고여 있는 위에 또다시 눈물 한 방울을 흘렸는데 여전히 한 방울이더라. 따라서 1+1=1이다" 라고 썼다면 어떨까? 극단적인 비유지만 선생님은 결과보다 과정을 중시하는 시험에서는 이 학생에게 부분 점수를 줄 수

★★★★★

만약에 논술 시험 문제에서 1+1이 뭐냐는 질문이 나왔다고 쳐. 기존의 시험에서는 답을 2라고 쓴 사람은 맞고 나머지는 다 틀리잖아? 하지만 한 친구가 "1+1=1이다. 왜냐하면 내가 슬퍼서 눈물 한 방울을 흘렸다. 그 눈물이 고여 있는 위에 또다시 눈물 한 방울을 흘렸는데 여전히 한 방울이더라. 따라서 1+1=1이다"라고 썼다면 어떨까? 극단적인 비유지만 선생님은 결과보다 과정을 중시하는 시험에서는 이 학생에게 부분 점수를 줄 수 있다고 생각해. 왜 일까?

있다고 생각해. 왜일까?

학생D 그 이유가 그럴 듯해서 아닐까요?

쌤 맞아. '그럴 듯하다'는 말이 된다는 뜻이지. 설득력이 있다는 뜻일 거야. 이 친구는 기본적인 수학 지식이 부족했지만 자신의 주장을 정당화하기 위해서 그럴 듯한 이유를 댔기 때문에 부분 점수라도 받을 수 있는 거지. 쌤은 이게 중요하다고 생각해. 답보다는 답을 내는 과정이 그럴 듯해야 한다는 거야. 이게 바로 결과보다 과정이 중요하다는 말이 갖는 뜻일 거야. 모두 이해되지?

학생A 쌤, 결과보다 과정을 중시한다는 게 무슨 뜻인지 알겠어요.

하지만 쌤, 그게 기존의 논술과 통합 논술이 다른 결정적인 이유가 될까요?

쌤 좋은 질문이다. 사실 통합 논술뿐 아니라 모든 논술 시험이 결과보다는 과정을 중시해. 왜냐하면 논술이란 답이 나올 때까지 그 과정을 죽 서술하는 주관식 시험의 일종이기 때문이야. 교수님들이 채점할 때 답이 결론에 있으니 결론만 보면 되겠구나, 이런 생각을 갖지 않으시거든. 서론부터 결론까지 죽 읽기 마련이지. 사실 선생님의 개인적인 생각이지만 이런 관습은 우리말의 구조와도 상관이 있어. 우리말은 주어와 서술어 사이에 많은 단계가 있단다. 주어가 맨 먼저 오고 서술어가 맨 나중에 오지. 영어는 주어 다음에 서술어가 오잖아. 우리말은 충분한 과정을 거쳐서 결과를 말하게 돼 있어. 결론을 듣기까지 과정을 다 들을 수밖에 없는 거야. 이 학생이 무엇을 말하려고 하는지를 알려면 끝까지 다 들어 볼 수밖에 없잖아? 그래서 우리말을 제대로 하려면 결론 못지않게 과정에도 신경을 써야 하는 거야. 그런데 이런 점은 통합 논술이 아니라 논술의 일반적인 특징이라면 너희 말대로 통합 논술만의 특징을 찾아봐야겠구나. 일단 다른 문항들을 하나하나 따져 볼까? ①번 보기부터 보자. 너희들은 ①번 문항에서 제일 중요한 게 뭐라고 생각하니? 일단 먼저 나온 창의적 사고력은 접어 두고.

학생B   '여러 영역의 원리' 아닐까요?

쌤   맞아. 이 말은 한 문제에 역사, 사회, 과학 등 다양한 교과 영역이 얽혀 있다는 뜻이지. 선생님이 예를 하나 들게. 이 문항은 2007년 2월 서울대에서 실시한 2008학년도 통합 논술 시험 모의고사 문제야. 잘 봐라. 제시문이 길어서 인용은 하지 않고 제시문들의 출처와 논제만 밝힐게.

【문항 3】 (가) 고등학교 《한국 근 · 현대사》 교과서

          (나) 고등학교 《경제》 교과서, 고등학교 《경제지리》 교과서

          (다) 고등학교 《한국 근 · 현대사》 교과서

1. 제시문 (가)는 개화기 직전 조선 사회의 상황을, 제시문 (나)는 오늘의 세계화 상황을 기술하고 있다. 이 두 상황의 유사점과 차이점을 설명하시오.

2. 오늘의 세계화 상황을 알고 있는 입장에서 제시문 (다)를 참고하여 당시 조선 사회가 당면한 문제에 대한 대책을 마련하시오.

— 서울대, 2008학년도 모의 논술 고사 (가형), 2007. 2. 22.

위 문항의 제시문은 《한국 근 · 현대사》 교과서, 《경제》 교과서, 《경제지리》 교과서에서 출제되었어. 역사 교과와 경제 교과가 통합된 형태이지. 이게 바로 교과 통합이야. 그런데

여기서 선생님이 질문 하나 할게. 보기 ①번에서
문제 해결에 적응하는 능력이라는 게 뭘까?

학생C 어떤 문제가 있어서 그 문제를 해결하라는 뜻 아닐까요?

쌤 그럼 단도직입적으로 물을게. 이 문항에서 문제가 뭘까?

학생C 세계화 아닌가요?

쌤 맞아. 논술은 문제를 찾아서 그 문제에 대한 대안을 찾으라고
요구하는 시험이야. 그 문제는 대개 제시문에 숨어 있어. 아
마 이 출제자는 세계화의 문제점과 그 대책에 대해서 묻고 싶
었을 거야. 여기에 논술과 통합 논술 사이의 결정적인 차이가
있어. 예전이라면 세계화를 다룬 칼럼이나 경제 전문가의 글
들을 제시문으로 활용했겠지. 하지만 통합 교과 논술은 다른
영역의 지식들을 연결시킬 수 있는 영역 전이형 사고력을 측
정하기 때문에 생뚱맞게 역사 교과서에서 인용한 거야. 무슨
의도로 그랬을까?

학생D 세계화의 상황은 조선 말기 개화의 상황과 유사하잖아요? 따
라서 당시 개화냐, 쇄국이냐를 놓고 고민했던 우리 조상들을
되돌아보면 오늘날 우리가 골머리를 앓고 있는 세계화의 대
책을 찾는 데 어떤 실마리를 얻을 수 있을 것이라고 생각한
것은 아닐까요?

쌤 탁월한 해석이다. 너는 당장 서울대 논술 시험 치러도 되겠
다. 선생님이 보기에도 그래. 여기서 서울대 관계자의 말을

인용해 볼게. "고등학교 교과과정에 제시된 내용을 토대로 주어진 문제 상황을 다각적이고 심층적인 사고로 재구성하는 능력을 측정하겠다." 바로 여기서 문제 상황은 오늘날의 세계화이고 다각적인 사고는 그것을 100년 전의 우리 역사와 연결시키는 것이지.

학생A 쌤, 실제 문제를 보니까 통합 논술이 뭔지 드디어 알 것 같아요. 그런데 보기 ①과 보기 ②가 결국 비슷한 이야기 아닌가요? 자기가 알고 있는 지식을 어떤 문제 상황에 적용할 줄 안다는 게 결국 여러 영역의 원리를 조합해 문제 해결에 활용하는 것이 될 테니까요.

쌤 하나를 가르쳐 주니 열을 아는구나. 이제 통합 논술이 뭔지 알게 됐으니 선생님이 쳐 놓은 함정이 보이는구나. 맞아 ①번과 ②번은 같은 소리야. 여러분이 함정을 찾는지 못 찾는지 시험해 보려고 한 거야.

쌤도 제대로 몰랐던 것은 아니고요?

???

03

바칼로레아와 우리 논술이
닮았다고 하던데요

쌤   너희들, 바칼로레아라고 들어 봤니?

학생A   프랑스 대학 입학시험이라는 사실 정도는 알아요.

쌤   어디, 그 이상 아는 학생 없어?

(조용하다. 쌤과 눈길을 마주치지 않으려고 고개를 돌리거나
숙인다. 자신에게 질문이 떨어질까 심히 걱정하는 눈치다.)

쌤   누가 잡아먹냐? 모를 수도 있는 거지. 근데 쌤이 왜 바칼로레
       아 이야기를 꺼내는지 의도가 궁금하지 않니?

학생B   논술 시험하면 프랑스의 바칼로레아를 최고로 치지 않나요?
       바칼로레아를 상표로 한 논술 상품들도 많은 것 같고요. 그런
       현실에 대해서 딴죽을 걸고 싶은 것 아닌가요?

★★★★★

많은 사람들은 우리나라 논술 시험이 바칼로레아와 닮았다고 해. 하지만 쌤은 그렇게 생각하지 않아. 우리나라 논술 시험의 지향점이 되어야 한다면 모를까, 현실은 아닌 것 같아. 지향점이란 말은 지금 당장은 아니더라도 앞으로 그런 방향으로 나아가야 한다는 정도로 이해하면 돼. 이제부터 왜 그런지 쌤이 설명해 줄게.

쌤 맞아. 정말 그런지 한번 따져 보자는 거야. 많은 사람들은 우리나라 논술 시험이 바칼로레아와 닮았다고 해. 하지만 쌤은 그렇게 생각하지 않아. 우리나라 논술 시험의 지향점이 되어야 한다면 모를까, 현실은 아닌 것 같아. 지향점이란 말은 지금 당장은 아니더라도 앞으로 그런 방향으로 나아가야 한다는 정도로 이해하면 돼. 이제부터 왜 그런지 쌤이 설명해 줄게. 다음 문제를 볼래?

> – 스스로 의식하지 못하는 행복이 가능한가?
> – 철학이 세상을 바꿀 수 있는가?
> – 예술 작품은 반드시 아름다운가?
> – 권력 남용은 불가피한 것인가?

학생C 어려워요. 그것도 굉장히 어려워요.

학생D 어렵다기보다는 막연하다, 추상적이라는 표현이 더 적절할 것 같아요. 뭐를 어떻게 써야 할지 모르겠어요.

쌤 바칼로레아에 대해서 좀 더 부연 설명을 해줄게. 바칼로레아는 프랑스의 고등학교 졸업 자격시험이야. 한국은 고등학교를 졸업하면 자동적으로 졸업장이 주어지지만 프랑스는 달라. 바칼로레아를 통과해야 중등교육과정에 해당하는 고등학교 졸업 자격이 인정되지. 이와 함께 대학에서 고등교육을 받을 수 있는 자격도 주어진단다. 프랑스는 대학도 평준화된 곳이니까 바칼로레아만 합격하면 웬만한 대학은 어디든 들어갈 수 있어. 나폴레옹 때부터 시작했다고 하니 역사가 200년에 이르는 셈이지. 우리는 철학 과목이 바칼로레아 논술 시험인 것처럼 알고 있지만 실은 철학뿐 아니라 프랑스어, 역사·지리, 수학 등 일반 교과목도 모두 논술식으로 시험을 치른단다. 이것들을 통칭해서 바칼로레아라고 부르는 거야. 우리에게는 굉장히 낯설고 어려운 주제인데 프랑스에서는 암기식 교육이 아니라 모든 교과 과정이 책을 읽고 글을 쓰는 논술식 교육으로 이뤄지기 때문에 실제 체감 난이도는 그렇게 높지 않다고 해. 합격률이 80%나 되는 바람에 시험이 변별력을 잃었다는 지적도 있어. 엄밀히 말해서 바칼로레아와 우리나라 논술은 근본부터 달라. 우리나라 논술은 대학마다 문제가 다른 대학별 고사 형식이지만 바칼로레아 시험은 고등학교 3학년 학생이 같은 문제로 시험을 치른다는 점에서 우리로 치면 수능과 더 비슷한 시험이야. 우리나라 논술 시험은 대학교수들이 출제하지만 바칼로레아는 고등학교 교사들이 출제와 채점을 맡아. 그리고 가장 큰

★★★★★

엄밀히 말해서 바칼로레아와 우리나라 논술은 근본부터 달라. 우리나라 논술은 대학마다 문제가 다른 대학별 고사 형식이지만 바칼로레아 시험은 고등학교 3학년 학생이 같은 문제로 시험을 치른다는 점에서 우리로 치면 수능과 더 비슷한 시험이야. 우리나라 논술 시험은 대학교수들이 출제하지만 바칼로레아는 고등학교 교사들이 출제와 채점을 맡아. 그리고 가장 큰 차이가 있어.

차이가 있어. 누구 아는 사람?

학생A 제시문이 있고 없고의 차이 아닐까요?

쌤 맞아. 바칼로레아 시험은 제시문(물론 텍스트를 분석하는 형식의 시험도 있기는 있단다)이 없고 달랑 논제만 있지. 반면에 우리나라 논술 시험은 논제와 함께 제시문이란 것이 적게는 하나, 많게는 7개씩 있단다. 이 차이가 무엇을 말해 줄까?

학생B 논제를 제시문의 틀 안에서 분석하고 그에 따라 자신의 주장도 범위를 한정하라는 요구 아닌가요? 제시문 범위 바깥으로 논지를 전개하는 것은 허용하지 않겠다는 뜻 같은데요.

쌤 바로 그거야. 예를 들어 '스스로 의식하지 못하는 행복이 가능한가'란 주제로 글을 쓴다고 치자. 너는 어떤 식으로 글을 쓰겠니?

학생C 저라면 일상에서 느끼는 소소한 행복에 대해서 쓸 것 같은데요.

쌤 그게 에세이지, 논술이 될 수 있을까?

학생D 저라면 존재, 살아 있음 그 자체가 행복이 될 수 있다는 식으로 글을 쓸 것 같아요.

쌤 그것도 논술로 보기는 어렵지 않을까? 그걸 증명하기가 쉽지 않을 거야. 어떤 식으로 증명할 건데? 개인적인 단상에 가까운데 객관적인 근거를 갖고 설득할 수 있겠니?

학생A 저라면 행복을 분류해 볼 것 같아요. 의식할 수 있는 행복과

의식하지 못하는 행복을요. 전자는 쉽게 사례를 들 수 있잖아요. '내가 행복하구나'라고 느끼는 순간이 누구에게나 있으니까요. 따라서 행복을 의식할 수 있다는 점은 누구나 인정할 거예요. 하지만 저는 의식하지 못하는 행복이 분명히 있을 수 있고 그것이 어떤 상황에서 가능하다는 점을 논리적으로 주장하겠어요. 예를 들면 "그건 복에 겨워서 하는 소리"라고 할 때 남들이 보기에는 분명 '나는 행복한데 나 자신은 그것을 못 느낀다'는 말이 되잖아요?

쌤 처음에는 어렵다는 녀석들이 봇물 터진 것처럼 의견을 쏟아 놓는구나. 처음에는 어려운 것 같지만 그 주제에 관해서 생각해 보고 다른 학생들과 토론을 통해 그 생각을 공유하다 보니까, 어때? 생각이 마구마구 샘솟아 오르는 느낌 안 드니? 쌤이 보기에는 그게 바로 바칼로레아의 힘이야. 처음에는 낯설지만 들으면 들을수록 좋아지는 재즈 음악 같다고나 할까?

듣고 보니 그럴 듯한 비유네요.

쌤 그럼 다음 문제를 볼래?

같은 행복을 다룬 문제인데 어떤 차이가 느껴지지 않니?

학생B 제시문을 비판적으로 참고하라고 했으니 제시문 분석이 중요하지 않을까요?

학생C 개인적인 행복을 묻는 게 아니라 사회 구성원 전체의 행복 지수를 묻고 있네요.

학생D 이혼율과 행복의 상관관계를 묻고 있군요. 결국 도표와 그래프의 해석 능력이 필요하지 않을까요?

학생A 우리나라 논술 시험이 훨씬 더 구체적인 것 같아요, 논제와 제시문에서 무엇을 써야 할지 구체적으로 쓸 거리를 다 지정해 주고 있잖아요?

쌤 너희 말이 맞아. 분석 또는 해석이 제일 중요하겠지. 반면 바칼로레아는 뭐가 제일 중요할까?

학생A 나를 객관화하는 능력이 필요하지 않을까요?

쌤 조금 쉽게 풀어서 설명해 볼래?

학생A   내가 행복한지 아닌지를 돌아봐야 하고, 내가 어떤 예술 작품들을 보았을 때 미를 느꼈는지 그것을 생각해 보고 글로써 드러내야 하니까요.

쌤   결국 경험 혹은 개성이 제일 중요하다는 이야기 아닐까? 여기서 경험은 직접 경험뿐 아니라 책을 통한 간접 경험도 포함되는 거야.

 그런 것 같아요.

쌤   반면 서울대 논술 시험에서는 내 경험으로 글을 풀어 가기보다는 정확한 분석과 독해를 바탕으로 주장을 전개해야 유리하다고 할 수 있겠지. 결국 무슨 이야기니? 우리나라 논술 시험은 제시문으로 자신의 부족한 경험을 보완할 수 있다고 한다고 해도 틀린 말은 아니지?

학생B   선생님이 결국 하고 싶은 말은 배경 지식이 중요하지 않다는 이야기네요. 우리나라 논술 시험은 제시문이 많으니까 그 주제에 관한 직접 경험이나 간접 배경 지식이 없어도 제시문에 의존해서 논지를 충분히 전개할 수 있다는 이야기 아닌가요?

쌤   맞아. 바로 그거야. 우리나라 논술은 학교 측에서 쓰라는 걸 쓰는 시험이지 내가 쓰고 싶은 걸 쓰는 시험이 아니라는 거야. 바칼로레아와 근본적으로

다른 이유가 여기에 있어. 그런데 얘들아? 쌤은
우리나라 논술 시험, 그중에서 통합 논술은 일본
과 비슷하다는 생각을 해.

그래요? 증거를
대보실래요?

쌤   우선 통합 논술이란 개념 자체가 일본에서 나온 거란다. 이미
일본에서는 우리나라처럼 단수 논제가 아니라 복수 논제로
논술 시험을 치른 지 10년이 넘었어. 처음에는 우리처럼 긴
글을 쓰다가 200자에서 1,000자 사이의 짧은 글을 쓰는 시험
으로 바뀐 거란다. 일본 대학 논술 시험은 상당히 난해한 글
을 제시하고는 그 글을 요약하거나 설명하라고 한 다음 글에
대한 수험생의 견해를 물어. 어떤 문제에서는 요약 능력을 보
고, 어떤 문제에서는 논리적 사고 능력을 보고, 어떤 문제에
서는 창의력을 보는 등 과정별로, 단계별로 평가하고 있어.
우리나라 통합 논술 시험 형식과 유사하지. 실제 쌤이 일본
대학의 논술 시험 문제를 보여 줄게. 과연 바칼로레아와 일본
대학 논술 시험 중에 어떤 것이 우리와 닮았는지는 쌤이 말
안 해도 알 수 있을 거라고 생각해. 그리고 이를 2007년도 서
강대 정시 논술 고사 논제와 비교해 볼래? 서강대는 우리나

라 대학 중에서 바칼로레아와 가장 유사하다고 평가되는 학
교야.

※ 다음의 제시문 A, B, C는 웃음과
재미, 해학에 관한 글이다. 제시문이
문제 삼는 바를 정리하고, 제시문
D, E도 참조하여 그 문제에 관해 자
유롭게 논하라(2,400자 이내).

— 도쿄대, 2003년도 문Ⅲ과 통합 논술 문제

※ [문항 1 : 800~900자, 배점 60%] 제시문
(가)~(라)에 나타난 '웃음'에 관한 두 견해의 특
징적 논점을 제시하고, 이를 바탕으로 (마)의
'필자' 입장을 변론하라(단, (마)에서 추출할 수
있는 논거를 (가)~(라)의 논거와 긴밀하게 관련
지어 논술할 것).

— 서강대, 2007학년도 정시 논술 문제

우리나라 논술 시험은 프랑
스보다는 확실히 일본을 닮
았네요.

04

채점 기준을 보면
창의성이 가장 높던데요

학생A 쌤, 지난번에 우리나라 논술은 바칼로레아가 아니라고 했잖
아요? 그러면서 창의성이 우리나라 논술에서는 중요하지 않
다고도 했지요.

쌤 그랬지.

학생A 선생님 말씀이 틀린 것 같아요. 대학들 채점 기준을 보면 창
의성이 가장 높던데요. 제가 증거를 가져왔어요. (학생 A는
2004년에 실시된 서울대 모의고사 채점 기준표를 근거로 제시했다.
이 기준에 따르면 이해 분석력 20%, 논증력 30%, 창의력 40%, 표현
력 10%로 창의력의 배점이 가장 높았다. 이 기준은 2007년도까지 실
시된 정시 논술 고사의 채점 기준과 거의 비슷한 것으로 추정된다.
실제로 학교 측은 지난 2004년 공개된 채점 기준이 2007년 정시까지

변함없이 적용되어 왔다고 밝혔다. 서울대 측은 2008년 1월에 치러
지는 통합 논술도 거의 이 기준과 유사할 것이라고 밝혔다.)

쌤 **넌, 창의력이 무엇이라고 생각하니?**

학생A **창의력은 창의적 사고로서 남과 다르게 생각하는
능력이라고 볼 수 있지 않을까요?**

쌤 학교 측은 뭐라고 설명했는지 볼까? (서울대에서 발표한 채점
후기를 학생들에게 읽어 준다. 다음은 그 내용이다.)

※ 창의력은 심층적·다각적 사고를 통한 주장 및 관점의 독창성을 의미한다. 대부분의 학생들은
비슷한 문장으로 같은 주장을 반복하며 교훈조의 결론으로 끝맺는다. 이는 기존 논술 참고서에 제
시된 정형화된 방식에 기초하여 비슷한 예상 문제를 가지고 연습한 결과로 추정된다. 학생들은 자
신의 독자적인 사고 능력을 표출하기보다는 예상 문제에 대한 답안을 암기하는 방법으로 논술에 대
비하지 않았는지 의심하지 않을 수 없다. 논술의 원래 목표인 논리적, 비판적, 창의적 사고의 표출
을 도외시하고 모범 답안의 작성에 치중한다면 결코 좋은 평가를 받지 못할 것이다. 창의력은 여러
평가 항목 가운데 가장 기대에 미치지 못했으며 점수 편차가 가장 심한 항목이다. 이번 채점 결과에
서도 독창적인 논리를 전개한 답안은 예외 없이 높은 점수를 받았다.

잘 들었지. 결국 서울대에서 말하는 창의력을 한 마디로 요약
하면 독창성이라고 볼 수 있겠네. 그런데 쌤은 이런 의문이

생겨. 독창성을 점수로 환산하는 채점 기준을 정하기가 쉬울까? 예를 들어 누구 눈에는 형편없는 글이 멋진 글로 보일 수 있지 않을까? 다음의 경우를 보자. 당시 논제는 '기계의 발달이 시장 체계를 발전시켰다는 점을 이야기하는 제시문 1과 철도의 부설이 시간과 공간의 의미를 변화시켰음을 이야기하는 제시문 2의 논지를 발전시키고 그것들을 서로 연결하여 산업 혁명 이후 오늘날에 이르기까지 기계의 발전이 인간의 ①사회적 관계와 ②문화적 양식을 어떻게 변화시켜 왔으며, 이러한 변화가 지니는 의미가 무엇인지를 논술하시오'였어. 다음 글은 당시 86점으로 가장 높은 점수를 받은 학생의 글이야. 한번 읽어 볼래? (학생들에게 10분 정도 시간을 주어서 읽게 한다. 학생들이 다 읽었다고 하자 학교 측에서 이 학생의 글을 평가한 대목 중 창의력 부분만 읽어 준다.)

옛 우화 중에 이런 이야기가 있다. 산에 원숭이 한 마리가 살고 있었다. 원숭이가 자연 속에서 자유와 행복을 누리며 살던 어느 날, 여우가 꽃신을 들고 찾아왔다. 이걸 신으면 발에 돌이 박히지 않고 더 자유롭게 돌아다닐 수 있다는 여우의 말에, 원숭이는 그후로 계속 여우가 준 꽃신을 신고 다녔다. 처음에는 여우의 말대로 더 많은 자유를 얻은 것 같았지만, 여름이 되어 꽃신을 벗자 발바닥이 아파 더 이상 맨발로는 걸을 수 없는 자신을 발견했다. 그리고 원숭이는 뒤늦게 여우가 자신에게 준 꽃신이 더 큰 자유가 아닌 무서운 속박이었음을 깨닫게 된다. 원숭이와 꽃신의 관계는 인간과 기계 문명 사이의 관계와 같다. 산업 혁명 이후로 계속된 교통과 통신 등 과학 기술의 발달과 공업의 발달은 인류에게 많은 물질적 풍요를 가져다주었다. '아는 것이 힘이다'라고 말한 베이컨의 발전 지향적 사고에 따라 노력해 온 결과, 재화의 생산량은 증대되고 공간 거리는 단축되게 된 것이다. 하지만 원숭이가 더 이상 맨발로 걸을 수는 없었듯이, 문명의 발달에 따른 여러 가지 부작용이 나타났다.

제시문 1에서도 볼 수 있듯이 기계 문명은 인간을 기계화, 상품화했다. 카프카의 소설 《변신》에서 보면 주인공 그레고르는 회사에 한 번도 지각하지 않고 집안의 경제 또한 책임지는 성실한 사람이었다. 하지만 어느 날 아침, 일어난 그레고르는 거울 앞에서 두꺼운 등껍질을 가진 벌레로 변해 있는 자신을 발견하게 된다. 늦게까지 일어나지 않는 그레고르를 이상하게 여긴 가족들은 닫힌 문밖에서 그레고르를 걱정한다. 이에 아직 사회와 자신의 유대 관계는 끊어지지 않았다는 기쁨으로 닫힌 문을 열려고 노력한다. 하지만 문이 열리자 그의 모습을 본 가족들은 기겁해서 도끼로 그를 위협하며 다시 문을 닫는다. 일할 수 있는 손 대신 징그러운 많은 다리를 가지게 되어 경제적 능력을 상실한 그레고르는 가족에게 외면받은 것이다. 이는 사회의 최소 구성단위인 가정마저도 인간의 기계화와 상품화란 현대 문명의 영향력 속에서 자유롭지 못함을 상징하는 것이다. 문명에 의한 사회적 관계의 변화는 이뿐만이 아니다. 기계의 발달로 인한 시장 체계의 성립은 대량 생산으로 인한 인류의 몰개성화를 야기했다. 그렇다면 결국 이러한 사회적 변화들은 인간의 본연성으로부터의 이탈, 즉 인간 소외를 의미한다고 볼 수 있다. 시장 자본주의에서 인간은 단지 한 단위의 노동 요소로 간주된다. 소설 《변신》에서 그레고르가 벌레로 변한 날만 결근했음에도 불구하고 전화를 걸어 그레고르를 몰염치하고 불성실한 무뢰한으로 몰아붙이는 회사의 태도를 보면 인간 소외 현상을 볼 수 있다. 일말의 인간애도 없이 결근의 대가로 해직을 선고하는 회사의 행동은 인간 자체보다 그 인간의 노동적 가치를 중시하는 사회의 모습을 그대로 보여 준다.

기계 문명의 발달은 문화적 측면에서도 여러 가지 변화를 가져왔다. 교통과 통신의 발달은 문화의 획일화를 가져왔다. 발달한 정보 매체와 운송 수단을 통해 중심지의 문화가 주변의 문화를 흡수하기 시작한 것이다. 또한 문명의 발달은 행위 동기를 이윤 동기로 변화시켰다. 제시문 2에서도 볼 수 있듯이 기차는 단지 출발과 목적만은 아는 것이다. 자신의 목표, 즉 이윤 이외의 중간지들과는 아무런 연관성이 없는 것이다. 문명 발달은 사람들의 전통적인 가치관과 의식에도 혼란을 가져왔다. 문명 사회는 인류에게 생각의 변화도 요구하는 것이다. 이러한 문화적 변화는 다음의 두 가지를 의미한다고 볼 수 있다. 첫째는 이윤 동기가 판단의 주요한 요소가 됨에 따라 소유 양식의 삶을 사는 사람이 많아졌다는 것이다. 헤르만 헤세의 《데미안》에서 보면 주인공 싱클레어는 가정에서 어머니의 무조건적이고 따뜻한 사랑을 받으며 산다. 언제나 화목한 이 독실한 기독교 가정은 존재 양식적 삶을 대변하고 있다. 반면에 싱클레어가 사회에서 접하게 되는 아이인 크로머는 소유 양식적 삶을 살고 있다. 자신의 이익을 위해서 싱클레어가 사과를 훔쳤다고 거짓말한 것을 빌미로 싱클레어를 협박하여 돈을 갈취한다. 자신의 이익만을 고려하는 이기주의적이고 모든 것을 가지려고 하는 소유 양식의 삶을 살고 있는 것이다. 현대 사회도 기계 문명 아래 오로지 성장과 발전만을 목표로 자연과의 생태학적 관계나 다른 구성원과의 유대는 고려하지 않으며 달려 나가고 있다. 결국 이것은 현대 사회 역시 소유 양식적이라는 것을 반증한다. 둘째는 전통 의식의 혼란에 따른 아노미 현상을 들 수 있다. 증가하고 있는 자살이나 반인륜적 범죄는 아노미 현상을 의미한다.

그간 인류는 기계의 발달을 통해 물질적 풍요라는 혜택과 시공간의 단축이라는 혜택을 향유해 왔다. 하지만 이러한 변화는 인간을 자연으로부터 분리시켰고 지역의 고유성을 파괴하는 부작용을 가져왔다. 결국 이것은 현대 사회가 자본주의를 기반으로 한 이익 사회라는 것을 알려 준다. 이익 사회는 소유 양식의 삶을 의미한다. 요즈음 불고 있는 슬로 푸드, 느리게 살기 운동은 이익 사회가 반드시 좋은 것만은 아니라는 것을 알려 주며 미래의 우리 사회, 문화적 모습은 이익 사회의 부작용들을 어떻게 고쳐 가느냐에 달렸다.

이 글에서 가장 돋보이는 부분이 바로 창의적인 논리 전개이다. 특히 문학 작품에 대한 풍부한 예들과 철학적이고 이론적인 논의를 결부시킴으로써 글의 흐름이 딱딱해지지 않도록 한 것은 이 글의 돋보이는 점이다. 특히 도입부에 나오는 우화는 문제를 고찰하는 신선한 시각을 잘 보여 주고 있다. 또한 논의의 중요한 마디마다 구체적인 작품에 대한 검토를 집어넣음으로써 다각적이고 심층적인 논의를 가능하게 해준다.

— 서울대 측의 채점 평

학교 측에 따르면 창의력의 평균이 23점인데 이 학생은 35점을 받았다고 하는구나. 물론 표현력과 논증력에서도 높은 점수를 받았어. 다만 제시문 밖에서 제시된 예들에 대한 논의가 제시문에 나오는 논의들보다 양적으로 많다는 점에서 이해 분석력에서 상대적으로 낮은 점수를 받았구나. 그런데 똑같은 글을 논리학을 전공한 우리나라의 대표적 대중 철학자가 어떻게 평가했는지 볼까? 그대로 인용해 볼게.

"꽤 길군, 근데 이 답안은 도대체 몇 점이나 맞았을까? 내가 보기에는 높은 점수를 받았을 것 같지는 않은데……. 내용도 진부하고 제시문과 별 연관도 없어 보여. 현대가 소유 양식의 삶인가? 가족이 존재 양식의 삶이라면 여전히 현대도 기본적으로는 존재 양식의 삶이라고 할 수 있지 않나? 그리고 이익을 쫓은 것이야 고대에도 마찬가지였지. 옛날에는 도덕군자만 살았나? 옛날에도 토지와 노동을 사고팔았잖아. 옛날에는 심지어 사람도 사고팔았는데 현대에 인간이 소외되고 있어 상황이 더 악화되었다고 하니 이해가 안 가네. 사람을 매매하는 것보다 인간 소외가 훨씬 낫지."(선생님)

"잘 읽었습니다. 그런데 몇 점이나 받았습니까?"(학생)

"궁금하냐?"(선생님)

"그래 너는 몇 점으로 생각하느냐?"(선생님)

"글쎄요. 한 60점쯤 되지 않을까요?" (학생)

"허허, 짜구나." (선생님)

"몇 점으로 나왔는데 그런 말씀을 하십니까?" (학생)

"음 보자, 86점으로 나왔구나." (선생님)

"우와, 86점씩이나!" (학생)

— 《탁석산의 글 짓는 도서관 3》 (김영사) 중에서

너희들은 서울대 측과 유명 철학자의 분석 중 누구 말이 맞는 것 같니? 이 철학자는 그 책에서 문학 작품을 사례로 인용한 것과 독창적인 논의 전개가 무슨 상관이 있냐고 따지고 있어. 쌤도 그래. 문학 작품을 인용한 글이 매끄럽게 읽힌다는 점이 장점이 될 수는 있지만 독창성과 어떻게 연관되는 건지는 솔직히 잘 모르겠어. 그냥 채점자는 독창성을 다양한 독서 경험 정도로 생각한 것 같아. 같은 글에도 이렇게 평가가 엇갈리는 이유는 아마 창의성을 평가하는 객관적인 기준이 존재하기 어렵기 때문일 거야. 다른 학생들은 창의성에 대해서 어떻게 생각하니?

학생B 신기하고 기발한 것 아닌가요?

학생C 창조성이라고 할 수 있겠지요. 기계가 대체할 수 없다는 점에서 지극히 인간적이고 그런 면에서 주관적인 요소가 강하고요.

학생D 저는 다양성에 있다고 봐요. 위 학생이 창의적이라고 볼 수 있는 이유는 철학적인 주제를 문학 작품이라는 틀 속에서 녹여 놓았잖아요. 이질적인 것을 연결시켰다는 점에서 높은 점수를 줄 수 있다고 생각해요.

쌤 너희들 말이 다 옳아. 하지만 단서를 달게. 특정 관점에서 부분적으로만 옳아. 쌤은 창의성이라고 할 때는 결국 관점이 전제되어야만 한다고 봐. 예를 들어 경제적인 관점에서는 창의력을 생산력이나 경쟁력과 동일하게 볼 수 있을 거야. 반면 문화적인 관점에서는 당연한 것을 당연하다고 받아들이지 않는 것, 일상적인 것들에 대해 의문을 품는 것 등으로 볼 수 있

🔵 르네 마그리트 René Magritte(1898~1967)

벨기에 화가. 레신 태생인 그는 어려서부터 남달랐다. 어린 시절에 심취하였던 무성 영화는 그의 상상의 한계를 넓히는 데 중심적인 동력이었다. 1925년경에 초현실주의에 빠진 뒤 프랑스 파리에서 시인 폴 엘뤼아르와 사귀면서 독자적인 세계를 전개했고 앙드레 브르통을 비롯한 초현실주의 화가들과 교감을 가지면서 화풍의 틀을 구축해 갔다. 그가 격렬한 초현실주의자 가운데서도 평화주의자로 불리는 것은 신비와 괴기에 이끌리지 않고 그의 주변과 일상적인 사물에 흥미를 가지고 그 사물을 엉뚱한 환경에 옮겨 놓는 것과 같은 방법으로 딱딱한 암벽, 유리, 의자, 악기, 식빵과 같은 무기적인 이미지를 역설적으로 표현함으로써 불가사의한 세계를 만들었기 때문이다. 대상을 세밀히 표현하면서 동시에 관례적 틀로부터 그 대상을 떼어내어 다른 곳으로 공간 이동을 시킨다. 그는 대상을 그것의 본질로 되돌려 놓기 위해서는 일상적 의미 작용을 대상으로부터 제거해야 한다고 주장한다. 또한 꿈속의 환각과 결합하는 통합적인 비전 속에서 현실을 창조하고자 하였다.

을 테고. 그때는 고정관념 뒤집기라고 할 수 있겠지. 너희가 잘 아는 르네 마그리트의 그림이나 마르셀 뒤샹의 '샘'(☞2부 p.163의 그림 참조) 같은 작품들이 창의적이라고 평가받는 것은 바로 문화적 관점에서 창의성을 인정받은 경우지. 반면 과학적인 관점에서는 창의성을 기존의 영역을 변화시키거나 기존의 영역으로부터 새로운 변형을 만드는 행위로 볼 수 있지. 《창의성의 즐거움》이란 책이 있어. 미국의 유명한 심리학자인 미하이 칙센트미하이가 쓴 책인데 그 사람은 이 책을 쓰기 위해 노벨상 수상자나 예술가들을 숱하게 인터뷰했거든. 책에서는 창의성을 일종의 정신 활동으로서, 특정인의 머릿속에서 일어나는 통찰력으로 정의하고 있어. 창의적인 사람이라고 할 수 없고 창의적인 아이디어라고는 말할 수 있다는 거지. 그렇지만 실제 사람들은 창의적이라는 말을 너무 광범위하게 쓴다는 거야. 그나마 창의적인 사람들은 집중력이 있고 전혀 달라 보이는 것을 연결시키는 능력이 탁월하다고 해. 하지만 그것도 다른 사람과의 관계나 사회 제도의 후원 등이 있었기에 창의성으로 발전할 수 있었다고 해. 절대 창의적인 개인이 홀로 성장할 수는 없다는 거야.

학생A 쌤, 논술 시험에서 요구하는 창의성이 그

마르셀 뒤샹 Marcel Duchamp(1887~1968)
프랑스 화가. 1887년 외르 지방의 블랭빌-크레봉에서 태어나, 1955년에 미국으로 귀화, 1968년 뇌이아-쉬르-센에서 사망했다. 많은 작품을 남기지는 않았지만, 미술의 형태를 변화시키기보다는 미술에 대한 개념 자체에 혁신을 가져온 뒤샹은 20세기 미술에 있어 피카소만큼이나 중요한 위치를 차지하고 있다.

렇게 거창한 건 아니겠죠. 그렇다면 저희들은 논술을 포기해야 할 것 같아요.

샘   그래, 논술 시험에서 이야기하는 창의성은 그리 어려운 게 아냐. 서울대처럼 그 주제에 관련된 사례를 잘 들면 창의성이 있다고 보면 돼. 그러기 위해서는 무엇이 필요할까? 너희들은 창의성의 기반이 무엇이라고 생각하니?

학생B 흔히 열정이라고 하잖아요?

샘   그것 말고 논술 시험에서 창의성.

학생C 지난번 바칼로레아와 우리 논술을 비교한 강연에서 말한 대로라면 독해력이 아닐까요?

샘   맞아. "논술 시험은 학생의 비판적 사고력과 창의력을 평가하는 시험"이라며 우리나라 대학들은 말끝마다 창의성을 강조하지만 실은 독해력을 무엇보다 높이 사고 있어. 대학에서 요구하는 창의력은 어디까지나 논제와 제시문을 제대로 독해한 뒤에 가능한 창의력인 셈이고, 논제에 딱 맞는 사례를 들어야 하는 것이라고 할 수 있지. 논술에서 창의적인 사례를 들려면 어떻게 해야겠니?

학생A 글쎄요. 기존의 상식이나 고정관념을 깨보는 것 아닐까요?

샘   결국 관점의 문제로 돌아오는구나. 맞아. 논술 시험에서 창의성은 문화적 관점에서 창의성과 유사해. 달리 보기라고 할 수 있어. 어려운 말로 차이에 주목하는 거지. 너희는 '콜럼버스

★★★★★

논술 시험은 학생의 비판적 사고력과 창의력을 평가하는 시험"이라며 우리나라 대학들은 말끝마다 창의성을 강조하지만 실은 독해력을 무엇보다 높이 사고 있어. 대학에서 요구하는 창의력은 어디까지나 논제와 제시문을 제대로 독해한 뒤에 가능한 창의력인 셈이지.

봤지?

의 달걀'을 보면 무슨 생각이 들어?

학생A 달걀을 세우는 방법이 떠올라요. 달걀을 깨고 세웠다는 유명한 이야기요. 창의성이 무엇인지 보여 주는 사례라고 하잖아요. 진리는 의외로 쉬운 법이라는 식으로.

쌤 콜럼버스의 달걀하면 창의성을 떠올리는 것이 바로 고정관념이야. 쌤이 말하고 싶은 창의성은 이런 거야. 예전에 유명한 진보 학자가 쓴 글을 보았는데 그분은 콜럼버스의 달걀에서 타원형인 달걀을 억지로 세우려는 무모함, 달걀을 깨서라도 바로 세우려는 그 폭력을 본 거야. 목적을 위해서는 모든 수

★★★★★

쌤이 말하고 싶은 창의성은 이런 거야. 예전에 유명한 진보 학자가 쓴 글을 보았는데 그분은 콜럼버스의 달걀에서 타원형인 달걀을 억지로 세우려는 무모함, 달걀을 깨서라도 바로 세우려는 그 폭력을 본 거야. 목적을 위해서는 모든 수단을 다 쓰는 제국주의적인 탐욕이 식민지 수탈과 살육으로 이어졌다는 논리지.

단을 다 쓰는―설사 생명을 빼앗는 일일지라도―제국주의
적 탐욕이 식민지 수탈과 살육으로 이어졌다는 논리지.

학생B 대단히 창의적인데요.

쌤 한 가지 더 있어. 쌤은 사례 말고 창의성이 필요한 분야가 한
가지 더 있다고 봐.

뭔데요?

쌤 바로 대안이야. 창의적인 사고만이 독창적인 대안을 만들 수
있는 거지. 이분은 대안도 창의적이야. 결론에서 서구 제국주
의를 비판하는 게 아니라 우리 현실을 비판하고 있어. 타원형
인 달걀은 세울 수 없듯 생명을 죽음으로 되돌릴 수는 없다는
거야. 뭐를 비판하고 있다고 생각하니?

학생C 환경 문제 같은데요. 개발 지상주의자들 아닌가요?

쌤 그래, 모든 걸 경제 논리로 보는 개발 지상주의자들을 '콜럼
버스의 달걀' 일화로 스스로 부끄럽게 만든 거야. 또 하나의
살육이 이어지지 않으려면 관점을 바꿔 생명 논리로 접근해
야 한다는 거지. 역사 이야기를 하다 생명 이야기로 갑자기
전환하면서 대안을 제시하니까 사실 반대 생각을 갖고 있더
라도 여간해서는 반박하기가 어려워. 왜냐하면 저자의 콜럼
버스의 달걀에 대한 새로운 해석은 개발 지상주의자들도 부

인하기 어렵기 때문이야. 전제를 인정했더니 그 결론에 꼼짝 없이 당하게 되는 거지, 이런 글이 바로 창의적인 글이야. 여러분들이 이런 기법을 배워 논술 시험에서 적극적으로 시도해 볼 가치가 있다고 할 수 있지.

학생A 그게 어디 쉬울까요? 쌤 말을 듣고 보니 한 가지 우울한 생각이 드네요. 논술 시험에서 객관적인 평가 기준을 마련하기가 쉽지 않을 거라는 생각이 들어요.

쌤 우리가 벤치마킹하고 있는 일본의 대학들도 논술 시험에서는 독창성을 제대로 평가하기가 어렵다고 결론을 내렸단다. 일본의 주요 대학들은 논술에서 점차 독창성을 찾지 않는 추세야. 그래서 도쿄대와 게이오대는 창의성을 그다지 높게 평가하지 않는 통합 논술로 전환한 것이고 학생들의 창의성을 측정하기 위해 장문의 논술문을 쓰게 했던 와세다 대학은 결국 2003년부터 논술 시험을 보지 않기로 했어. 쌤은 솔직히 논술은 객관적 평가가 불가능하다는 생각이야. 전반적으로는 부분보다 전체가 중요하다는 건 확실해. 인상을 보기 때문에 눈, 코, 입 하나하나 잘 생긴 얼굴보다는 전체적으로 조화를 잘 이룬 얼굴이 통한다고 할까? 글을 읽고 나서 채점자들이 "설득당했다, 동감한다"라는 느낌을 받으면 높은 점수를 받을 수 있겠지. 그런데 문제는 그 과정이 지극히 개인적이고 주관적일 수밖에 없다는 거지. 내 글을 재미있게 읽어 줄 교수님을 만나는 건 운의 영역이고……. 채점의 객관성과 투명성이라는 문제는 논술 시험이 그 탁월한 교육적 기능에 비해 신뢰를 받지 못하는 이유라고 할 수 있어. 쌤은 어떤 고등학교 선생님이 쓴 글이 생각나. "대학은 고교 내신을 못 믿겠다고 하지만, 고교 교사들은 주관식 시험이나 수행 평가를 하고 나면 그 자리에서 학생들에게 점수를 공개한다"면서 "대학도 논술 시험의 예시 답안과 정확한 채점 기준을 공개하라"고 주장했어. 너희들은 어떻게 생각하니?

제발 그래 줬으면 좋겠어요.

05

그렇다면
가장 중요한 것은 뭔가요?

학생A 그런데 쌤, 지난번 강의에서 대학들은 말로는 창의성을 본다
면서 실제로는 그렇게 하기 어렵다고 말씀하셨잖아요. 그렇
다면 창의력 대신 우리 대학들은 논술 고사를 통해 어떤 능
력을 보고자 하나요? 사실 이게 우리에게는 가장 중요한 문
제예요.

쌤   논술이 발등의 불인 너희에게는 그거 이상으로 급한 게 없겠
지. 다음 자료를 보자꾸나. 2007년도 부산대학교 정시 논술
고사가 끝나고 학교 측이 밝힌 평가 항목이야. 이 학교는 내
용(27점), 구성(10점), 표현(10점), 분량(3점) 등 모두 4개 영역
으로 나눠 50점 만점을 채점 기준으로 제시했어. 이중 가장
큰 비중(54%)을 차지하는 내용 영역의 주요 평가 항목을 한

번 읽어 볼게. ①〈그림〉과 (가)의 이론이 (나), (다)에 수용된 논리를 정확하게 제시하고 있는가? ②(나)와 (다)의 진보 개념에 대한 문제점들을 (라)에 근거하여 논리적으로 서술하고 있는가? ③ '진보' 개념에 대한 인식을 종합적으로 설득력 있게 제시하고 있는가? 논제와 제시문을 보지 않더라도 진보가 주제인 것은 금방 알 수 있을 거야. ①번과 ②번을 보자. 여기에서 중요한 것은 진보 개념 그 자체가 아니라 그림과 제시문 속에서 드러난 진보 개념에 대해 정확히 분석하고 있느냐를 보고자 하는 거야. ③번은 그걸 바탕으로 자신의 진보 개념에 대한 인식을 제시할 것을 요구하고 있어. 종합적으로라는 말은 제시문 속에 드러난 개념과 본인이 생각하는 개념을 종합하라는 거야. 결국 내용은 문제를 얼마나 정확하게 읽고 학교 측 요구 사항을 얼마나 세세하게 지켰는가를 따지겠다는 거지. 결국 무슨 이야기니?

학생B 제시문 독해 능력이 제일 중요하다는 소리 아닌가요?

쌤 논술 시험이 끝날 때마다 대학 측에서 하는 이야기가 있어. 바로 제시문에 대한 정확한 이해를 바탕으로 논의를 전개할 것을 요구한다는 말이야. 이 이야기는 많은 학생들이 제시문을 제대로 읽지 못하고 문제에서 요구하는 답과는 상관없이 자신이 준비한 답을 쓴다는 이야기지.

학생C 그런 게 이른바 '붕어빵 논술'이라는 것 아닌가요?

★★★★★

논술 시험이 끝날 때마다 대학 측에서 하는 이야기가 있어. 바로 제시문에 대한 정확한 이해를 바탕으로 논의를 전개할 것을 요구한다는 말이야. 이 이야기는 많은 학생들이 제시문을 제대로 읽지 못하고 문제에서 요구하는 답과는 상관없이 자신이 준비한 답을 쓴다는 이야기지.

쌤   그렇지. '붕어빵 논술'이란 학생들의 답안에 개성이 드러나지
      않고 비슷하다는 이야기인데, 그 이유는 학생들이 학원에서
      가르쳐 준 대로 쓴 결과라고 하지. 하지만 쌤 생각은 달라. 학
      생들의 생각이 비슷하고 논술에 대한 대응 방법이 비슷하기
      때문에 그런 게 아닌가 싶어.

학생D 어떻게 해서 그런 실수를 하게 되나요? 아니 어떻게 하면 그
      런 실수를 범하지 않을 수 있나요?

쌤   방법은 간단해. 외운 것을 떠올리려고 하지 마. 생
      각하려고 들어 봐. 요즘 애들 생각이 굳었다고 하잖아.
      쌤은 학원보다는 교과서 탓이 크다고 봐. 논제에서 환경이
      나오면 반사적으로 지속 가능한 개발, 리우 회의 등을 떠올
      리는 식이지. 교과서 외에 폭넓은 독서가 뒷받침되
      어 주지 않는 한 학원에서 배우든, 학교에서 배
      우든 붕어빵 논술이란 병폐는 쉽게 고쳐지지 않
      을 거야. 그건 그렇고 이야기가 옆으로 새는 느낌이다. 채
      점 기준으로 범위를 좁혀 보자. 이번에는 쌤이 다른 학교 채
      점 기준을 보여 줄게. 동국대학교 채점 기준이야. 한번 읽어
      볼래. (학생들에게 읽기 자료를 나눠 주고 돌아가면서 큰 소리로 읽
      어 보라고 한다.)

1. 문제 및 주제의 정확한 이해

    1) 답안 작성자가 문제의 핵심을 올바르고 명확하게 파악하였는가?

    2) 주제에 관련된 핵심 용어 혹은 문장들이 사용되었는가?

2. 형식의 타당성

    1) 논증의 형식이 논리적으로 타당한가?

    2) 답안이 논리적 일관성을 잃지 않았는가?

    3) 전제로 사용된 명제들이 참인가?

    4) 결론이 명확하게 제시되었는가?

    5) 문장과 문장, 문단과 문단이 논리적으로 연결되었는가?

3. 내용의 풍부함

    1) 주제에 관련된 내용이 풍부하게 제시되었는가?

    2) 문제의 해답에 본질적인 혹은 필수적인 사항이 빠져 있지 않은가?

    3) 논점 밖의 불필요한 사항이 답안에 포함되어 있지 않은가?

4. 주관적 및 비판적 사고력

    1) 답안 작성자의 주관적 입장과 견해가 제시되었는가?

    2) 문제의 사안을 비판적인 시각에서 검토하고 진술하였는가?

    3) 답안이 작성자의 독창적인 주장을 담고 있는가?

5. 언어 사용의 적확성

    1) 표현 의도에 적합한 어휘를 선택하여 올바르게 사용하였는가?

    2) 철자법 혹은 문법의 오류는 없는가?

    3) 답안 분량이 지나치게 많거나 적지 않은가?

쌤   어떠니?

학생A 지난번 서울대와 비슷한데 창의성에 대한 평가 항목이 빠져 있네요.

쌤   맞아. 이 학교는 창의력 대신에 주관적 및 비판적 사고력이 들어 있어. 4번 항목의 3)번 보기가 바로 창의성 항목이지. 하위 항목으로 돌린 것은 그만큼 배점이 낮다는 이야기일 거야. 그 대신 이 학교는 주관적인 입장과 견해가 제시되었는가를 제일 먼저 본다고 했지. 즉, 글 쓴 사람의 생각이 드러나 있는 글을 원하는 거야. 글을 읽고 채점 교수가 "그래서 무슨 소리를 하자는 건데?"라고 할 경우, 낮은 점수를 받기 쉬운 셈이지. 이런 학교들은 흔히 하는 이야기가 있지?

학생B "어정쩡한 양비론을 피하라"라는 것 아닌가요?

쌤   맞아, 양비론은 자신의 색깔이 분명하게 드러나지 않으니까 한쪽 입장을 택하는 것보다 불리할 수 있어. 어느 쪽 입장인지 파악이 안 되는 글이 채점 교수를 괴롭히는 글이야. 그리고 한 가지 질문할게. 이 항목 중에서 읽기, 독해력과 관계가 있는 항목은 무엇일까? 네가 골라 볼래?

학생C 1번 '문제 및 주제의 정확한 이해', 3번 '내용의 풍부함'이 독해력과 관계가 깊은 것 같아요.

쌤   맞아. 1번은 독해력을 측정하는 항목이고 3번은 배경 지식을 평가하겠다는 것 같지만 논점 밖의 불필요한 사항을 명시한

★★★★★

양비론은 자신의 색깔이 분명하게 드러나지 않으니까 한쪽 입장을 택하는 것보다 불리할 수 있어. 어느 쪽 입장인지 파악이 안 되는 글이 채점 교수를 괴롭히는 글이야.

것으로 보아 역시 제시문의 틀 안에서 배경 지식을 구사해야 한다는 단서를 붙이고 있어. 그리고 쌤이 보기에는 4번의 비판적 사고력 역시 독해력과 관계가 깊단다. 왜 그럴까?

학생D 문제의 사안을 비판적으로 검토하라고 했으니, 뭐가 문제인지 독해를 제대로 해야 비판할 수 있을 것 아닌가요?

쌤 바로 그거야. 비판할 대상의 비판받을 부분을 찾는 능력도 독해력인 거지. 비판 상대를 제대로 못 고르거나 상대를 제대로 골랐다고 해도 엉뚱한 부분을 비판할 때는 논리학적으로 '허수아비 논증의 오류'를 범하게 되는 거야. 결국 부산대처럼 동국대도 평가 항목의 절반 정도가 독해력과 관계가 있지. 그리고 서울대를 포함한 대부분의 대학들이 가장 먼저 평가하는 항목이 이해 분석력이라는 사실을 잊지 말자. 이해 분석이 제대로 되어야 논증도 되고, 창의성도 표현되는 거야. 결국 논술의 기본은 쓰기가 아니라 읽기라고 말할 수 있는 셈이지.

학생A 쌤, 형식적인 면이요, 논리적 일관성 어쩌고 하는 대목이요. 그 부분은 독해력과 상관이 없나요?

쌤 좋은 질문이다. 나중에 글쓰기 파트에서 설명하겠지만 논술문은 단락 중심으로 쓰는 거야. 쌤이 보기에는 논리적인 일관성은 이 단락들의 관계가 기계적이냐 유기적이냐를 따지는 것 같아. 유기적이란 것은 관계의 필연성을 뜻해. 앞 단락과 다음 단락의 관계가 자연스럽게 이어진다는 뜻이지. 관계의 필연성 역시 제시문과 관계가 있어. 자신의 글이 관계의 필연성을 확보하기 위해서는 먼저 논제, 제시문과의 관계에서 필연성을 확보해야 해. 그래서 독해력이 중요한 거야. "제시문에 대한 정확한 이해를 바탕으로 논의를 전개할 것을 요구한다"는 말은 바로 이 점을 강조하는 거고. 결국 논술에서 독해력은 제시문을 읽고 자신의 생각과 연결시키는 능력으로 완성된다고 할 수 있어. 학교 측은 너희들 글 솜씨보다 남의 글을 자신의 생각과 어떻게 연관시킬 수 있는가를 보는 거야. 따라서 너희들은 자신의 생각을 단독으로 주장할 게 아니라 제시문 속 다른 글과의 관계 속에서 상황에 적합한 생각으로 만들도록 노력해야 해.

학생B 통합 논술이나 장문형 논술 모두 독해력이 가장 중요한가요?

쌤 통합 논술이든 그냥 논술이든 학생들은 먼저 독해력을 향상하는 데 논술 학습의 초점을 맞춰야 한다는 게 쌤의 지론이야. 장문의 논술에서는 창의력이 제일 평가 요소고 통합 논술에서는 창의력보다는 분석 및 종합 능력이 주요 평가 항목이 되기 쉬워. 하지만 둘 다 올바른 제시문 독해가 없으면 불가능하다는 거지. 그 점은 앞에서 충분히 설명했어.

학생C 쌤의 주장은 논술 시험에서 가장 중요한 것은 글 솜씨가 아니라 독해력이라는 말로 압축이 될 수 있겠네요.

06

어떻게 하면 읽기 능력을
끌어올릴 수 있나요?

▶ 보낸날자	2007/03/17 00:41:27 [GMT+09:00]
▶ 보낸이	김미선 ··· ···
▶ 받는이	sailorss@dreamwiz.com
▶ 제목	선생님, 궁금해요.

선생님, 저 미선이에요. 논술 시험에서는 독해력이 중요하다는 말씀 이제 충분히 이해해요.
수업 시간에 창피해서 말씀을 못 드렸는데 사실 저는 고민이 하나 있어요. 책을 읽고
이해하는 능력이 다른 아이보다 현저히 떨어지는 것 같아요. 읽다 보면 같은 대목을 계속해서
읽는 경우도 있고 앞에 본 내용이 기억이 안 나 다시 앞부분을 들쳐 보는 경우도 허다해요.
그러다 보니 읽는 속도가 남보다 많이 떨어지는 것 같아요.
어떻게 하면 읽기 능력을 끌어올릴 수 있나요?

미선에게

독해력이 부족하니 인위적으로라도 독해 능력을 끌어올려야 한다는 미선이의 걱정에 충분히 공감한단다. 인위적으로 독해력을 끌어올릴 수 있을지에 대해서는 선생님은 솔직히 잘 모르겠어. 안구 훈련을 통해서 시폭 확장 능력을 키우면 된다고 하는데 확실한 효과는 모르겠어. 선생님 경험에 의하면 수학 문제를 많이 풀면 수학 성적이 오르듯 책을 많이 읽으면 분명히 독해력이 상승하기는 해.

선생님은 배경 지식이 있고 없고의 차이가 바로 독해력의 차이라고 봐. 배경 지식(전이해라고도 한단다)이 얼마나 풍부한지에 따라 책을 읽을 때 이해의 깊이와 폭이 달라지는 거야. 선생님도 그래. 내가 잘 아는 분야는 빠른 속도로 읽으면서 많은 것을 기억할 수 있고 내가 잘 모르는 분야는 속도도 느려지고 읽고 나서 기억에 남는 것도 적지. 독해력을 끌어올리는 가장 좋은 방법은 책을 많이 읽는 거야. 책을 많이 읽으면 배경 지식이 늘게 되거든.

책을 읽을 때도 줄거리보다는 개념 중심으로 읽는 거야. 저자가 강조하는 것, 즉 가장 많이 반복되는 단어를 찾고 그 단어를 저자가 어떻게 설명하고 있는지, 그 내용이 나오면 두 눈 부릅뜨고 읽으면 돼. 그때는 잠시 읽기를 멈추고 사전에서 뜻을 찾아본 뒤 그 내용과 저자가 사용하는 의미를 비교해 보는 방법도 좋아. 어휘력을 키우는 것이 배경 지식을 늘릴 수 있는 좋은 길인 셈이지. 배경 지식은

★★★★★

독해력을 끌어올리는 가장 좋은 방법은 책을 많이 읽는 거야. 책을 많이 읽으면 배경 지식이 늘게 되거든. 책을 읽을 때도 줄거리보다는 개념 중심으로 읽는 거야. 저자가 강조하는 것, 즉 가장 많이 반복되는 단어를 찾고 그 단어를 저자가 어떻게 설명하고 있는지, 그 내용이 나오면 두 눈 부릅뜨고 읽으면 돼.

하루아침에 느는 것이 아니고 메일 한 통으로 해결될 일이 아니야. 배경 지식을 체계적으로 늘리는 방법에 대해서는 선생님이 앞으로 강의 시간 중에 들려줄 생각이야. 오늘은 선생님이 독서 습관에 대해서 조언을 해주고 싶어.

요즘 아이들의 독해력이 떨어진다면 그 이유는 문제집이나 참고서처럼 공부하듯 책을 읽어 온 버릇 탓이 아닐까 싶어. 특히 같은 부분을 반복해서 읽는 경우라고 하면 문제집과 참고서를 읽듯 책을 읽는 습관이 이미 생겼다고 봐야 해. 문제집 풀듯 책을 읽는 아이들의 독서 습관은 줄을 바꿔 읽는 걸 굉장히 낯설어 해. 그래서 같은 줄을 자기도 모르게 계속해서 읽게 되는 거야. 문제집처럼 책을 읽는 습관의 문제는 또 있어. 문제집은 문제와 보기에 집중을 하고 문제를 풀면 그 문제를 잊고 다음 문제에 집중을 해야 하잖아? 반면 책은, 읽으면서 계속해서 앞과 뒤를 연결시켜야 해. '내가 모르는 부분도 뒤에 다시 나오면 그때 가서 이해하면 되겠지.' 이런 기분으로 책을 읽으면 상관이 없어. 그런데 자꾸 '이게 무슨 소리지, 앞에서 나온 것 같은데, 잘 모르겠는데' 하고 다시 앞부분을 읽게 되는 습관이 자연스럽게 생긴다는 거야. 그러다 보면 뒤의 내용이 기억나지 않고 뒤죽박죽이 되는 셈이지. 따라서 논술을 잘 하려면 절대 문제집만 읽어서는 안 되는 거야. 통합 논술의 시대에 문제집과 함께 교양 독서도 병행해야 하는 것이 다 이유가 있지.

정리하자면 일반 책을 읽는 것과 문제집을 공부하는 것의 차이를 분명히 알자. 책을 읽을 때는 흐름을 머릿속에서 그리면서 부분을 읽게 돼. 하지만 문제집 공부하듯 책을 읽으면 부분에만 집중해서 전체적인 그림을 놓치는 경우가 많다고 할 수 있지. 그럴 때는 어떻게 해결하면 좋을까?

이런 방법이 있어. 문제집이나 참고서는 볼펜이나 연필로 밑줄을 그으면서 풀잖아? 그때처럼 책을 손으로 줄을 그으면서 읽으면 어떨까? 그런 경우에는 책 읽는 속도가 떨어질까 봐 걱정이 되겠지. 하지만 이 방법이 속도는 떨어질지 모르지만 이해력을 높여 준다고 해. 미국의 유명한 속독 전문가인 릭 오스트로브는 책장을 넘기면서 손가락을 조절기로 사용하라고 권해. 오른손잡이라면 오른쪽 검지를 왼손잡이라면 왼쪽 검지를 사용하면 된다고 하는구나. 그의 이론에 따르면 초점이 손가락 끝을 향하다 보면 자연스럽게 눈이 글자에 집중하게 된다는 거지. 손가락 때문에 읽는 게 방해가 되지 않겠냐는 걱정도 일리가 있지만 초보에게는 별문제가 없다고 해. 이 방법이 좋은 것은 자기 손을 보면서 읽는 능력을 확인할 수 있다는 점이야. 손가락이 빨라지면 내가 이걸 잘 이해하고 있구나, 느려지면 이해가 어려운 대목이라는 것을 뇌가 알아차릴 수 있다는 거지. 즉, 내가 같은 부분을 반복해서 읽는다면 도대체 어떤 대목에서 그렇게 하고 있는지를 내 뇌가 알아야 하지 않겠어. 자기가 뭐에 강하고 약

한지를 바로 손가락이 보여 준다는 거야. 손가락이 느려지는 부분에서는 뇌가 집중하게 되고 그 결과 이해력이 좋아지고 쉬운 부분에서는 손가락이 빨라지면서 뇌가 이완하게 되고 이런 식으로 조절이 가능하다고 해. 이 방법이 좋은 이유는 난이도에 따라 집중과 이완을 손가락 조절기가 해결해 준다는 거지. 사람이 책을 읽을 때 매 순간 집중할 수는 없잖아. 집중을 할 때는 집중하고 건너뛸 때는 건너뛰어야 하는데, 손가락 조절기가 책 읽는 속도를 적절하게 안배해 준다는 뜻이야. 그렇기 때문에 손가락 조절기를 사용하면 전체적인 이해도가 높아진다는 설명이지.

이 방법을 우리 미선이가 사용해 볼래. 선생님이 추천하는 방법은 짧은 단편 소설이나 짧은 칼럼으로 시작하는 거야. 같은 대목을 반복해서 읽는 습관을 교정하기 위해서는 같은 책을 여러 번 읽는 것도 한 방법이지. 우선 손가락 조절기를 사용해 책을 다 읽어. 손가락은 반드시 앞으로만 진행하고 뒤로 가지 않아야 한다. 그래야 읽은 부분을 다시 읽는 경우가 없지. 그리고 나서 머릿속에 기억을 떠올리는 거야. 처음에는 별로 기억에 남는 게 없을 거야. 우선 단어 몇 개라도 생각나는 대로 써 봐. 그뒤에 다시 한 번 읽는 거야. 처음보다는 기억에 남는 게 더 많을 거야. 그때는 처음에 떠오른 단어에 다른 단어를 연결시켜 봐. 그다음에 그 책을 또 읽어 봐. 다음에 다시 읽어 보면 그때는 내용이 좀 더 세밀하게 기억이 날 거야. 그때는 기억에 남는 단어들을 갖고 책 속에서 표현된 것과 비슷하

★★★★★
미국의 유명한 속독 전문가인 릭 오스트로브는 책장을 넘기면서 손가락을 조절기로 사용하라고 권해. 오른손잡이라면 오른쪽 검지를 왼손잡이라면 왼쪽 검지를 사용하면 된다고 하는구나. 그의 이론에 따르면 초점이 손가락 끝을 향하다 보면 자연스럽게 눈이 글자에 집중하게 된다는 거지. 손가락 때문에 읽는 게 방해가 되지 않겠냐는 걱정도 일리가 있지만 초보에게는 별문제가 없다고 해.

게 문장으로 만들어 보는 거야. 이런 훈련을 할 때마다 책 분량과 난이도를 높여 가는 거지. 미선이가 고등학교 교과서가 어렵다면 중학교 교과서를 갖고 해보는 것도 좋은 방법이야. 혹시 이런 궁금증이 생길지 모르겠다. 손가락 조절기를 언제까지 사용해야 하느냐고? 앞에서 말한 릭 오스트로브의 말인데 어느 순간이 되면 손가락 조절기가 안 보인대. 글자에 눈이 초점이 집중돼 손가락 조절기 자체가 인식이 안 되는 시점이지. 그때가 되면 손가락 조절기로 밑줄을 긋지 않아도 돼. 그때는 눈이 어느 부분을 읽는지 뇌가 파악할 수 있게 돼.

그리고 한 가지 방법을 더 추천해 줄게. 차례를 적극적으로 활용하는 거야. 논술 시험에 많이 나오는 비문학 도서가 좋아. 내가 어떤 지점을 반복해서 읽거나 앞 내용이 생각이 나지 않을 때는 차례를 뒤져 보는 거야. 그 차례를 보고 지금 읽는 내용 앞에 뭐가 있었고 뒤에 뭐가 이어진다는 걸 확인하는 거야. 그러고는 다시 본문으로 돌아오는 거지. 차례 읽고 본문 읽고 이런 식의 독서 습관을 반복적으로 가져 봐. 특히 어렵고 생소한 분야일수록 차례에 많이 의존해야 한단다.

그리고 미선아, 너는 독해력을 책 읽는 속도와 같은 개념을 알고 있는데 절대 그렇지 않단다. 이해력과 속도는 어떻게 보면 반대 개념이야. 특히 초보자일 경우에는 더해. 처음에는 속도보다 이해력에 더 신경을 써야 한단다. 이해력이 높아지면 속도가 빨라지는 거지, 속도가 빨라진다고 해서 이해력이 느는 것은 아니라는 점을 명심해라.

07

논술에는 정답이 없다는
말이 사실인가요?

학생C 쌤, 논술에서 독해력이 중요하다는 것은 이제 충분히 알 것
같아요. 그런데 한 가지 혼란스러운 게 있어요. 논술에 정답
이 없다고 하는데 학원들의 신문 광고에서는 논술에 정답이
있다고 하잖아요? 어떤 말이 사실인가요?

쌤 그래 오늘의 주제는 그걸로 삼자. 이 주제는 논술 시험의 본
질에 대한 규명이라고 할 수 있어. 혹자는 그러더라, 논술은
쓰기 시험이 아니라 읽기 시험이라고. 쌤도 그 말에 어느 정
도 동의해. 우리나라 논술 시험을 제품으로 보고 제
품의 특징을 한마디로 요약하자면 조립품이란 거
야. 쓸 거리를 학생들이 만드는 것이 아니라 학교
측이 만들어 주고 적당히 숨겨 놓은 뒤 그걸 찾아

서 조립을 하는 시험이라고 할 수 있어. 앞에서 쌤이 바칼로레아 시험에 대해서 한 말 기억나?

학생C 바칼로레아는 개방형 논술 시험에 가깝고 우리 대학 논술 시험은 다양하고 집요한 제시문을 주고 그 독해와 분석을 통해 출제 의도에 부합하는 답안을 요구하는 구속형 논술이라고 했던 것 말이죠?

쌤 그래. 사실 우리나라 논술 시험은 너무 제약이 많아. 출제 의도라는 이름 아래 전제를 깔아 주고 쓸 방향을 정해 주는 것으로도 모자라 찬성이나 반대 입장까지 강요하니, 그래서 논술이 아니라 본고사라는 이야기가 나오는 거야. 생각이 깊은 아이들보다 눈치가 빠른 아이들에게 유리하다고 할 수 있지. 그건 그렇고 앞에서 학교가 학생들이 쓸 거리를 찾지 않아도 되게끔 쓸 거리들을 숨긴다고 했잖아? 너희들은 그걸 어디다 숨긴다고 생각하니?

학생D 제시문 아니겠어요?

쌤 맞았어. 그럼 후속 질문. 어떻게 숨겨 놓을까? 누구나 찾기 쉽게 숨겨 놓을까? 아니면 숨은 그림 찾기처럼 꽁꽁 숨겨 놓을까?

학생A 그거야 후자 아니겠어요? 누가 찾기 쉽게 그러겠어요. 그래서 논술 시험이 어려운 것 아닌가요?

쌤 대개 후자지. 그렇지 않은 경우도 있어. 서울대는 논제와 제
시문이 아니라 요구 사항이 까다롭고 복잡해 글쓰기가 어려
운 학교야. 쉬운 제시문과 쉬운 논제를 갖고 아주 어렵게 글
을 쓰게 만드는 특이한 케이스지. 또 제시문은 그다지 어렵지
않지만 주제 자체가 참신해 학생들을 애먹이는 연세대 스타
일도 있고. 그 밖의 대학들은 기존에 나왔던 논제들을 변형해
서 출제하기 때문에 주제에서는 변별력이 없어. 대부분의 대
학들은 난이도를 제시문으로 조절한단다. 제시문 길이나 숫
자로 조절하기도 하고 제시문들 간의 배치를 통해서 조절하
기도 해. 그 이야기는 2부에서 자세하게 하도록 하고 오늘은
논술에 정답이 있는지 없는지 확실하게 짚고 넘어가자. 다음
두 명제 중에서 어떤 게 진실에 가깝다고 생각하니? (칠판에
적고 학생들에게 읽게 한다.)

1. "논술에도 정답이 있다. 다만 정답이 오직 하나라는 뜻이 아니라, 정답의 범위가 있다는 뜻이다."
2. "논술에는 정답이 없다. 그 어떤 말을 하든 상관없이, 그 어떤 방향으로 쓰든지 간에 주어진 논제에 대해 자기 생각을 논리적으로 쓰기만 하면 된다."

 학생들에게 손을 들게 한다. 정확히 절반으로 갈렸다.

쌤   1번 보기에 손을 든 학생, 각자 이유를 들어 볼래.

학생A 지금까지 쌤 말을 들어보면 1번이 정답인 것 같아요.

학생D 저도요.

 2번 보기에 손을 든 학생에게도 각각 이유를 물었다. 논술 시험이 논리적으로 글을 쓰는 시험이기 때문에 그렇다는 의견과 그래야만 창의성이 보장받을 수 있지 않겠냐는 의견이었다.

쌤   쌤은 현실과 이상의 차이라고 말하고 싶어. 지난번 바칼로레
      아 이야기와도 비슷해지는데, 우리나라 논술 시험은 2번을
      지향하지만 실제로는, 그리고 앞으로도 1번을 벗어나기 어려
      울 것 같아. 논술에는 하나의 정답은 없지만 몇 개의 정답이
      정해져 있는 게 현실이야. 그 이유는 채점 때문이지. 짧은 시
      간 안에 수백 장씩 답안지를 읽어야 하기 때문에, 공정하게
      채점하는 일이 여간 까다롭지 않거든. 그래서 대학에서는 채
      점을 좀 더 쉽게 할 수 있는 방법을 찾느라고 출제할 때부터
      무한대로 복수의 답이 나올 수 있도록 출제하지 않아. 답안의
      방향을 2~3개 정도로 제한하고 그 틀 안에서 사례가 다양하
      게 인용될 수 있도록 매트릭스를 설계하는 거야. 요즘에는 결
      론의 방향을 딱 하나로 제한해 놓는 경우도 있어. 다음 논제

를 볼래? 상당히 복잡할 거야. 쌤이 번호를 붙여 놓았어. 모두 4가지를 요구하고 있지. 이는 2006년도 한양대학교 정시 논술 고사 문제란다.

① (가)의 그림과 설명이 의미하는 바를 요약하고, 이를 바탕으로 ② (나)에 제시된 데카르트의 논지를 구체적으로 비판한 후, ③ (가)와 (다)를 참고하여 ④ 미래 사회에서 새롭게 설정될 인간의 정체성 및 ⑤ 인간과 기계의 상호 관계에 대하여 논술하시오.

쌤이 왜 밑줄을 친 것 같니?

학생C 인간의 정체성이 새롭게 설정될 것이라고 가정을 한 다음에 인간과 기계의 관계에 대해 결론을 쓰라는 요구 아닌가요?

쌤 바로 그거야. 미래, 아무리 기계가 발달해도 인간의 정체성에는 어떤 변화를 주지 못할 가능성도 있어. 기계는 기계고 인간은 인간이라는 거지. 그런데 이 논제는 인간의 정체성이 새롭게 규정될 것으로 현재 시점에서 확정을 해놓았잖아? 따라서 인간과 기계의 관계가 지금과는 달라져야 한다는 것을 전제로 깔면서 그 관계가 어떤 형태일 것이냐를 묻는 거야. 지금은 인간과 기계의 관계가 주인과 노예의 관계잖아? 인간과

★★★★★

논술에는 하나의 정답은 없지만 몇 개의 정답이 정해져 있는 게 현실이야. 그 이유는 채점 때문이지. 짧은 시간 안에 수백 장씩 답안지를 읽어야 하기 때문에, 공정하게 채점하는 일이 여간 까다롭지 않거든. 그래서 대학에서는 채점을 좀 더 쉽게 할 수 있는 방법을 찾느라고 출제할 때부터 무한대로 복수의 답이 나올 수 있도록 출제하지 않아. 답안의 방향을 2~3개 정도로 제한하고 그 틀 안에서 사례가 다양하게 인용될 수 있도록 매트릭스를 설계하는 거야. 요즘에는 결론의 방향을 딱 하나로 제한해 놓는 경우도 있어.

기계의 관계가 달라진다면, 아니 달라져야 한다면 그 모습은 어때야 하겠니?

학생D 기계가 인간의 주인이 되든지, 그렇게 되지 않기 위해서는 인간은 기계와 공존을 시도할 수밖에 없지 않나요?

쌤 맞아. 이 논제에서 쓸 수 있는 결론은 이것 말고는 없어. 다른 결론을 쓴다면 논점 일탈이 되든지, 출제자와 채점자를 무시하는 건방진 답안이 될 수 있는 거야. 학교는 논의 대상만 정해 준 게 아니라 답안의 방향을 정해 준 거나 다름없어. 그러면 이 시험 문제는 정답이 없는 셈이니, 있는 셈이니?

학생A 정답이 있다고 봐야겠네요.

쌤 그렇지. 학생들은 뻔한 결론을 써야 하는데 여기까지 왔으면 이후부터는 뭐가 중요할까? 글 잘 쓰는 학생과 배경 지식이 풍부한 학생 중 어떤 학생들이 유리하겠니?

학생B 글 잘 쓰는 학생 아닐까요?

쌤 다른 견해는 없니?

학생C 배경 지식이 많은 친구가 유리하겠네요. 인간과 기계의 공존을 다룬 SF 소설이나 SF 영화를 인용할 수 있다면 호소력이 있지 않겠어요?

쌤 쌤도 그렇게 생각해. 논술 시험에 정답이 있다면 독해력에서 1차 승부가 갈리고 최종 승부는 배경 지식 싸움에서 갈리는 거지. 1차에서는 독해가 제대로 된 글만 추리고 2차에서는 배경 지식이 풍부한 학생들을 골라내는 시험이 되는 거야. 만약에 이게 1등을 가리는 백일장 시험이라면 최종적으로는 글 솜씨를 보겠지. 하지만 이건 합격자와 불합격자를 가리는 시험이니까 실제로 글 솜씨가 부족해 논술 고사에서 고배를 마실 걱정은 안 해도 되는 셈이지. 물론 배경 지식과 독해력과 글쓰기로 당락을 가르기 전에 기본적으로 자신의 글이 논리적으로 전개되어야 한다는 전제가 깔려 있어야 해. 비논리적인 글, 교수님들이 읽어도 도저히 무슨 소린지 모르겠다는 글은 아예 열외 대상이라고 봐야지.

학생B 독해력 쌓기도 힘든데 배경 지식까지 쌓으라니 정말 죽으라는 소리네요. 항상 내 글이 논리적인가 아닌가를 염두에 두면서 글 쓰는 것도 적잖은 스트레스일 텐데 말이지요.

학생C 논술, 수능, 내신이 죽음의 트라이앵글이 아니라 논술 자체가 이미 배경 지식-글쓰기-독해력이라는 죽음의 트라이앵글인 셈이군요.

★★★★★

논술 시험에 정답이 있다면 독해력에서 1차 승부가 갈리고 최종 승부는 배경 지식 싸움에서 갈리는 거지. 1차에서는 독해가 제대로 된 글만 추리고 2차에서는 배경 지식이 풍부한 학생들을 골라내는 시험이 되는 거야. 만약에 이게 1등을 가리는 백일장 시험이라면 최종적으로는 글 솜씨를 보겠지. 하지만 이건 합격자와 불합격자를 가리는 시험이니까 실제로 글 솜씨가 부족해 논술 고사에서 고배를 마실 걱정은 안 해도 되는 셈이지.

08

논술에는 정말
암기가 필요 없나요?

학생A 쌤, 암기가 주입식 교육의 병폐라고 하잖아요? 주입식 교육
의 문제점을 개선하기 위해 논술이 등장한 거고요, 그런데 정
말 논술에서는 암기가 필요하지 않나요?

쌤   좋은 질문이다. 다음 주장을 볼래?

　통합 논술에서는 제시문의 이해가 가장 우선이고, 그다음이 파
편적인 정보들을 통합하는 능력일 것입니다. 이는 제시문에 대한
단순한 이해와 적용을 넘어 현실에 준거한 비판, 통계, 그림 등 자
료 분석과 추론을 통해 새로운 차원의 지식으로 종합해 내는 능력
을 요구합니다. 때문에 기존 논술을 공부하던 식으로 내용을 외우
는 방식은 소용이 없어진 셈입니다.

아마 많은 사람들이 이분의 견해에 동의할 것 같아. 하지만 쉽게 결론을 내릴 일이 아니야. 이분의 견해가 타당하려면 우선 기존 논술이 암기형 논술이라는 사실을 증명을 해야겠지. 그다음에 할 일은 새로 바뀐 통합 논술이 암기보다는 다른 방식의 학습법이 필요하다는 사실을 증명해야겠지. 그게 쉽지 않을 거야. 너희 생각은 어때?

학생B 제시문 이해가 중요하다는 건 쌤도 누누이 강조를 하시는 것 아닌가요? 정보를 통합한다는 것은 저자의 말처럼 기존 지식을 분석과 추론을 통해 새로운 지식으로 종합해 내는 능력일 거고요, 그런데 이런 것들은 예전에도 중요했잖아요? 저 역시 기존 논술을 공부하던 식과는 달라야 한다는 부분이 조금 이해가 가지 않아요. 통합 논술은 기존 논술과 공부 방법 자체가 다르다는 말인가요?

쌤 글쎄, 결론을 말하자면 쌤은 별로 달라질 게 없다고 보는데, 교과서가 전보다 중요해졌다는 것 말고는 말이야. 논술이라는 공통점이 통합이라는 차이점보다 크다고 할 수 있어. 차이에만 주목하다 보면 공통점을 간과하기 쉬운 법이야. 뭐든지 그렇잖아? 새 상품을 내놓으면 그것이 기존 상품과 얼마나 다른지 차별화에 대해서 강조하는 법이거든. 별로 달라진 게 없다면 누가 새 제품을 사겠어? 자기네들이 보기에는 기존 논술은 암기된 지식 중심, 결과 중심, 개별 교과 중심, 주입식

★★★★★

뭐든지 그렇잖아? 새 상품을
내놓으면 그것이 기존 상품
과 얼마나 다른지 차별화에
대해서 강조하는 법이거든.
별로 달라진 게 없다면 누가
새 제품을 사겠어? 자기네들
이 보기에는 기존 논술은 암
기된 지식 중심, 결과 중심,
개별 교과 중심, 주입식 학습
중심이라는 취약점이 있는데
새로운 통합 논술에는 그게
없다는 거지. 일종의 마케팅
기술이야.

학습 중심이라는 취약점이 있는데 새로운 통합 논술에는 그
게 없다는 거지. 일종의 마케팅 기술이야.

학생C 암기형 논술과 비암기형 논술의 차이점에 대해서 좀 더 구체
적으로 설명해 주시겠어요?

쌤 먼저 기존 논술이 암기식 논술이라고 주장하는 사람들의 논
거에 대해서 알아보자. 사실 이들은 논거가 부실해. 주장만
있다고 봐야 해. 왜 이런 이야기가 나왔는지 맥락에 대해서
설명해 줄게. 서울대 측은 통합 논술을 통해 기존의 논술 사
교육 시장을 발본색원하겠다고 나섰어. 그 이유는 서울대가
통합 논술 시험을 치르면서 사교육 시장을 키웠다는 비난을
듣고 싶지 않아서야. 서울대는 국립대잖아? 국민이 주인이라
고 할 수 있어. 다른 사립대보다 여론의 향배에 민감한 편이
야. 이들은 기존의 논술 사교육은 논술 교재에 요약 정리되어
있는 내용을 요령껏 암기해 유사한 주제의 제시문과 논제가
출제되면 암기한 내용을 대충 짜 맞추는 식이라고 단정 짓고
있어. 이런 방식으로 가르치는 학원도 있고 그렇지 않은 학원
도 있을 거야. 학교도 물론 그럴 거야. 이런 현실을 구별하지
않고 다 싸잡아서 강남 족집게 논술이라고 비난한다면 이는
전형적인 '허수아비 공격의 오류'라고 할 수 있어. 이런 서울
대 발표를 받아서 언론들은 "제시문을 달달 외우는 식의 논
술 공부는 이제 종을 치고 있다"고 오류를 확대 재생산하고

있지. 너희 중에서 논술 공부하면서 제시문을 외우는 사람 있어? 주위에서 본 적이라도?

(아무도 손드는 사람이 없다.)

쌤 거 봐? 논술 시험에 나올 만하니까 이 제시문을 통째로 외우라는 선생이 있다면 미쳤다고 봐야겠지. 외우라고 외우는 학생도 마찬가지고. 하지만 이렇게 볼 수도 있잖아? 요령껏 암기하도록 시킨다는데 그 어려운 내용을 요령껏 암기할 수 있는 법을 가르쳐 줄 수 있다면 그게 대단한 것 아닌가? 나도 그런 능력을 가르쳐 주는 데가 있으면 논술 강사 그만두고 가서 당장 배우겠다. 그리고 암기가 그렇게 나쁜가? 제시문을 떠나서 좋은 글은 외울 수 있잖아? 그저 시 외우는 것과 산문 외우는 정도의 차이잖아? 습작을 할 때에는 자기가 좋아하는 작가의 작품을 여러 번 베껴 쓰기를 통해 외우다시피 하잖아? 그거는 문제가 안 되고 왜 논술 교육에서 좋은 글을 암기하는 것을 부정적으로 보지? 그리고 수능이나 내신 공부할 때 너희도 중요한 개념들 외우잖아. 그 외웠던 것이 자연스럽게 논술 시험 현장에서 떠오른다면 그게 왜 나쁘지? 수능이나 내신을 위해서 외우는 거는 괜찮고 논술을 위해서 따로 외우는 건 안 되나?

학생D 쌤 말 듣고 보니 이런 생각이 떠오르네요. 수능 끝나고 벼락

치기로 논술을 공부하는 현실이 문제가 아닐까요?

쌤 　맞아. 정확한 지적이야. 대개 수능 끝나고 논술 준비를 하잖아? 그럴 수밖에 없는 상황을 만들어 놓고 거기에 맞춰서 대비하는 학생들을 왜 탓하는지 모르겠어. 시간이 촉박한 학생들에게 어떤 방법을 조언해 줄 수 있는데?

학생A 　시간이 없으면 암기 외에 방법이 없지 않나요? 하지만 암기의 내용이 문제가 아닐까요? 유명 사상가나 어려운 이론들을 외웠다가 자기 글에서 자랑하는 학생들이 분명 있잖아요? "봐라, 나 이렇게 유식하다"고요.

쌤 　그런 학생이 몇 명이나 될까? 정말 논술 시험 답안지를 채점하다 보면 푸코나 들뢰즈가 그렇게 자주 나올까? 물론 인용문을 쓰면 그 내용이 암기해서 쓴 건지, 책을 읽고 그 사상의 핵심을 이해하고 쓴 건지 전문가라면 구분할 수 있을 거야.

⬤ 미셸 푸코 Michel Paul Foucault(1926~1984)

포스트구조주의의 대표자로 파리대학교 반센 분교 철학 교수를 거쳐 1970년 이래 콜레주 드 프랑스 교수를 지냈다. 대학에서 철학을 전공한 후 정신 의학에 흥미를 가지고 그 이론과 임상을 연구하는 한편, 정신 의학의 역사를 연구 《광기와 비이성—고전 시대에서의 광기의 역사》(1961)와 《임상 의학의 탄생》(1963) 등을 저작하였다. 그 과정에서 각 시대의 앎[知]의 기저에는 무의식적 문화의 체계가 있다는 사상에 도달하였다.

거기에 바탕을 두고 《말과 사물》(1966)과 《지식의 고고학》(1969)에서 무의식적인 심적 구조와 사회 구조, 그리고 언어 구조가 일체를 결정하며, 주체로서의 인간이라든가, 자아라는 관념은 허망이라고 하는 반인간주의적 사상을 전개하였는데, 이것이 구조주의 유행의 계기가 되었다.

그 점에는 쌤도 동의해. 그런데 그 내용을 학원에서 배워서 썼는지 아니면 독학으로 외워서 썼는지 어떻게 구별해? 답안 지에 주소라도 쓰나? 채점하기 전에 강남 대치동, 목동 식으로 분류라도 하나 보지. 그리고 모든 대학 교수가 푸코나 들뢰즈의 진짜 인용과 가짜 인용을 구분할 수 있는 능력을 갖추고 있을까? 모든 논술 시험을 철학과 교수가 채점하는 것도 아닌데 말이야. 전공이라는 울타리에 갇혀 있는 대학 교수들이 통합 논술을 채점하려면 통합적인 사고력과 전방위적인 교양을 갖추고 있어야 하는데 우리나라 대학 교수들이 그런 내공을 갖추고 있는지, 그 점에 대해서는 아무도 의문을 제기하지 않잖아? 통합 논술을 치르는 대학에서 "한 분야만 공부해 온 교수들이 다른 과목에 대해 얼마나 잘 알고 있겠는가"라고 실토한 교수도 있었어.

학생B 교수님들은 암기에 의존한 답안보다는 정형화된 답안을 문제시하는 것 아닌가요? 개인과 사회의 관계를 물어보면 "인간은 사회적 동물이다"라는 아리스토텔레스의 말로

> ◯ 질 들뢰즈 Gilles Deleuze (1925~1995)
> 소르본대학을 졸업하고 리옹대학 강사를 거쳐서 1970년 파리8대학 교수가 되었다. 철학·문학·과학을 강의하고 1987년 퇴임한 후에는 줄곧 좌파를 옹호하며 집필과 방송 활동을 했다. 구조주의 등 1960년대의 서구 근대 이성의 재검토라는 사조 속에서 철학사에 대한 깊은 이해를 배경으로 서구의 2대 지적 전통인 경험론·관념론이라는 사고의 기초 형태를 비판적으로 해명하고, 1968년 《차이와 반복》에서 이 문제를 극복하는 문제를 전개했다.
> 1972년에 동료 펠릭스 가타리와 함께 저술한 《앙티 오이디푸스》에서 기존의 정신 분석에 반기를 들고, 니체주의적 틀 안에서 프로이트와 마르크스를 통합하여 20세기의 고정관념을 깨뜨렸다.

시작한다든지, 인간 소외를 물어보면 《어린 왕자》에서 여우와 왕자의 길들이기를 사례로 든다든지, 행복에 관한 논제가 나오면 "정신적 조건이 더 중요하다"면서 "방글라데시의 행복 지수는 1위다"라고 근거를 대는 식으로요.

쌤   그거는 암기의 문제가 아니라 독서량의 문제야. 그걸 모두 논술 학원에서 가르쳐 준 모범 답안을 학생들이 외운 결과로 본다면 성급한 일반화의 오류지. 다 학원 책임인가? "답안지에나 무슨무슨 학원 다녔소"라고 쓰는 학생이라도 있나? 한국 사회가 얼마나 비논리적인 사회인지는 가장 논리적이어야 할 논술 시험에 관한 공론 장에서도 여실히 드러나는 것 같아.

학생C   모범 답안을 외우는 것은 문제가 있지 않나요?

쌤   외운 내용을 기계적으로 적용한다면 문제가 있어. 하지만 모범 답안의 패턴을 기억해 두었다가 글을 쓸 때 탄력적으로 적용한다면 그게 왜 문제가 되지? 글을 잘 쓰려면 잘 쓴 글을 외우는 것이 뭐가 어때서? 좋은 문장 외워 두었다가 쓸 수도 있잖아? 물론 상황에 맞아야 하겠지만 말이야. 논술에서 암기는 무조건 잘못이라는 견해는 지극히 편협한 주장이야. 말이 나와서 하는 말인데 기존 논술이 개별 교과 논술이라는 것도 말이 안 된다고 봐. 기존 논술도 사회과와 국어과에서만 나왔던 것은 아니잖아? 예술이나 자연 과학 쪽으로 영역이 좀 더 넓혀진 것은 사실이지만 완전히 다른 건 아냐. 더 말이 안 되는 것은 기존 논술은 주입식 논술이고 통합 논술은 자기 주도 학습이라는 주장이라고 봐. 물론 스스로 탐구하는 자기 주도 학습 능력이 중요하기는 해. 하지만 논술이란 게 원래 자신의 생각을 말하는 시험 아니었나? 그리고 자기 생각은 자기가 말할 수밖에 없잖아? 그런 점에서 논술 그 자체가 자기 주도 학습 능력을 키울 수밖에 없어. 물론 자기 생각 대신 다른 사람의 생각을 주입하려고 한다면 그건 잘못된 논술 교육일 거야. 그게 다 학원의 책임일 수는 없겠지? 논술 시험 치른 학생 중에 몇 명이 학원을 다녔는지, 붕어빵 논술 답안 중 몇 퍼센트가 학원을 다닌 아이의 글인지, 그들이 정말 학원에서 가르쳐 준 대로 썼는지 아니면 자기 꼴리는 대로 썼는지 그 어떤 통계 자료도 없잖아? 일종의 마녀 사냥이야.

학생D 통합 논술에서도 어느 정도 암기가 필요하다는 말씀이시죠? 저희는 그렇게 받아들일게요.

샘 어떤 지식은 외웠다가 쓸 수 있고 어떤 지식은 자연스럽게 시험장에서 떠올라서 쓸 수도 있는 거야. 전자가 암기에 의존한다면 후자는 평소 독서량에 의존하겠지. 논술에서는 둘 다 중요한 게 아닌가 싶어. 논술에서 암기가 필요 없다는 주장은 역사가 암기 과목, 수학은 이해 과목이니 수학에서는 암기가 필요 없다고 주장하는 것과 같아. 전형적언 흑백 논리라고 볼 수 있어.

★ ★ ★ ★ ★

외웠다가 내용을 기계적으로 적용한다면 문제가 있어. 하지만 모범 답안의 패턴을 기억해 두었다가 글을 쓸 때 탄력적으로 적용한다면 그게 왜 문제가 되지? 글을 잘 쓰려면 잘 쓴 글을 외우는 것이 뭐가 어때서? 좋은 문장 외워 두었다가 쓸 수도 있잖아?

학생A 통합 논술을 잘 하려면 암기와 교양을 적절하게 쌓아야 한다는 말씀이네요. 암기는 교과서로 하고 교양은 책이나 신문으로 주로 키우면 된다는 말씀을 준비하고 계신 것 아닌가요?

쌤 내가 하고 싶은 말을 정확히 표현했어. 오늘 수업 끝이다.

09

정말 교과서만
많이 읽으면 되나요?

학생A 쌤은 고등학교를 졸업한 지 오래 되셨잖아요? 쌤이 배울 때
       교과서와 지금의 교과서는 어떤 차이가 있나요?

쌤   추억을 떠올리게 하는구나. 예전 교과서는 볼품없었다면 요
       즘 교과서는 정말 뽀대가 나지. 얼마 전에 딸아이가 받아 온
       교과서를 보았더니 코팅까지 돼 있더구나. 농담이고. 다른 교
       과서는 잘 떠오르지 않는데 《국어》 교과서에 실린 글들은 지
       금도 기억나. 박지원의 〈일야구도하기〉나 안톤 시나크의 〈우
       리를 슬프게 하는 것들〉, 피천득의 〈인연〉 같은 글들은 지금
       도 부분적으로 암송할 수 있어. 그 글들은 지금 너희들이 공
       부하는 교과서에도 실려 있더구나. 좋은 글은 시대와 세대를
       초월한 울림이나 향기 같은 게 분명 있는 거야.

학생B 《국어》 교과서는 재미가 있는데요, 다른 교과서는 안 그래요. 저는 읽기가 부담스럽고 여러 번 읽어도 무슨 뜻인지 잘 모르겠어요.

쌤 교과서 문장을 한 번 읽고 내용을 다 이해하는 학생이라면 독해력이 상당한 수준이라고 할 수 있어. 표현 방식의 문제인 것 같아. 지나치게 설명조이기 때문일 거야. 기교를 안 부린 나열식 구성이야. 사례와 비유를 들어 좀 더 풀어 설명했다면 읽기가 편하고 쏙쏙 들어올 텐데 그런 노력을 기울이지 않았더구나. 문제는 너희들이 평소 독서량이 거의 없고 교과서만 읽다 보니까 글도 교과서 문체와 비슷해진다는 점이야. 지루해. "이에 따라 두 사람은 부부가 되었음을 선언한다"는 식의 결혼식 주례사 같고 재미가 없어. 하지만 배우는 입장에서 교과서는 매우 중요해. 교과서는 논술 사전으로서의 역할을 하고 있다고 봐. 욕망이나 행복이나 자아 정체성처럼 논술 시험에 자주 등장하는 키워드들을 교과서에서 어떻게 정의하고 있는지 그것부터 알아보고 다른 자료를 찾아봐야겠지. 또 한 가지 장점은 객관성이야. 주관적인 평가가 별로 개입되지 않고 다양한 관점을 소개하고 있잖아. 물론 우리 사회의 두 극단 세력으로부터 공정하지 못하다고 비판받지만 우리나라 교과서는 이만 하면 균형 잡힌 시각을 갖추고 있다고 보여. 그리고 해당 분야에서 고등학생들이 알아야 할 상식이랄까, 범위를 지정해 주잖아? 독서를 하더라도 그 범위 내에서 하면 되겠지. 예를 들어 고등학교 윤리 교과서에 포스트모더니즘에 대한 언급이 거의 없다면 실제 포스트모더니즘을 다룬 책을 논술 준비를 위해 읽는다면 시간 낭비가 되겠지. 쌤도 교과서가 통합 논술 공부의 출발이 되어야 한다는 주장에 적극 동의해.

학생C 그 부분을 좀 더 구체적으로 설명해 주세요.

쌤 지극히 상식적인 수준에서 이야기해 보자. 교과서가 왜 중요한지는 이제 다들 잘 알 거야. 통합 논술 시대에 교과서가 중요하다고 주장하는 사람들의 논거는 이런 거야. 우선 교과서의 내용을 직접 제시문으로 활용하는 경우가 부쩍 늘었다는 사실. 따라서 교과서 읽기가 제시문 독해 훈련이 되는 셈이지. 그리고 역사-미술, 음악-수학 등 교과 영역 간 통합의 정도가 예전보다 강렬해졌다는 것. 이게 핵심이야. 두 권의 교과서를 동시에 펼쳐 보아야만 주제를 파악할 수 있는 논제가 속속 등장하고 있다는 거지. 하지만 고교 교육 과정에서 다루지 않는 개념이나 원리는 절대 논제로 나올 수 없다고 하잖아? 이 말을 일단 믿어 주자. 이처럼 교과서가 중요해졌으니까 우리가 취할 행동은 뭘까?

★★★★★

통합 논술 시대에 교과서가 중요하다고 주장하는 사람들의 논거는 이런 거야. 우선 교과서의 내용을 직접 제시문으로 활용하는 경우가 부쩍 늘었다는 사실. 따라서 교과서 읽기가 제시문 독해 훈련이 되는 셈이지. 그리고 역사-미술, 음악-수학 등 교과 영역 간 통합의 정도가 예전보다 강렬해졌다는 것. 이게 핵심이야.

학생D 개별 교과에 대한 기본 개념과 원리를 철저하게 이해하고 정리한 다음에는 신문 기사나 칼럼을 읽으면서 교과서에 배운 개념과 원리를 연관시키는 훈련을 해야 한다고 하던데요.

쌤 맞아. 대안은 교과서+신문인 셈이지. 그야말로 교과서적인 답변이구나.

학생A 논술 시험에서 제시문들을 교과서로 활용하는 이유가 뭔가요? 그전에는 주로 고전에서 많이 나왔잖아요?

쌤 교과서에서 제시문을 출제하는 사람들의 논거는 이런 식이야. 교과서에서 다루는 주제와 지문을 활용하는 것은 별도의 사교육을 받지 않고도 학생들이 학교에서 배운 내용을 가지고 충분히 문제를 해결할 수 있도록 하기 위한 거라는 설명이지. 반면에 고전을 텍스트로 강해하는 곳은 기존의 논술 사교육이라는 거야. 그런 논리라면 철학 아카데미나, 연구공간 수유+너머, 부산의 인디고 서원도 다 논술 사교육이겠다.

학생B 쌤이 학생이라면 어떤 식으로 교과서를 활용할지 궁금해요.

쌤 쌤이 보니까 통합 논술의 밑은 '생활' 자 들어가는 교과서인 것 같아. 기존의 국영수도 중요하지만 말이야. 쌤이 예를 들어 볼게. '생활과 과학'이란 과목이 있어. 건강한 생활, 안전한 생활, 쾌적한 생활 등 제목만 봐도 과학과 일상생활을 접목시키려는 의도가 느껴지지 않니? 통합 논술에서 생활과 밀착된 지식이 중요하다는 건 이미 알지? 이 교과서를 보면 가뭄에 대한 설명이 나와. 이런 식으로 풀고 있어. 개념에 대한 설명 이후에는 《삼국사기》에 기록된 내용을 언급하는 부분이

나와. 봄과 여름에 가뭄이 특히 심했다는 거지. 이런 방식은 과학 지식을 역사 지식과 연결시키려는 통합적인 접근이야. 그 다음에는 집중 호우 관련 기사와 사진을 싣고 있어. 교과서에서 배운 내용이 실제 어떻게 전개되는지 보여 주는 거지. 하나의 개념이나 원리를 통시적이고 공시적

으로 배워 가는 방법이지. 이럴 경우 교과서 공부 자체가 통합 논술 공부가 되는 셈이야. '생활'이 들어가는 교과목들은 주요 과목은 아니잖아? 하지만 논술 고사 출제하는 교수님들은 기본 교과서 말고 이런 교과서들을 참조할 것 같아.

학생C 결국 통합 논술을 잘 하기 위해서는 교과서를 열심히 읽어야 한다는 이야기네요. 통합 논술 대비용 교과서 읽기는 내신 대비용 읽기와 다른가요?

쌤 좋은 질문이다. 쌤이 다른 분이 쓴 통합 논술 교재를 읽었을 때 가장 마음에 와 닿는 주장은 교과서를 읽을 때 쟁점, 예상 논제, 배경 지식 활용 사례 등으로 정리해 두라는 말이었어. 교과서에서 기본 개념을 배우고 이를 심화 학습으로 연결해야 논술 공부에 도움이 된다는 설명이지. 그게 바로 과정 중심의 교육이 될 것이고. 이런 방법이 있을 것 같아. 예를 들어 너희들 고등학교 1학년 때 '사회' 과목 국토 지리 단원에서 조선

시대에 제작된 고지도를 보았을 거야. 어떤 특징이 있었니?

학생D 중국이 지도의 중앙에 있었던 것 같은데요.

쌤 맞아. 너희들은 중국 중심의 세계관을 갖고 있었다고 배웠겠지. 그런데 이걸 통합 논술용으로 발전시키려면 다음 단계를 거쳐야 해. 쟁점을 만들어 봐. 세계를 변방과 중심부로 나누려는 시도잖아? 당시 중국이 미국으로 대체되었을 뿐 우리의 세계관이 과거에 비해 얼마나 달라졌느냐는 쟁점을 끄집어내는 거지. 예상 논제를 만들 수도 있어. 이를 한미FTA 문제와 연결

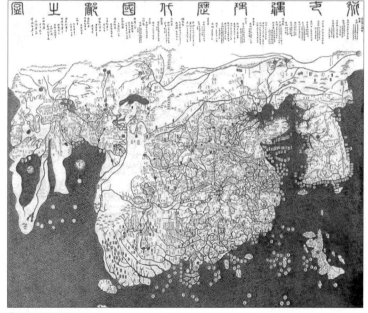

혼일강리역대국도지도

시켜 보라 이거야. 이 고지도를 그림 제시문으로 하고 한미
FTA만이 살 길이라고 주장하는 개방론자들의 주장을 나란히
병치한 다음, 두 제시문의 유사성과 차이점을 서술해 보는 거
지. 그러면 한 편의 훌륭한 논술 문제가 되는 거야. 따라서 지리
시간에 배운 고지도는 한미 FTA나 세계화를 다룬 논제에서 일
종의 배경 지식으로 활용할 수 있는 사례가 될 수 있어. 또 한
가지 접근 방법이 있어. 호주에서 만들어진 지도에서는 호주가
중심인 바람에 우리가 알고 있는 지구본을 뒤집어 놓은 모습이

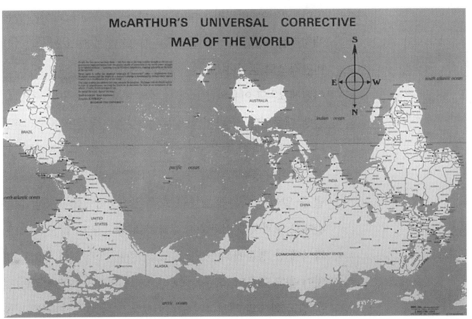

호주에서 제작된 세계 지도

라는 점에서 상대주의, 관점의 차이라는 쟁점을 찾을 수도 있어. 고지도와 호주에서 만들어진 지도 등 지도의 모습이 다양한 것은 시대와 장소에 따라 진리와 가치가 달라진다는 것을 증명한다는 거지. 이처럼 교과서에서 배운 지식을 다방면으로 확장시킬 수 있는 능력이 바로 논술을 잘 하는 비결이야.

학생C 그렇게 보니 논술이 마냥 새로운 걸 요구하는 게 아니라 우리가 이미 알고 있는 것들을 응용하고 조합하는 능력이 필요한 거군요.

쌤 맞아. 그거야. 마지막으로 교과서에 관해서 해주고 싶은 말은 채점자를 탄복시킬 확실한 답안을 쓰기 위해서는 교과서를 비판적으로 읽어야 된다는 거야.

학생D 어떻게요? 그 이유와 방법에 대해서 구체적으로 말해 주세요.

쌤 경쟁 때문인데, 교과서만으로도 충분하다면 누군들 못 하겠니? 그러면 다들 똑같은 답안을 쓸 테고 그때 역시 대학은 천편일률이니 붕어빵이니 해댈 거 아냐? 남과는 다른 목소리를 낼 줄 알아야 하는데 남들이 교과서적인 답변을 준비할 때는 반대로 교과서를 비판하는 목소리를 낼 필요가 있는 거지. 교과서에 한 쟁점에 대한 다양한 의견과 근거가 실려 있어도 무엇이 옳고 그른지, 혹은 어떤 의견이 합리적인지 선택하는 것은 결국 학생의 개인적인 능력이잖아? 무작정 다수의 의견을 따르지 말고 다른 견해를 제시하도록 노력해 보란 말이야. 창의적인 답안을 쓰기 위해서는 교과서에서 주장하는 것들을 액면 그대로 받아들이지 말아야 해. 예를 들면 이런 식이야. 우리 교과서에는 모순적인 서술이 적지 않아. 《도덕》 교과서에서 세계화를 강조하면서 국제기구나 민간 기구에 활발하게 진출해야 한다는 대목이 나와. 동시에 반만년의 역사를 가진 민족답게 민족적 정체성을 확립하자고 하거든. 둘 다 맞는 소리지. 하지만 하나의 글에 이 두 가지 케이스를 다 녹이면 어떻게 되겠어? 예를 들면 세계화에 관한 논제를 다룰 때 교과서에서 배운 대로 민족 정체성을 지키면서 세계화 시대에 발맞춰 다국적 기업이나 국제 NGO에 적극적으로 진출하자고 결론을 내렸다면 교수님들은 "그게 구현이 쉬울까?"라면서 구체적인 대안을 기대하겠지. 그게 없으면 실망할 거고. 교과서는 현실에서 발생할 수 있는 문제점에 대한 고민 없이 어정쩡한 절충을 시도하고 있다는 인상을 줄 수도 있다는 거야. 그런 점들을 비판적으로 읽자는 거지.

학생A 결국은 교과서만으로는 모자라다는 이야기군요. "~로 충분하다"고 말들은 하지만 절대 그 말을 액면 그대로 믿어서는 안 된다는 이야기네요. 우리에게 희망적인 소식은 없나요?

쌤 이 말로 대신하고 싶다. "교과서를 정복하면 논술-내신-수능이라는 세 마리 토끼를 모두 잡을 수 있다."

10
이과생들은
어떻게 대비해야 하나요?

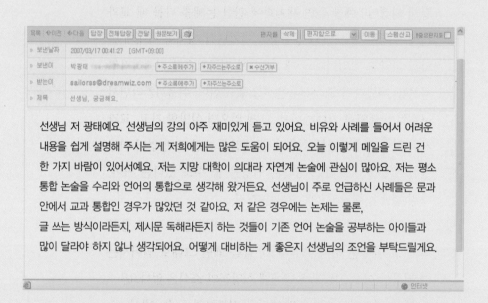

| 목록 | ←이전 | →다음 | 답장 | 전체답장 | 전달 | 원문보기 | 🖨 | 편지함 | 삭제 | 편지함으로 | ⌄ | 이동 | 스팸신고 | ↑중요편지함 | ☐ |

▶ 보낸날짜	2007/03/17 00:41:27 [GMT+09:00]
▶ 보낸이	박광태 ~~~~~~~~~~~~~~ ✚주소록에추가 ✚자주쓰는주소로 ✖수신거부
▶ 받는이	sailorss@dreamwiz.com ✚주소록에추가 ✚자주쓰는주소로
▶ 제목	선생님, 궁금해요.

선생님 저 광태예요. 선생님의 강의 아주 재미있게 듣고 있어요. 비유와 사례를 들어서 어려운
내용을 쉽게 설명해 주시는 게 저희에게는 많은 도움이 되어요. 오늘 이렇게 메일을 드린 건
한 가지 바람이 있어서예요. 저는 지망 대학이 의대라 자연계 논술에 관심이 많아요. 저는 평소
통합 논술을 수리와 언어의 통합으로 생각해 왔거든요. 선생님이 주로 언급하신 사례들은 문과
안에서 교과 통합인 경우가 많았던 것 같아요. 저 같은 경우에는 논제는 물론,
글 쓰는 방식이라든지, 제시문 독해라든지 하는 것들이 기존 언어 논술을 공부하는 아이들과
많이 달라야 하지 않나 생각되어요. 어떻게 대비하는 게 좋은지 선생님의 조언을 부탁드릴게요.

🔵 인터넷

광태에게

그래, 선생님이 언어 논술 강사이기 때문에 사회와 국어과 등 너무 문과 계열 안에서 통합을 강조했던 것 같구나. 학원가에서는 통합 언어 논술, 통합 수리 논술, 통합 과학 논술이라는 말로 통합 논술을 세분화하고 있지. 선생님이 수업 시간에 주로 언급했던 것은 문과생들이 주로 치르는 통합 언어 논술이었어. 이 통합 언어 논술에서도 수리 영역이 포함되는 경우가 있어. 고대와 이대가 대표적인 학교이고 서울대와 연세대도 모의고사를 통해 통계 해석 능력과 조건부 확률에 대한 개념을 현실 문제에 적용할 것을 문과 학생에게 요구하기도 했어. 문과에서도 수학적인 사고력이 어느 정도 필요한 거지. 주로 그림이나 표, 그래프 등의 제시문을 통해서 수학적 사고력을 측정하고 있지. 그 점이 예전의 논술과 통합 언어 논술이 다른 점이기는 해. 하지만 이과생들이 치르는 통합 논술은 광태 말대로 기본부터 다를 거야.

일단 이과 논술은 수학적인 제시문에 대한 독해 능력이 필요해. 수학적인 제시문이란 수식이나 도형 등이 포함된 제시문을 말해. 제시문 독해가 어느 정도 된다면 그후에 필요한 것은 수리·과학적 문제 해결 능력과 논의한 결과를 논리적으로 서술할 수 있는 능력일 거야. 전문가들은 수능 수리 영역과 연계해서 수리 논술을 공부하기를 권하고 있어. 요즘 수능에서 수리 문제는 실생활 상황에서 관련된 수학적 개념이나 원리·법칙 등을 파악하고 이를 적용하여

★ ★ ★ ★ ★

실생활에서 수학적 개념을 적용해 일상 문제를 푸는 것과 과학 교과의 소재를 수학 원리를 적용해 문제를 해결하는 능력은 바로 통합 수리 논술과 통합 과학 논술에서 핵심적으로 다루어지는 내용이야. 결국 수리 논술은 언어 논술이 그런 것보다 더 수능과 밀접한 관계가 있다고 할 수 있지.

★ ★ ★ ★ ★
수능 과학 탐구도 비슷하다고
해. 교과서 외에 일상생활에
서 접할 수 있는 내용과 시사
성이 있는 소재가 자주 출제
된다는구나.

문제를 해결하도록 한다든가, 다른 교과의 소재를 사용한 상황에서
관련된 수학적 개념과 원리 · 법칙 등을 파악하고 이를 적용하여 문
제 해결 능력을 평가하는 문제들이 상당 부분 포함되어 있다고 해.
예전처럼 공식을 적용해 계산한 뒤 답을 도출하는 능력만을 평가하
지 않는다는구나. 실생활에서 수학적 개념을 적용해 일상 문제를
푸는 것과 과학 교과의 소재를 수학 원리를 적용해 문제를 해결하
는 능력은 바로 통합 수리 논술과 통합 과학 논술에서 핵심적으로
다루어지는 내용이야. 결국 수리 논술은 언어 논술이 그런 것보다
더 수능과 밀접한 관계가 있다고 할 수 있지.

둘 다 핵심은 수학의 기본적인 개념에 대한 정확한 이해와 그것
을 실생활과 연결 지어 이해하는 능력일 거야. 수능 과학 탐구도 비
슷하다고 해. 교과서 외에 일상생활에서 접할 수 있는 내용과 시사
성이 있는 소재가 자주 출제된다는구나. 그건 통합 과학 논술도 마
찬가지잖아? 다양한 탐구 상황에서 통합 교과적인 소재를 사용하
는 탐구 능력을 평가한다고 하잖아? 결국 수능 과학 탐구 영역 준
비가 바로 통합 과학 논술 대비가 되는 셈이지. 물론 다른 점도 많
아. 가장 큰 차이는 객관식으로 답을 고르는 능력과 정답 및 정답이
나오기까지 과정을 글로 표현하는 능력의 차이일 거야. 통합 수
리 논술과 통합 과학 논술이 어려운 것은 이과생들에
게 아주 새로운 유형의 문제를 제시하기 때문이 아니
라 문제 푸는 과정을 글쓰기로 외화시켜야 한다는 부

담 탓일 거야. 수식을 말이나 글로 표현하는 능력이 가장 중요한 셈이지. 단편적인 수식만을 나열한 글은 계산 결과가 옳다고 해도 감점 대상이 된다고 해. 이게 가장 큰 걱정이겠지. 대부분의 이과 수험생들은 글쓰기를 두려워하잖아? 이과를 지원하게 된 동기가 글쓰기를 잘 못해서 문과를 피하려는 목적이었다는 학생도 적지 않다고 해. 다행인 것은 통합 과학 논술에서는 글자 수 제한이 없고 맞춤법이나 띄어쓰기 같은 것을 크게 따지지 않는다는 점이야. 원고지를 사용하지 않고 필요에 따라서는 도표와 그림을 그려서 설명할 수 있도록 하는 등 대학 측도 글쓰기에 약한 이과생들에게 어느 정도 배려를 한다고 하는구나. 글의 형식보다는 수학적이고도 과학적인 논리 전개에 신경을 쓰라는 주문이지.

다만 통합 과학 논술에서 유의해야 할 사항은 내가 배우지 않은 과목에서도 문제가 나올 수 있다는 거야. 수능 시험에서 시험을 볼 수 있는 과학 과목 수는 최대 4과목이잖아? 따라서 대부분의 고등학교에서는 8개 과학 과목(물리 · 화학 · 생물 · 지구과학 1, 2)을 모두 가르치지 않지. 하지만 논술을 출제하는 대학교수님들은 어떤 학생들이 어떤 과목을 듣는지 어떻게 알겠어. 모의고사 문제를 보면 8개 과학 과목에서 골고루 문제가 출제가 돼. 하나의 자연 현상이나 대상을 물리, 화학, 생물, 지구과학 등 다양한 측면에서 해석하는 능력이 필요하다고 하잖아? 예전에는 고등학교에서 과학의 전 과목을 골고루 이수하도록 했는데 지금은 수능 준비를 위해서 본인이 선택한 과목에만 매달려야 하잖아. 대학 측에서는 학교 공부만으로는 자연을 통합적으로 이해하는 능력이 길러질 수 없다고 판단한 듯해. 생명 과학을 잘 하려면 물리와 화학을 알아야 하고, 수학과 기초 과학의 실력이 부족하면 공대 과목을 따라가기 어렵잖아. 실제 공대생들이 고등학생들이 푸는 미분 적분 문제를 몰라서 수학 기초를 대학에서 다시 배운다고 하잖아. 그래서 대학 입장에서는 통합 논술이라는 명목으로 대학 교육에 적합한 학생을 선발하는 기준을 제시하는 거고, 그걸 통해 고등학교 교육을 자신들이 원하는 방향으로 바꾸고 싶어 하는 거야.

학교 측은 대부분의 지문을 교과서에서 내려고 하지만 본인이 선택하지 않은 과목이라면 제시문만 보고 그 내용을 이해하기 쉽지 않을 거야. 물론 연세대처럼 시험에 사용된 개념이 지나치게 어렵다고 판단될 때는 이에 대한 부가 설명을 할지도 몰라. 하지만 이 경우에도 지나치게 어렵다는 기준이 대학과 학생들이 다를 수 있잖아. 따라서 자기가 배우지 않은 과목들의 주요 개념 정도는 상식 차원에서 알고 있어야 해. 전반적인 과학 교양이 필요하다는 거지. 신문에서 과학 관련 기사나 칼럼을 열심히 읽고 과학 잡지를 하나 정도 구독해서 보라는 건 그 때문이야.

마지막으로 말해 주고 싶은 것이 있어. 통합 언어 논술은 형식이나 논제가 대학마다 차별성보다는 유사성이 더 크거든. 하지만 통합 수리 논술이나 통합 과학 논술은 대학마다 유형이 다 다르기 때

★★★★★

통합 언어 논술은 형식이나 논제가 대학마다 차별성보다는 유사성이 더 크거든. 하지만 통합 수리 논술이나 통합 과학 논술은 대학마다 유형이 다 다르기 때문에 각개 격파가 필요해. 자기가 지망하는 대학을 정했다면 해당 대학의 출제 유형에 대해서 집중적으로 파고들 필요가 있을 거야.

문에 각개 격파가 필요해. 자기가 지망하는 대학을 정했다면 해당 대학의 출제 유형에 대해서 집중적으로 파고들 필요가 있을 거야. 이 정도가 개략적인 설명이고 구체적인 공부 방법에 대해서는 수학이나 과학 선생님이 필요한 조언을 해주실 거야. 열심히 공부해서 좋은 결과 얻기를 바란다.

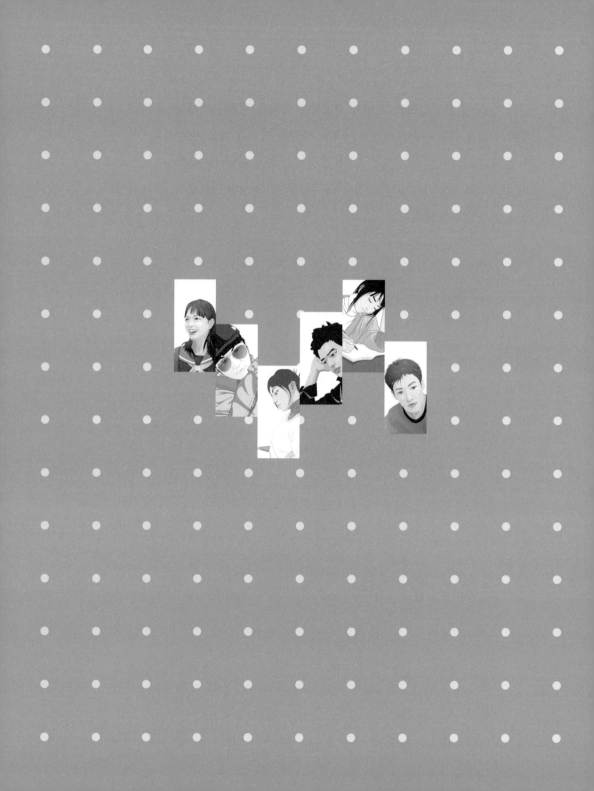

CHAPTER 2

제시문과 친해지면
논술이 쉬워진다!

11

왜 기출 문제를
봐야 하나요?

쌤   수업 시간 중에 누군가 통합 논술은 독해력과 글쓰기, 배경
지식이라는 죽음의 트라이앵글이라고 했던 말이 기억나는구
나. 오늘은 트라이앵글에 대한 이야기로 시작하자. 트라이앵
글이 뭔지 알지?

학생A 타악기 아닌가요?

쌤   응. 삼각형 모양의 타악기로서 소리가 매우 맑고 높지. 시사
용어에서도 자주 쓰이는데 어감은 그다지 좋지 않단다. 아이
언 트라이앵글은 미국 정부의 정책 결정에 강력한 영향을 미
치는 무기 생산자 · 국방성 · 의회의 세 세력을 이르는 말이
야. 전 세계 헤로인의 70%를 생산하고 있는 미얀마 태국 라
오스 접경 산악 지역을 가리키는 골든트라이앵글이란 용어도

있어. 예전에 비행기나 선박이 자주 실종되던 의문의 장소, 버뮤다 트라이앵글도 있구나. 트라이앵글이 이렇게 부정적으로 쓰이는데 대학 입학시험에 붙었으니 왠지 불길한 예감이 들지 않니?

예.

쌤   그런데 버뮤다 트라이앵글은 전부 소설이었다는구나. 허리케인 때문에 사고가 난 걸 맑은 날 갑자기 사라진 것처럼 꾸미고 브라질에서 일어난 사고를 버뮤다 삼각 지대에서 발생한

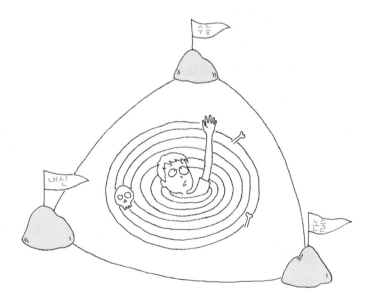

★ ★ ★ ★ ★

버뮤다 트라이앵글은 전부 소설이었다는구나. 허리케인 때문에 사고가 난 걸 맑은 날 갑자기 사라진 것처럼 꾸미고 브라질에서 일어난 사고를 버뮤다 삼각 지대에서 발생한 것처럼 바꾸는 방식으로 조작을 했다는 거야. 통합 논술도 마찬가지야. 알고 보면 기존 논술과 다를 것도 없고 특별히 어려울 것도 없는데 죽음의 트라이앵글이니 뭐니 하면서 괜히 겁주는 거지.

것처럼 바꾸는 방식으로 조작을 했다는 거야. 통합 논술도 마찬가지야. 알고 보면 기존 논술과 다를 것도 없고 특별히 어려울 것도 없는데 죽음의 트라이앵글이니 뭐니 하면서 괜히 겁주는 거지. 이제부터 하나하나 그 비밀을 풀어 가보자. 통합 논술의 기본인 제시문 독해부터 확실하게 정복해 보자. 너희들 논술 기출 문제 본 사람 있어?

 (전부 손을 든다.)

쌤　어땠니? 혹시 풀어 본 적 있니?

학생B　너무 어렵던데요.

쌤　뭐가?

학생B　논제도 그렇고 제시문도 그래요.

쌤　독해가 잘 안 된다는 말이지.

학생B　예.

쌤　독해가 어렵다면 글쓰기 중에서는 요약하기가 가장 어렵겠네. 그렇지?

학생B　예.

쌤　요약하기가 어렵다면 비판하기나 자기 견해 쓰기 등은 더욱 힘들겠지. 결국 요약하기를 잘 하는 게 논술을 잘 하는 거야. 동의하니?

학생B 예.

쌤 근데 요약하기는 쓰기라기보다는 읽기에 가깝거든. 제시문의 정확한 독해가 바탕이 되어야 요약하기가 가능하다고 할 수 있어. 이 전제에 동의한다면 논술의 출발은 제시문의 정확한 독해로 시작한다는 쌤의 주장에도 동의할 수 있을 거야. 그렇지?

학생B 예.

쌤 그러면 기출 문제 이상의 논술 교재가 없다는 쌤의 주장에도 동의를 하겠구나.

학생B 글쎄요. 그건 잘 모르겠는데요.

쌤 맨 첫 시간에 배웠잖아? 기출 문제가 제시문과 논제, 유의 사항으로 구성되어 있다고. 너희 수능 공부할 때 생각해 봐. 기출 문제를 열심히 풀어 보잖아? 논술도 마찬가지야. 기출 문제를 푸는 게 논술 공부하는 거야. 다만 기출 문제가 어려워서 실제 답안을 쓰는 일이 수능 문제 푸는 것처럼 쉬운 일이 아니라는 거지. 열심히 읽기라도 해. 읽는 것만으로도 도움이 된단다.

학생C 기출 문제가 최고의 논술 교재라는 건 알겠어요. 그런데 정말 읽기만 해도 도움이 되나요? 논술은 쓰기 시험인데.

쌤 수능 언어 영역처럼 논술 제시문에도 패턴이 있다고. 기출 문제 제시문을 많이 읽으면 논술 시험 자체에 익숙해져. 제시문 읽기에는 요령이 있거든. 그 요령은 천천히 알려 줄게.

학생D 기출 문제는 제가 가고 싶은 대학 위주로 보면 되나요? 원칙

★★★★★
쌤이 기출 문제를 권하는 원칙은 두 가지가 있어. 가장 좋은 것은 최근의 기출 문제야. 형식도 형식이지만 최근 어떤 주제들이 단골로 출제되는지 주제를 파악할 수 있어. 예를 들어 2006년도에는 민족주의와 세계화 문제가 여러 대학에서 나왔거든. 2007년도에는 갈등을 다룬 학교들이 많았어. 대학들은 시사적인 소재보다 보편적인 주제를 추구한다고 말하지만 그해의 이슈와 논술 시험 주제는 결코 무관하지 않아. 대학교수들의 관심사와 생각도 일반인과 비슷하거든.
평소 책 읽을 시간이 없다면 그해 기출 문제를 대학 홈페이지나 논술 커뮤니티에서 다운로드 받아 하나의 파일로 정리해 출력한 뒤 들고 다니면서 읽어 둬. 제시문 독해 능력도 키우고 배경 지식도 덩달아 키울 수 있을 거란다.

같은 게 있으면 알려 주세요.

쌤 쌤이 기출 문제를 권하는 원칙은 두 가지가 있어. 가장 좋은 것은 최근의 기출 문제야. 형식도 형식이지만 최근 어떤 주제들이 단골로 출제되는지 주제를 파악할 수 있어. 예를 들어 2006년도에는 민족주의와 세계화 문제가 여러 대학에서 나왔거든. 2007년도에는 갈등을 다룬 학교들이 많았어. 대학들은 시사적인 소재보다 보편적인 주제를 추구한다고 말하지만 그해의 이슈와 논술 시험 주제는 결코 무관하지 않아. 대학교수들의 관심사와 생각도 일반인과 비슷하거든. 기출 문제의 논제와 논제를 담고 있는 제시문들을 읽다 보면 대학교수들의 관심사, 좋아하는 작가, 좋아하는 글의 스타일 등을 알 수 있어. 하지만 서울대를 지원하는 학생이라고 해서 건국대 기출 문제는 보지 않아도 좋은가 하면 절대 그렇지 않아. 우리나라 논술 시험 논제는 돌고 돌기 때문에 동국대에서 나왔던 주제가 몇 년 뒤, 서울대에서 비슷한 지문으로 다시 나오기도 해. 평소 책 읽을 시간이 없다면 그해 기출 문제를 대학 홈페이지나 논술 커뮤니티에서 다운로드 받아 하나의 파일로 정리해 출력한 뒤 들고 다니면서 읽어 둬. 제시문 독해 능력도 키우고 배경 지식도 덩달아 키울 수 있을 거란다.

학생A 2008년부터 형식이 많이 바뀌잖아요. 그래도 상관이 없나요?

쌤 형식이 바뀐다고 물어보는 내용이나 다루는 주제가 달라지

는 것은 아니거든. 고등학생들이 관심을 가졌으면 하는 주제
는 매해 비슷해. 크게 나누면 자아–사회–국가–관
계라는 범주로 묶을 수 있어. 너희는 이 넷 중 논
술 시험에서 뭐가 제일 중요하다고 생각하니?

학생B 사회 아닐까요?

쌤 이유는?

학생B 사회 이슈를 많이 물어보잖아요?

쌤 다른 의견 가진 학생 없어?

학생C 자아 아닐까요? 사회 문제가 됐든 개인적인 문제가 됐든 나
의 생각을 물어보는 게 논술 시험이잖아요?

쌤 좋은 의견이다. 네 생각은 어떠니?

학생D 다 중요하지만 가장 중요한 걸 하나 고르라면 저도 사회를 고
르겠어요. 사회 문제가 무엇이고 그것을 해결하려면 어떻게
해야 하는지를 묻잖아요?

쌤 사회가 다수를 이루고 있구나. 너도 같은 의견이니?

학생A 저는 관계인 것 같아요. 사회 그 자체를 물어보는
것이 아니라 사회적인 문제가 사회 구성원들의
삶에 어떤 영향을 미치는지 관계에 주목해야 할
것 같아요. 내 생각이 중요한 게 아니라 나와 사
회, 나와 국가의 관계에 대한 생각이 중요하겠지
요. 따라서 논술 시험에서 가장 중요한 주제는 관

계인 것 같아요.

쌤   쌤 생각도 너랑 같다. 논술 시험은 관계를 특히 좋아하는 것 같아. 고려대처럼 제시문 간의 연관 관계를 파악하라고 매년 요구하는 학교도 있거든. 이건 형식적인 관계지만 내가 타인, 사회와 맺고 있는 관계에 대한 관심은 내용적인 관계라고 할 수 있어. 논술 시험에서는 둘 다 너무 중요해. 이제부터 논술을 잘하려면 사물을 그 자체로 독립적으로 볼 게 아니라 어떤 관계—맥락이라고도 하지—속에 놓여 있는지를 봐야 할 거야.

학생B   논술 시험을 잘 치르려면 '관계'에 대해서 고민을 많이 해야겠군요. 그런데 쌤. 수시 기출 문제를 봐야 하나요? 정시 기출 문제를 봐야 하나요? 양자 간의 차이가 있다고 하던데.

쌤   수시에 치르는 논술 시험은 문항 여러 개를 주고 그에 대한 답을 짧은 글로 쓰는 지금의 통합 논술 시험과 형식이 유사해. 아무래도 수시 논술 시험이 더 도움이 되겠지. 하지만 영어 제시문이 섞여 있어서 읽기가 부담스러울 거야. 앞으로 영어 지문이 나올지 안 나올지는 두고 봐야 알 일이지만 말이야. 이만하면 기출 문제가 무엇인지 감을 잡았을 것으로 생각한다. 다음 시간에는 논제에 대해서 알아보기로 하자. 논제 분석은 너희가 논술 시험을 치를 때 가장 먼저 해야 일이야. 정말 중요하니 결석하지 마. 오늘 수업 끝.

12

논제는 어떻게
분석해야 하나요?

쌤 오늘은 기출 문제 분석 첫 시간으로 논제에 대해서 설명할게.
지난 시간에 논술이 무슨 시험이고 무엇을 묻고자 하는 시험
이라는 것이 논제에 드러난다고 했잖아. 논제를 제대로 분석
하면 논술 대비도 체계적으로 할 수 있는 거야. 논제는 논할
주제라는 뜻인데, 논술 시험 문제만을 논제라고 보는 견해도
있고 문제에 제시문까지 포함시켜서 이를 논제라고 보는 견
해도 있어. 쌤은 전자를 따를 예정이야. 이해를 쉽게 하기 위
해 너희들에게 논제와 제시문을 나눠서 설명할 거야. 논제도
어렵고 제시문은 더 어려운데 둘을 함께 묶어 전달하려면 받
아먹는 너희 입장에서 부담스럽지 않겠니? 어려울수록 각개
격파가 필요한 셈이지. 너희도 그게 편하겠지?

(모두 동의하는 눈치다.)

쌤   논제가 뭔지 알려면 실제 논제를 보는 것 이상으로 구체적인
     방법이 있을까? 쌤이 나누어 준 자료 좀 읽어 볼래? (수업 시
     작 전에 학생들에게 나누어 준 자료의 내용은 2005년도 주요 대학교
     정시 논술 고사의 논제들이었다. 쌤은 학생들 각자에게 논제를 큰 소
     리로 읽게 했다. 논제는 다음과 같다.)

● 다음 제시문에는 개인의 실존과 대중(군중)의 익명성에 관한 관점들이 나타나 있다. 이를 바탕으
  로 오늘날 한국 사회의 문제점을 구체적인 사례를 들어 비판적 관점에서 논술하라. (서강대)
● 다음 글에 나타난 사회 현상을 분석하고, 우리 현실에서 볼 수 있는 유사한 사례를 들어 대중 사
  회의 '소비 주체'들이 어떤 태도를 지녀야 하는지 논술하시오. (부산대)
● (가), (나), (다)는 환상, 신화, 축제와 같은 비일상적인 것들의 의미를 기술하고 있다. 제시문 (라)
  에 대한 찬반의 입장을 정하여 현대 사회 안에서 비일상성이나 비현실성이 지니는 기능을 논하
  시오. (이화여대)
● 다음 네 개의 제시문에 공통되는 주제를 말하고 제시문들 사이의 관계를 밝히시오. 그리고 그 주
  제에 관한 자신의 생각을 논술하시오. (고려대)
● 다음 제시문에 담긴 '세월이 흘러감'에 대한 생각을 '욕망'과 연관시켜 분석하고 자신의 의견을
  논술하시오. (연세대)
● 사물에 대한 올바른 인식에 어떻게 도달할 수 있는가를 논술하시오. (서울대)

어려운 내용일수록, 이해 파악이 안 되는 글일수록 묵독보다 음독이 통하는 법이야. 큰 소리로 읽다 보면 자기도 모르는 사이에 뜻을 깨친다고나 할까? 천자문을 공부할 때 우리 조상들이 그랬잖아. 그런 방법의 읽기가 졸음을 깨는 데도 효과가 있고. 그런데 이 논제들이 무엇을 묻고 있는지는 일단 접어 두고 형식만 보자. 어떤 공통점 같은 것이 느껴지지 않니?

학생A 전부 '논술하시오'로 끝나는데요.

쌤 이화여대는 '논하시오'라고 하지만 이것도 결국 '논술하시오'라의 축약이라고 한다면 모두 술어에 논술을 포함하고 있다고 할 수 있겠지. 내용은 문제 삼지 말고 논제 형식만 분석해 보자. 주어는 당연히 여러분들이 되겠고 목적어는 '~에 대하여' 즉 주제가 되는 거야. 서울대학교의 예를 들면, 주어 : '여러분은', 목적어 : '사물에 대한 올바른 인식에 어떻게 도달하는지에 대해서', 술어 : '논술문을 쓰시오' 이렇게 되는 거지. 그런데 '논술하시오'가 구체적으로 무엇을 말한다고 생각하니?

학생B '논리적으로 서술하시오'라는 뜻 아닌가요?

쌤 좀 더 구체적으로 표현하면?

학생C 서론-본론-결론으로 글을 나눠 쓰라는 말 아닌가요?

쌤 맞아, 첫 시간에도 이야기했지만 논술하라는 말은 서론-본론-결론으로 나눠진 한 편의 완성된 글을 쓰라는 요구야. 그런데 요즘에는 이런 식으로 묻지 않는단다.

학생D 그럼 어떻게 묻나요?

쌤 논술 문제에서 술어를 논술 동사라고 하는데 예전에는 천편일률적으로 '논술하시오'였다면 지금 다양화되고 있는 추세야. 쌤이 나눠 준 자료를 잘 읽어 봐. (쌤은 서울대학교와 연세대학교가 발표한 2008년도 논술 모의고사 문제 자료를 펼쳐 보여 준다.)

1. 요약형 : 위의 세 제시문이 공통적으로 주장하는 바를 요약하시오. (200자 이내)

2. 설명형 : 제시문 (가)에서 정답이 2% 이하인 이유와 사람들이 95% 이상이라고 잘못 판단하게 되는 이유를 각각 설명하시오. (300자 이내)

3. 분석형 : 이를 분석의 도구로 삼아 (가) 지문을 참조하여 (다) 지문의 '욘사마 현상'을 분석하시오. (한양대 2005 정시)

4. 비교형 : 제시문 (가)에서 제기되고 있는 문제는 무엇이며, 이 문제에 대해 제시문 (나)와 제시문 (다)는 각각 어떠한 해결책을 제시하고 있는지 비교하시오. (400자 이내)

5. 비판형

   - 각 제시문의 핵심적 주장에 대한 반론을 제시하시오. (600자 이내)

   - 논제 1에 근거하여 이러한 주장을 비판하시오. (400자 이내)

6. 대안 제시형 : 위의 논의를 토대로 정보화 시대의 이상적인 민주주의를 구상해 보고 이를 실현하기 위한 구체적인 방안을 기술하시오. (800자 이내)

어때? 어떤 차이점이 느껴지니?

학생A 논술 동사가 다양하네요. 기술하시오, 비판하시오, 비교하시오, 설명하시오, 요약하시오…… 등등.

쌤 그렇지. 바로 그 차이가 논술과 통합 논술의 차이라고 할 수 있어. 논술과 통합 논술은 제시문들의 출처가 교과서 안이냐 교과서 밖이냐의 차이도 있지만 물어보는 방식이 한 가지냐, 다양하냐는 차이도 있는 거야. 그런데 '논술하시오'라는 서술어는 논술 시험에 맞는 표현이잖아. '비판하시오'도 논술적이고 그런데 '기술하시오, 요약하시오, 설명하시오'는 논술문과 별로 상관없지 않나?

학생B 그런데 그런 것들을 모두 논술로 묶었기 때문에 통합적이라고 부르는 것 아닌가요?

쌤 맞아. 통합 논술은 순수한 논술이 아니라 너희들이 중간고사나 학기말 시험에서 치르는 서술형 시험과 논술형 시험이 섞인 짬뽕 형태라는 특징이 있어. 서술형 평가 시험은 현재 실시하고 있는 서울시 교육청과 올해부터 실시하는 경기도 교육청 그리고 내년부터는 부산, 강원 지역에서 실시되는 등 아마 전국적으로 확산이 될 거야. 쌤이 볼 때는 서술형 평가 시험이 완전히 자리를 잡으면 수능 같은 객관식 시험은 무의미해질 거라고 봐. 서술형 평가 시험과 논술형 평가 시험의 차이에 대해서 쌤에게 설명해 줄 수 있는 사람?

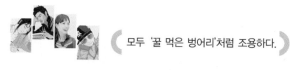

모두 '꿀 먹은 벙어리'처럼 조용하다.

쌤 | 할 수 없군. 내가 설명해야지. 일단 공통점부터 이야기할게. 공통점은 둘 다 자유도가 높다는 거야. 너희들 게임 좋아하지? 게임 중에서 주인공이 마음대로 할 수 있는 여지가 많은 게임들은 자유도가 높은 게임이라고 하잖아? 정해진 역할이나 정해진 미션만 수행해야 한다면 자유도가 떨어지는 게임이고. 자유도가 높은 시험이니까 그만큼 자유롭고 창의적으로 쓸 수 있지. 반면 채점의 객관성과 공정성은 떨어질 수밖에 없고. 서술형 시험을 치르는 서울시 교육청 자료에 의하면 "서술형·논술형은 주어진 질문에 대해 여러 개의 문장으로 응답하는 문항 형태로, 학생이 문제를 접근하는 방법, 정보를 활용하는 방식, 답을 구성하는 방식 등에서 제한을 크게 받지 않는다. 그러므로 이 문항 유형은 학생의 분석력, 비판력, 조직력, 종합력, 문제 해결력, 창의력 등을 측정하는 데 유용하다"라고 나와 있어.

둘의 차이는 분량의 차이가 있어. 서술형은 논술형에 비해 서술해야 하는 분량이 많지 않고 채점할 때 서술된 내용의 깊이와 넓이에 주된 관심을 두는 문항인 반면에, 논술형은 학생이 자신 나름의 생각이나 주장을 논리적으로 설득력 있게 조직하여 작성해야 함을 강조하는 문항이라 할 수 있다는 거지.

그러면서 서술형 문항에서 흔히 사용하는 지시어를 정리해서 다음과 같이 보여 주고 있단다. (이번에는 학생들에게 프린트한 자료를 나눠 준다.)

설명하라(~하시오)	비교하라	요약하라	서술하라
분석하라	해석하라	예시하라	제시하라
분류하라	종합하라	서술하라	재조직하라
정의 내려라	개요를 써라	항목을 들어라	관련시켜 설명하라
원인과 결과를 들어라			

어때? 쌤이 나누어 준 논술 문제와 비교해 보면 어떤 특징이 있니?

학생A 2008년도 모의고사에서 뽑으신 것과 유사한데요.

쌤 바로 그거야. 2008년도 논술 고사는 통합 논술이라는 이름으로 기존의 논술형 평가 시험에 서술형 평가 시험적인 요소를 덧붙인 거야. 쌤의 개인적인 생각은 서술형 평가 시험은 기본적으로 지식을 물어보지 않을 수 없어, 견해보다는 말이지. 제시문이나 자료가 지식의 바탕이 되지만 그 이상의 지식이 필요한 거야. 예를 들어 '제시문이나 자료를 해석하라' 혹은 '예시하라'는 질문에 좋은 답을 쓰려면 제시문 이상의 배경 지식이 필요한 법이야. 논술 시험에서 "배경 지식 많은 게 소용없다, 제시문 속에 다 있다"라는 말은 말도 안 되는 소리지. 어떻게 보면 통합 교과 논술 시험에서는 논증력보다 더 중요한 게 그 문항에서 묻고자 하는 분야의 사전 지식을 얼마나 갖고 있느냐라고 할 수 있어. 왜냐고? '논술하시오'라고 묻지 않고 '서술하시오, 분석하시오, 비교하시오' 등으로 묻기 때문이야. 쌤 말 이해가 되지?

예.

학생B 쌤, 논술 동사에 대해서 무엇을 물어보는지 구체적으로 설명을 더해 주실래요.

쌤 '요약하라'는 것은 텍스트를 주고 일정한 길이로 줄이라는 거야. '비교하라'는 건 두 개 이상의 글을 읽고 공통점과 차이점, 관점의 차이 등에 대해서 설명하라고 하는 거야. '비판하라'는 요구는 어떤 점에서 옳고 그른지, 기준을 정해 주관적으로 평가하라는 이야기고 '분석하라'는 것은 텍스트의 문제 상황을 찾아서 그 원인이나 경향을 쓰라는 시험이야. 이상은 '어떻게 써야 할지'를 알려 주는 거지. '무엇을 써야 할지'에 대해서는 그 주제에 관한 배경 지식도 정리되어야 하고 제시문 분석도 이루어져야 하기 때문에 논술 동사 하나만

★ ★ ★ ★ ★

쌤의 개인적인 생각은 서술형 평가 시험은 기본적으로 지식을 물어보지 않을 수 없어, 견해보다는 말이지. 제시문이나 자료가 지식의 바탕이 되지만 그 이상의 지식이 필요한 거야. 예를 들어 '제시문이나 자료를 해석하라' 혹은 '예시하라'는 질문에 좋은 답을 쓰려면 제시문 이상의 배경 지식이 필요한 법이야.

으로 다 설명할 수는 없어. 일단 쌤이 논제 분석에 관한 시범을 보여 줄게. 이런 식으로 분석을 하는 거야. 너희들이 쌤처럼 논제를 분석하기에는 어려울 거야. 독서량이 많지 않아 배경 지식이 부족할 테니까. 하지만 제시문 독해 능력을 키우면서 배경 지식도 함께 늘리는 방법으로 극복할 수 있어. 다음 주에는 그 방법에 대해서 알아보기로 하고. 오늘은 수업을 여기에서 마친다. 쌤이 나눠 준 논제 분석 방법에 대해서 반드시 읽어 오기다. 앞으로 논제와 연관한 제시문 분석을 강의할 텐데, 그래야 이해가 쉬울 거야. (쌤은 학생들에게 프린트된 자료를 나눠 준다. 쌤이 직접 2006년도 한양대 정시 논술고사의 논제를 분석한 글이다. 제시문으로 쓰인 텍스트와 그림은 p.164를 보라.)

(가)의 그림과 설명이 의미하는 바를 요약하고, 이를 바탕으로 (나)에 제시된 데카르트의 논지를 구체적으로 비판한 후, (가)와 (다)를 참고하여 미래 사회에서 새롭게 설정될 인간의 정체성 및 인간과 기계의 상호 관계에 대하여 논술하시오.

　　한양대 2006년도 논술 시험의 가장 큰 특징은 그림이 2개가 사용됐다는 것이다. 제시문 중에 하나는 영화 〈매트릭스

3)의 한 대화 내용이 인용되었다. 텍스트와 이미지를 연결한 해석 능력을 보고자 한 의도로 추정된다. 각 대학들은 이미지의 시대에 텍스트만 고집할 필요는 없다고 판단한 듯하다. 제시문으로 이미지가 자주 차용되면서 논술 시험 주제에서 대중문화가 차지하는 비중이 현격히 늘고 있다. 2005년도 한양대에서는 한류 현상에 대한 문제가 신화와 엮여서 나왔었는데 2006년 역시 대중문화를 코드로 한 정체성 문제를 출제했다. 전통적인 논술 주제를 대중문화의 새로운 흐름과 묶으려는 시도로 풀이된다.

또 한 가지 특징은 까다로운 요구 사항을 통해 학생이 해야 할 작업이 무엇인지, 글은 어떤 순서로 써야 하는지는 물론이고, 학생들 생각의 방향을 잡아 주고 있다는 점이다. 이런 방식의 시험은 자유로운 글쓰기보다는 출제자의 의도에 따라주는 글쓰기를 원한다. 채점이 편하기 때문이다. 이럴 경우 논술 시험에 답이 없다는 말은 거짓이 되는 것이다. 시험을 망치고 싶지 않으면 학교 측에서 쓰라는 답안을 써야 한다. 그러면 이 논제에서는 무엇을 쓰라고 요구하는 것일까?

논제 분석에서 가장 좋은 방법은 논제에 번호를 매기는 것이다. 모두 5개를 묻고 있다. ①(가)의 그림과 설명이 의미하는 바를 요약하고, 이를 바탕으로 ②(나)에 제시된 데카르트의 논지를 구체적으로 비판한 후, ③(가)와 (다)를 참고하여

④미래 사회에서 새롭게 설정될 인간의 정체성 및 ⑤인간과 기계의 상호 관계에 대하여 논술하시오.

우선 데카르트의 논지를 비판해야 한다. 개인적으로는 찬성의 입장이라고 하더라도 말이다. 인간의 정체성이 미래 사회에서 새롭게 설정된다는 점을 인정해야 한다. "무슨 소리냐? 미래가 되어도 인간의 정체성은 달라질 수 없다"는 입장은 허용이 안 된다. 또 한 가지 제약이 있다. 인간과 기계의 관계에서 상호성을 인정해야 한다. "인간은 인간이고 기계는 기계다, 기계는 인간이 만들었고 인간을 위해서 존재한다"는 의견 역시 고득점에서 탈락 대상이다. 따라서 학생들이 쓸 답안은 이미 정해져 있는 셈이다. 미래 사회에는 인간의 정체성이 바뀔 것이며 인간과 기계의 관계도 달라질 수밖에 없다는 점을 인정하고 그에 맞는 논거들을 확보하는 일이 남은 것. 결국 이 논술 시험에서 승부를 가르는 요소는 배경 지식이다. 같은 주장을 어떻게 달리 포장하느냐 그게 핵심 변수였다.

①번은 그림이 어렵지 않고 설명도 친절하게 되어 있어 의미하는 바를 요약하기 어렵지 않다. ②번 데카르트의 논지도 파악이 그다지 어렵지 않다. 따라서 비판까지도 그리 어려운 작업은 아니다. 그다음에 ③번 (다)의 독해인데 제시문 (다)는

〈매트릭스 3〉의 한 장면으로서 영화 대사이기 때문에 난이도가 가장 쉬운 편이다. 원래 대화체 문장이 "~다"로 끝나는 평어형 문장보다 이해하기 쉽다. 결국 ④번 '인간의 정체성이 미래 사회에 어떻게 설정될 것이냐'는 점과 ⑤번 '미래에 인간과 기계의 관계는 어떻게 될 것이냐'는 점에 대한 진지한 사유로 모아 가야 한다. ④번과 ⑤번은 번호는 따로 붙였지만 인간의 정체성과 인간과 기계의 관계를 분리해서 생각할 필요는 없다. 인간과 기계의 관계가 변하면서 인간의 정체성도 같이 변하기 때문이다.

13

어떤 글들이
제시문으로 나오나요?

쌤   지난 시간에는 논제가 어떻게 나오는지 살펴봤잖아. 오늘은
      어떤 제시문들이 논술 시험에 나오는지 기출 문제를 가지고
      이야기를 해보자꾸나. 자세한 해설은 다음 시간부터 진행하기
      로 하고 오늘은 전체적인 윤곽만 이야기해 줄게. '이런 글들
      이 나오고 있구나'라고 감만 잡기다. 논술 시험에서 기출 문제
      제시문으로 가장 많이 나온 책이 뭐라고 생각하니?

학생A 전에 신문 기사에서 읽은 기억이 있어요. 《장자》 아닌가요?

쌤   맞아. 무려 10번이나 나왔어. 이 숫자가 2000년부터 2007년
      까지 주요 대학 통계거든. 이 통계에 빠져 있는 수치까지 합
      하면 거의 한 해에 두 학교 정도는 제시문으로 출제한 거야.
      《장자》란 책은 하고자 하는 말을 직설 화법이 아니라 비유를

통해 우회적으로 전달하는 방식을 택하고 있잖아? 출제 교수들 입장에서는 독해력을 측정하기에 아주 좋은 거지. 비유와 은유를 풀 수 있는 능력, 한 걸음 더 나아가서는 2500년 전의 성인의 말씀을 오늘날의 상황과 연결시키는 능력을 보려고 해. 어떤 지문이 나왔나 볼까? 가장 최근인 연세대 2007년 정시 논술 고사에서 출제됐던 제시문이야. 당시 논제는 '나 자신이 아닌 다른 존재의 느낌과 생각을 과연 이해할 수 있는가? 아래 제시문들을 비교 분석하여 어떤 어려움들이 있는지 설명하고, 그러한 어려움이 극복될 수 있는지 사회 현실의 예

를 들어 논하시오'였어. (쌤은 학생들에게 미리 프린트된 자료를

나눠 준다.)

장자가 혜자와 함께 호수(濠水)의 징검돌 근처에서 노닐고 있었다. 장자가 말했다. "피라미가 한가롭게 헤엄치고 있소. 이게 물고기의 즐거움이오." 혜자가 말했다. "당신이 물고기가 아닌데 어떻게 물고기가 즐겁다는 것을 안다는 말이오?" 장자가 말했다. "당신은 내가 아닌데 어떻게 내가 물고기가 즐겁다는 것을 알지 못한다는 것을 안다는 말이오?" 혜자가 말했다. "나는 당신이 아니니까 물론 당신을 알지 못하오. 당신은 물고기가 아니니까 물고기를 알지 못한다는 것이 확실하다는 말이오." 장자가 말했다. "자, 처음으로 돌아가 봅시다. 당신은 '당신이 어떻게 물고기가 즐겁다는 것을 안다는 말이오?'라고 했지만, 그것은 이미 내가 안다는 것을 알고서 그렇게 물은 것이오. 나도 호숫가에서 물고기가 즐겁다는 것을 알았던 것이오."

— 〈추수〉 편

쌤   어렵니?

학생B 말은 쉬운데 이상해요, 말 꼬리 붙잡고 늘어지는 것 같아요.
       한번에 의미가 안 오네요.

쌤   바로 그거야. 《장자》는 독해가 만만치 않아서 교수님들이 변
       별력을 갖추고 있다고 보는 거야. 해석 자체도 어렵고 그걸 오
       늘날 상황과 연결해 의미를 부여하기는 더욱 어렵지. 말장난

같은데 장자는 여기서 타인의 느낌을 이해할 수 있다는 쪽이고 혜자는 반대하는 쪽이야. 글을 쓰기 위해서는 다른 제시문과의 관계를 파악해야겠지. 오늘은 거기까지 나가지는 말자. 그런데 재미있는 것은 《장자》 다음으로 많이 나온 글이 《논어》와 《맹자》라고 하네. 여기서 어떤 결론을 추론할 수 있을까?

학생C 논술 시험 제시문으로는 동양 고전이 많이 출제된다?

쌤 서양 문명의 부작용이 심각해지면서 그 대안으로 동양 사상이 각광을 받고 있어. 그동안 국내 대학의 지식 풍토는 일방적으로 서양 중심이었다고 봐야지. 그래서 균형을 찾아가는 결과라고도 볼 수 있는 거야. 하지만 그렇게 단정 짓기 어렵다는 견해도 있어. 지금까지는 고전의 출제 빈도수가 높았고 동서양 고전을 골고루 인용하려다 보니 상대적으로 숫자가 적은 동양 고전의 출제 횟수가 많았던 거라는 설명이지. 최근에 동양 고전은 루쉰의 작품 정도 아니겠어? 동양 고전이라고 해도 대부분 고대에 만들어진 거잖아? 오늘날 우리 문제를 고대 동양 성인들의 시각에서 조명한다는 것은 장점도 있고 단점도 있는 거야. 하여간 너희들은 시간 나는 대로 《논어》와 《맹자》, 《장자》 정도는 읽어 두기 바란다. 논술 때문이 아니라 삶을 살아가는 데 많은 도움을 줄 수 있을 거야. 동양 고전은 이렇게 빅 3로 압축된

다면 서양 고전은 어떨까?

학생D 플라톤 아니면 아리스토텔레스 아닐까요?

쌤 맞았어. 아리스토텔레스가 답이야. 매년 한 번씩은 나오는구나. 게다가 《장미의 이름》처럼 아리스토텔레스와 아주 밀접한 제시문을 포함한다면 그 숫자는 더 늘어나지. 《니코마코스 윤리학》과 《정치학》, 《수사학》 등 3권에 쏠려 있어. 그런데 서양 철학은 플라톤의 각주에 불과하다는 말이 있어. 그만큼 플라톤의 영향력이 절대적이라는 거지. 실제로 아리스토텔레스는 플라톤의 제자였고. 그런데 국내 논술 시험에선 플라톤 대신 왜 아리스토텔레스일까?

학생A 글쎄요. 철학 외에도 생물학, 논리학 등 다방면에 글을 남겼기 때문일까요? 논술 시험 출제 영역이 특정 교과에 해당하지 않고 범교과적이기 때문에 통합이란 면에서 아리스토텔레스가 플라톤보다 더 적절한 인물이 아닌가요? 제 생각은 그래요.

쌤 쌤 생각도 그렇다. 서양 고전은 아리스토텔레스 외에는 현대 사상가들의 글이 많이 쓰이는 편이야. 워낙 다양한 사상가들이 있다 보니 반복해서 출제되는 작가들은 적어도 지금까지 출제된 제시문의 60%에 해당된다고 하는구나.

★★★★★

서양 고전은 아리스토텔레스 외에는 현대 사상가들의 글이 많이 쓰이는 편이야. 워낙 다양한 사상가들이 있다 보니 반복해서 출제되는 작가들은 적어도 지금까지 출제된 제시문의 60%에 해당된다고 하는구나.

60%씩이나요?

쌤   하지만 앞으로는 그 비율이 조금씩 줄 거야. 철학
     과를 포함한 인문학 교수들만이 아니라 다양한
     학과 교수들이 출제에 참여할 예정이니까. 서울대
     예시 문항을 보면 알겠지만 고전 대신 교과서가 논술 제시문
     의 밭이 될 전망이잖아? 사실 그동안 교과서가 출제되지 않
     았던 것은 아냐. 《문학》이나 《국어》 교과서에 실린 글들은 많
     이 출제되었거든. 다만 앞으로는 《문학》이나 《국어》 교과서
     외에 《사회》, 《과학》, 《미술》 교과서 등으로 출제 과목이 다양
     해진다는 거지. 이번에는 문학 작품을 알아볼까? 누
     구의 글이 가장 많이 출제되었을까?

누군데요?

쌤   작가 통계를 낸 곳은 없지만 쌤이 보기에는 이청준 선생이 아
     닐까 싶어. 《당신들의 천국》은 정말 자주 나왔거든. 2006년
     만 하더라도 서강대와 고려대에서 출제가 됐지. 2007년도에
     는 건국대에서 단편 〈조만득 씨〉가 제시문으로 나왔어. 쌤이
     지금 나눠 주는 자료는 2006년도 고려대 정시 논술 고사에서
     나왔던 글이야. 고대 논술은 지금까지 제시문의 공동 키워드
     를 찾고 제시문 간의 상관관계를 파악하는 문제가 나왔단다.
     한번 읽어 볼래?

원장님, 그러나 이제 탈출이 끊어진 섬은 어떻게 되어 가고 있습니까. 이 섬은 이제 생명의 증거를 잃어버린 죽음의 섬으로 변해 가고 있습니다.

원장님께서 섬 위에 이룩하시고자 하신 천국이 가까워 오면 올수록 이 섬은 그 원장님의 단 하나의 명분에 일사불란하게 묶여 버린 얼굴 없는 유령 집단의 섬이 되어 갈 뿐입니다. 하여 점점 더 다스리기가 쉬운, 그러나 개개인의 삶을 찾을 수 없는 생기 없는 유령들의 섬이 되어 갈 뿐입니다. 그리고 아마 원하기만 하신다면 원장님께서는 끝끝내 이 섬을 그렇게 만들어 놓으실 수도 있으실 것입니다. 왜냐하면 원장님께서 지금까지 늘 그래 오셨듯이, 앞으로도 원장님께서 원하시는 바대로 섬사람들을 설득하고 조정해 나가는 것은 그리 힘든 일이 아닐 터이기 때문입니다.

섬사람들을 원장님 뜻대로 설득하고 조정해 나갈 수 있다는 말씀이 맘에 들지 않으실지 모르겠습니다만, 아마 그 역시도 틀림없는 사실일 것입니다. 저의 경험에 따른다면 어떤 형태의 울타리 속에 격리된 사회의 질서란, 그 사회를 구성하고 있는 개개 성원의 의사에 의해서가 아니라 대개는 그 사회를 지배하고 대표하는 몇몇 상층부의 의사에 따라 좌우되게 마련이며, 이 섬에 관한 한 모든 원장들의 시대가 그것을 똑똑히 증명해 주고 있습니다. 원장님도 대개 거기서 예외일 수가 없습니다. 그야 원장님께서는 다른 어느 분보다도 섬 살림을 이끌어 오시는 데 많은 사람들의 의견을 물어 오셨고, 대부분의 경우 원장님은 그 사람들의 의견에 승복하고 따라가는 형식을 취하고 계시기는 했습니다. 원장님은 먼저 장로회를 만들어 무슨 일에서나 그 장로회의 자문과 동의를 주문하시곤 했습니다. 하지만 그것은 아무래도 형식적인 절차 이상의 뜻을 지닐 수 없는 일이었습니다. 장로회에선 스스로 일을 발의한 일이 없으며, 언제나 원장님의 뜻에 따라 원장님의 계획들을 원의로 확정시켜 주는 절차로 봉사하면서, 원장님의 명분을 마련해 드릴 수 있었을 뿐입니다. 아니 전 지금 그렇다고 그 장로회 사람들을 나무람하려는 것은 아닙니다. 지금까지 이 섬에서 겪어 온 그 사람들의 경험이나 높다란 울타리로 만족스러울 만큼 격리가 잘 이루어지고 있는 이 섬의 형편은 비록 장로회 사람들이라 하더라도 그 밖엔 다른 도리가 없었을 것입니다.

전 사실 원장님 부임 직후부터 이 섬의 선의의 지배자로서의 원장님과 그에 대한 피치자로서의 원생들과의 사이에 어느 정도까지 협의적인 지배 질서가 가능할 것인지에 대해 지극히 깊은 관심을 가져 왔습니다. 하지만 전 마침내 원장님에게서마저도 저의 그런 기대가 얼마나 부질없는 환상이었는가를 확인할 수 있었을 뿐이었습니다. 도대체 어떤 절대 상황 안에 격리된 인간 집단 안에서는 그 지배자와 피지배자 사이의 협의 관계에 의한 지배 질서란 궁극적으로 그 상황의 벽을 무너뜨리는 순교자적 용기와 희생 없이는 가능할 수가 없는 것이었습니다. 다스리는 자의 선의나 정의와는 상관없이 그리고 그의 지배권이 어디에서 연유했든 그것만은 끝끝내 절대 전제가 되어 있는 한, 다스림을 받는 쪽은 항상 감당해 낼 수 없는 상황 자체의 압력 때문에 스스로가 무력해져 버리기 때문입니다. 그리고 그런 불행한 사회의 질서란 우리가 흔히 믿고 있듯이 다중의 희망이나 기도 같은 것과는 일단 상관이 없이, 우선은 그 지배자 한 사람의 책임과 각성에 의해 좌우될 수밖에 없다는 것이 저의 슬픈 결론입니다.

— 이청준, 《당신들의 천국》에서

쌤   어때?

학생B 독해하기가 쉽지 않네요.

쌤   이청준 작품은 관념적이고 주제 의식으로 점철되어 있다고 할 정도로 메시지가 강하기 때문에 너희들이 쉽게 독해할 수 있는 작품은 아냐. 전체적으로 우화 형식을 빌려서 이야기하고 있기 때문에 표면적으로 드러난 내용 외에 이면에 행간을 읽어야 해. 쉬우면 논술 제시문으로 내려고 하겠니? 원문은 나병에 걸린 환자들을 수용하는 소록도의 조백헌 원장에게 보건과장인 이상욱이 보내는 편지야. 당시 시대 상황을 빗댄 글이라고 해. 둘의 관계를 박정희 대통령과 비판적 지식인의 관계로 볼 수도 있어. 이 글을 읽고 '협의 관계에 의한 지배 질서의 옹호'라는 주제를 뽑기가 쉬운 건 아니야. 문학 작품 역시 녹록하지 않지?

학생C 소설은 자주 나오는데 시는 자주 나오지 않잖아요? 시는 안 읽어도 되나요?

쌤 윤동주 시인, 천상병 시인, 신동엽 시인, 김수영 시인 등 교과서에 실린 시들이 가끔 나와. 그런데 시는 비유를 넘어서 상징과 은유가 복잡하게 얽혀 있기 때문에 독해가 쉽지 않은 거야. 어떤 시인은 시에서 오독의 자유를 빼면 그건 시가 아니라고까지 하잖아? 문학은 모호성을 특징으로 하기 때문이야. 교수님들은 산문 위주로 제시문을 뽑다 보니 산문끼리는 비슷한 글들이나 반대의 글로 묶기 쉬운데 시는 애매하잖아? 시는 분석하기보다는 느껴야 하는데 그 느낌이라는 게 지극히 개인적인 거잖아? 문학 작품, 그

★ ★ ★ ★ ★

시는 분석하기보다는 느껴야 하는데 그 느낌이라는 게 지극히 개인적인 거잖아? 문학 작품, 그중에서도 시를 완벽하게 이해한다는 것은 불가능하다고 해.

중에서도 시를 완벽하게 이해한다는 것은 불가능하다고 해. 어떻게 보면 동일한 해석이 불가능할수록 시는 생명력을 갖는단다. 이렇게 느낄 수도 있고 저렇게 해석될 여지도 있고……. 그래서 교수님들이 피하시는 것 같아. 일단 논술 시험에 시가 제시문으로 출제된다면 구절 하나하나에 함몰되어서는 안 되고 다른 제시문과의 관계에서 어떤 역할을 하고 있는지를 파악해야 할 거야. 쌤이 시 한 수를 읊어 볼게. (쌤은 존 던의 〈누구를 위하여 종은 울리나〉를 암송한다. 2001년도 한양대 정시 논술 고사에서 제시문으로 사용된 바 있다.)

누구든, 그 자체로서 온전한 섬은 아니다.
모든 인간은 대륙의 한 조각이며, 대양의 일부이다.
만일 흙덩이가 바닷물에 씻겨 내려가면 대륙이나 모래톱이 그만큼 작아지듯,
그대의 친구들이나 그대 자신의 영지가 그리 되어도 마찬가지다.
나는 인류 속에 포함되어 있기 때문에 어느 사람의 죽음도 나를 감소시킨다.
그러니 누구를 위하여 종이 울리는지를 알고자 사람을 보내지 마라.
종은 그대를 위해 울리는 것이다.

학생C 들어본 시예요.

쌤 아주 유명한 시지. '관계'를 다룬 논제에서 자주 언급되는 시야. "인간은 혼자서는 살아갈 수 없는 존재이며, 타인의 삶이 곧 나의 삶의 일부"라는 것이 주제야. 이 주제는 지난번에 배운 '자아―사회―국가―관계' 중에서 어디에 해당할까?

학생D 관계 아닌가요?

쌤 맞아. 관계를 다룬 논제였어. 이 논제는 현대인의 외로움, 인간 소외를 다룬 고전적인 논제였어. 이 시는 인간 소외 극복 방안으로서 '더불어 사는 삶의 소중함'을 답으로 강요하면서 학생들에게 힌트로 주고자 쓴 거야. 이 학교의 경우는 정답을 시에다 숨겨 놓았잖아? 절대 시를 무시할 수는 없는 거야.

학생A 고전, 문학 작품 이제 교과서가 남았네요. 교과서 지문들은 어떤 식으로 나오나요?

쌤 한번 인용해 볼게. 지금 나눠 주는 자료를 볼래? 교과서 지문은 '윤리' 자 들어가는 교과서와 '사회' 교과서에서 많이 출제된단다. 길게는 아니고 어떤 개념이나 사상을 설명하는 부분이 짧게 인용되곤 해.

시장이 항상 효율적인 자원 배분을 가져오는 것은 아니다. 독과점의 횡포, 환경오염의 피해, 공공재의 생산 부족 등이 나타날 수 있기 때문이다. 정부는 이러한 시장 실패를 해결하기 위해 민간의 경제 활동에 개입해 왔다. 환경 보호를 위한 규제, 공기업을 통한 독점 사업의 운영, 독과점과 불공정 거래에 대한 규제 등이 바로 그것이다. 또한 정부는 특정 산업 부문에서의 기업 활동에 대한 인·허가를 특정한 업자에게만 내주기도 하는데, 이는 기업 간의 과도한 경쟁 방지, 자원의 효율적 이용, 공익 증진 등을 위해서이다. 개발도상국에서는 특정한 전략 산업을 육성할 목적으로 정부가 독과점 기업이 될 수 있는 인·허가를 내주는 경우도 있다. 또한, 정부 규제는 소비자의 권익 보호와 산업의 건전한 발전이라는 목적을 가진다. 정부는 이러한 규제 활동을 통해 경제적·사회적 활동에 수반되는 부작용을 최소화하고, 국민의 생명과 재산을 보호하며, 국민의 복지를 증진시키고자 한다.

— 서울대 2005년 11월 28일에 발표된 2008학년도 인문계 논술 고사 예시 중(고등학교 《사회》 교과서)

쌤   어렵지 않지?

학생B 학교에서 경제를 안 배우는 친구들은 어렵겠어요. 학교에서 경제를 배우는 경우도 있고 그렇지 않은 경우도 있잖아요. 논술 고사는 같은 사회 탐구 영역에서도, 다양한 교과서에서 출제가 되잖아요? 결국 상식이 필요한 거네요.

쌤   맞아. 논술 제시문을 제대로 독해하려면 그 분야의 상식이 어느 정도 있어야 해. 내가 배우는 과목에만 관심을 가져서는 안 되는 거지. 이 글은 시장 경제에 모든 것을 맡기는 데 대한 찬반의 논의를 각 경제 주체의 입장에서 평가하는 문제였어. 시장 경제에 대한 다양한 견해를 교과서를 통해서 제시하고 있었지. 시장 경제의 긍정적·부정적 측면에 대한 비판 능력을 평가하고자 하는 의도를 담고 있었다고 해.

학생C 요즘 들어 그림과 도표도 많이 나온다고 하던데요.

쌤 이과생들이 논술 시험을 치러야 하잖아? 사실 이들에게 텍스트 제시문만 주기는 어려울 거야. 일차적인 이유는 이과생들에게 자연계 논술이 부활된 탓이고 이차적인 이유는 문과와 이과를 넘나드는 통합이 논술 시험의 대세로 떠오르면서 문과생들에게 이과생처럼 비텍스트 제시문에 대한 해석 능력을 보고자 하는 거지. 제시문에 그림이나 도표가 섞여 있을 때 어떻게 대처해야 하는지는 쌤이 시간을 따로 내서 강의를 할 생각이야. 오늘은 거기까지는 나가지 말자. 너희들 고통스런 표정을 보니 예서 멈춰야겠다. 오늘 강의는 여기까지다.

14
언어 영역과 논술 독해의
차이점은 뭔가요?

| 목록 | ◀이전 | ◀다음 | 답장 | 전체답장 | 전달 | 원문보기 | 🖨 | | 편지글 | 삭제 | 편지함으로 ▼ | 이동 | 스팸신고 | ┆중요편지로☑ |

▷ 보낸날자	2007/03/17 00:41:27 [GMT+09:00]
▷ 보낸이	이상준 ▫▫▫ ▫▫@▫▫▫▫.▫▫▫	✚주소록에추가	✚자주쓰는주소로	✖수신거부
▷ 받는이	sailorss@dreamwiz.com	✚주소록에추가	✚자주쓰는주소로
▷ 제목	선생님, 궁금해요.

선생님 상준이에요. 선생님의 열정적인 모습 너무나 보기 좋아요. 선생님 말씀대로
저도 열정적으로 살려고 노력하고 있어요. "논술 시험도 열정적으로 준비하다 보면
어떻게 되겠지"라고 기대를 갖는답니다. 하지만 그게 아무래도 힘들 것 같아요.
바로 논술 제시문 때문이에요. 제가 보기에는 논술 제시문이 너무 어려운 것 같아요.
선생님이 주신 읽기 자료 중에 비교적 쉬운 것도 저는 무슨 뜻인지 파악하기 어려워요.
언어 영역 제시문은 비교적 읽어 내는데 논술 제시문은 도저히 극복이 안 되네요.
어떻게 하면 좋을까요?

🌐 인터넷

독해력 교정 업체에서 일을 했던 경력 때문일까? 선생님에게 많은 학생들이 묻는 질문이 있어. '속독이 좋냐, 정독이 좋냐'라는 질문이지. 책을 많이 읽다 보면 누구나 다 속독을 하게 돼. 하지만 책을 많이 읽지 않은 학생이 속독을 배우면 위험할 수도 있지. 이해도가 떨어지기 쉬워서 그래. 하지만 현실적으로 속독이 필요한 경우도 있어. 특히 언어 영역이 그래. 수능 언어 영역은 시간과의 싸움이란다. 80분 동안 50개의 문제를 풀어야 해. 예전에는 90분 동안 60문제를 풀어야 했지. 그래서 상위권 학생들을 제외한 중하위권 학생들은 언어 영역 문제를 풀 때 시간 부족을 크게 느꼈단다. 실제 선생님도 수능 언어 영역 문제지를 보고 깜짝 놀랐어. 듣기와 쓰기 분야를 제외하고 문제지만 15면에 이르고 지문이 10개 이상 등장하더구나. 시험 시간이 90분에서 80분으로 줄고 문제 수도 50개로 줄어서 부담이 준 게 아니라 정작 지문 수는 줄지 않아서 속도의 압박을 더 느낀다는 거야. 이거는 정독을 해서는 답이 안 나올 것 같아. 결국 정해진 시간 안에 빨리 지문을 읽고 답을 찾는 연습을 해야 한다는 결론에 이르지. 언어 영역 문제들은 사실 패턴이 정해져 있잖아? 그 패턴에 맞게 지문에서 필요한 부분만 골라내는 능력이 필요할 거야. 첫 문장부터 마지막 문장까지 이 잡듯 샅샅이 읽어야 한다는 생각을 가진 학생들은 드물 거야. 한 지문을 만나면 그 지문을 처음부터 끝까지 같은 집중도를 갖고 읽는 게 아니라 강약을 주면서 읽자는 거

★★★★★

정해진 시간 안에 빨리 지문을 읽고 답을 찾는 연습을 해야 한다는 결론에 이르지. 언어 영역 문제들은 사실 패턴이 정해져 있잖아? 그 패턴에 맞게 지문에서 필요한 부분만 골라내는 능력이 필요할 거야. 첫 문장부터 마지막 문장까지 이 잡듯이 샅샅이 읽어야 한다는 생각을 가진 학생들은 드물 거야. 한 지문을 만나면 그 지문을 처음부터 끝까지 같은 집중도를 갖고 읽는 게 아니라 강약을 주면서 읽자는 거지.

지. 일본의 대표적인 지성 다치바나 다카시는 이런 방식의 독서법을 회화적인 책 읽기라고 표현해. 음악은 시간에 따라 순서대로 들어야 하잖아? 하지만 그림은 달라. 위에서부터 보든지 보고 싶은 부분만 먼저 보고 나머지를 보든지 상관이 없잖아? 시험 문제를 먼저 읽고 그 내용을 확인한다는 심정으로 읽어야겠지. 그래서 수능 언어 영역을 치를 때는 정독보다는 속독이 필요해.

하지만 논술 시험은 시간적 속박에서 자유롭단다. 이 말을 바꿔 말하면 객관식 수능은 빠름과 친하지만 논술은 느림과 친하다고 할 수 있겠지. 시험 시간만 두 시간이 넘고 문제는 1~3개이고 지문도 3~4개가 일반적이야. 글 읽을 시간은 충분하다고 봐. 물론 개요를 잡고 쓰는 데 많은 시간이 걸리기 때문에 제시문을 독해하는 시간을 줄이면 그만큼 글 쓸 시간이 늘어나서 좋겠지. 하지만 언어 영역처럼 빠른 독해를 통해 문제를 읽고 답을 찾는 패턴에 익숙해지다 보면 문제가 있어. 언어 영역이야 독해를 하나 잘못해도 한 문제만 틀리는 거지만 논술 제시문은 제대로 독해를 못 할 경우, 즉 출제자의 의도 파악에 실패할 경우 시험 자체를 망칠 수가 있는 거야. 그래서 정독이 더 필요하다고 생각해. 천천히 읽고 이 제시문이 무엇을 말하는지와 이 제시문을 출제한 교수가 무엇을 요구하는지 동시에 고민해 봐야겠지. 제시문 읽는 시간보다도 제시문 읽고 고민하는 시간이 더 들 거야.

지금까지 이야기는 시험 현장에서 필요한 이야기고 평소 제시문 독해 연습은 조금 다른 방식의 접근했으면 해. 쌤은 우선 단락 중심의 글 읽기를 권하고 싶어. 이때 속독도 도움이 돼. 일종의 속독 기술을 도입하는 건데 논술 제시문은 수능 언어 영역으로 치면 대부분 비문학 지문이잖아? 단락 단위로 생각의 덩어리가 끊어져 있어. 그래서 단락 단위로 글을 읽고 이 단락에서 뭘 말하고 있구나 라는 점을 빨리 간파해야 해. 즉, 구조나 짜임새에 주목하면서 읽어야 한다는 거지. 단락의 첫 문장과 마지막 문장에 주목해서 읽고 다른 부분은 적당히 읽어도 무방해. 그 대신 할 일이 있어. 주제 문장과 키워드를 적어 놓는 거야. 그 적어 놓은 것을 바탕으로 요약도 가능하고 제시문 분석도 가능하겠지. 때에 따라서는 해석도 해야 해. 내용이 어려운 철학이나 경제에 관한 글, 혹은 배경 지식이 부족한 분야의 글들은 내가 이해한 부분과 그렇지 못한 부분을 구분할 필요가 있어. 그렇게 나눠 놓고 이해를 못 한 부분은 추후에 사전이나 다른 책을 찾아보면서 해석의 과정을 거쳐야 한단다. 어려운 제시문에 대한 공포는 그런 식으로 극복할 수 있을 것 같아. 이 방법을 자세하게 알려 줄게. 내가 이해한 부분은 놔두고 몰라서 해석한 부분을 따로 적는 거야. 그 부분을 도서관이나 인터넷 검색, 아니면 선생님에게 묻는 방식 등을 통해 확인 절차를 거치는 거지. 사실 영어가 아닌 우리말을 영어 해석 하듯 공부하는 건 어폐가 있다는 생각이 들지만 어려운 제시문은 마치 영어 구문을 해석하듯 접근하는 것도 좋은 방법이라고 생각해. 그런 식으로 하다 보면 논술 제시문에 대한 공포도 사라질 거야.

정리하면 논술 공부할 때도 속독이 필요할 때가 있다는 이야기지. 그래도 논술 제시문 독해의 본령은 정독에 있어. 그래서 두 단계로 나눠서 독해를 해야 하는 건데, 한 번은 대충 읽기, 즉 속독을 통해 주제어와 주제 문장을 잡고 정독을 통해 요약을 하는 거지. 속독은 시간 체크를 하는 것이 좋고 정독할 때는 절대 시간에 구애받지 않는 게 좋아. 같은 글을 속독으로 읽어 보고 정독으로 읽어 보는 연습을 해보면 두 방법의 차이도 알 수 있고 내가 어떤 글을 속독으로 읽고 정독으로 읽어야 할지 글마다 판단할 때도 도움을 받을 수 있을 거란다.

그런데 시험 현장에서도 한 가지 변수가 생겼어. 지난 2월에 실시된 서울대 모의고사의 경우 학생들이 써 내야 할 분량이 무려 원고지 4,700자여서 옮겨 적는 데만 해도 30분 이상이 걸린다고 하는구나. 다시 말하면 단수 논제에서 복수 논제로 전환하면서 문항당 제시문 숫자는 줄지만 문항 자체가 늘기 때문에 써야 할 분량이 엄청 늘었다는 설명이지. 전통적인 서울대 논술 시험은 3시간 동안 2,500자를 썼는데 앞으로는 4시간이나 5시간 동안 5,000자 가까운 글을 써야 한다는 거지. 틀림없이 수험생들 시험 시간이 모자랄 거야. 어쩔 수 없이 제시문 독해 시간을 줄여야 한다면 기술적으로 속독을 해야 하는 일이 생길지도 몰라. 속독과 정독을 때에 따라서 탄력적으로 적용하는 것이 가장 좋은 방법이란다.

15

제시문에서
무엇을 읽어야 하나요?

쌤 오늘은 지난번에 이어서 제시문 이야기를 하자꾸나. 그전에
너희에게 묻고 싶은 말이 있다. 너희들은 '의도'라는 말에서
어떤 느낌을 받니?

학생A 별로 좋지 않은데요. 의도가 뭐냐고 따질 때가 많잖아요?

학생B 의도를 숨긴다고 하잖아요. 겉으로 드러나지 않는다는 뜻이
겠지요.

쌤 오늘 내가 하고 싶은 이야기의 핵심이 바로 그거야. 제시문에
서 무엇을 읽어야 하느냐는 질문에 쌤이 들려줄 답은 겉으로
드러나지 않은 의도를 따지자는 거지.

학생C 쌤, 질문이 하나 있어요. 논술 시험의 제시문을 독해할 때 그
제시문을 쓴 저자의 의도를 파악하는 게 중요한가요? 아니면

출제자의 의도가 중요한가요?

쌤   성미 급하기는. 대개 논술 교재들은 출제자의 의도를 파악하
     는 것이 저자의 메시지를 읽는 것보다 중요하다고 해. 심지어
     논술 제시문은 출처나 저자가 누구인지 모를수록 독해하기
     쉽다는 극단적인 주장도 있단다. 왜 그럴 것 같니?

학생D 글을 그대로 싣지 않고 편집해서 그런가요? 신문이나 잡지도
     편집자의 의도가 크게 작용하잖아요.

쌤   좋은 분석이다. 너는?

학생A 내가 읽은 책에서 제시문이 나오면 만만히 보고 달려들지 않
     을까요? 그 글을 너무 잘 안다는 자신감이 쌤 말대로 오독의
     가능성을 높여 준다고나 할까요?

쌤   맞아. 보이는 게 아니라 보고 싶은 걸 보려고 들기 때문이지.
     "이건 《어린 왕자》구나. 관계의 소중함을 뜻하겠군." 이런 식
     으로 지레짐작하고 제시문 독해를 설렁설렁할 수도 있거든.
     또 이 글을 쓴 사람이 내가 잘 아는 작가이기 때문에 논제 분
     석과 제시문 독해도 잘 할 수 있으리라는 착각은 버리는 게
     좋아. 쌤이 예를 들어 볼게. 다음 글을 읽어 볼래.
     서울대 2006년도 정시 논술 고사에서 쓰인 제시문이야. 논
     제는 "제시문을 참조해 경쟁의 공정성과 경쟁 결과의 정당
     성에 대해서 논술하시오"라는 거였어. 어떤 느낌이 드는지
     글을 한번 읽어 보자.

인간이 아무리 이기적이라고 할지라도 인간의 본성에는 분명 연민(憐憫)과 동정(同情)의 원리가 존재한다. 이 원리들로 인해 우리는 인간의 운명에 관심을 가지게 되며 자기에게는 별 이익이 없어도 타인이 행복하기를 바란다. 타인의 비참함을 목격할 때 우리는 이러한 연민과 동정을 느낀다. 도덕적이거나 인간미가 풍부한 사람은 물론이고, 무도한 폭한(暴漢)이나 사회의 법률을 극렬하게 위반하는 사람도 이러한 감정을 가지고 있다.

— 애덤 스미스, 《도덕감정론》 중에서

학생B 이기적인 경쟁을 지양하고 약자를 보호해야 한다는 주장 같은데요.

쌤 맞았어. 그런데 이 글의 저자가 누군지 알아?

학생B 글쎄요.

쌤 이 시험은 제시문이 무려 7개나 쓰였는데 각각의 제시문이 경쟁에 대해서 어떤 입장을 보이고 있는지 파악하는 게 글쓰기 작업의 첫 단추였어. 그런데 문제는 이 글의 저자가 애덤 스미스라는 사실이지. 국가의 간섭이 아니라 인간의 이기적인 본성이 사회의 부를 증가시킨다고 주장한 《국부론》의 저자 애덤 스미스 말이야. 당연히 애덤 스미스라면 이기심을 도덕 감정보다 높이 샀을 것이라고 지레짐작하기 쉽잖아? 제시문의 필자 이름만 보고 시간도 없는데 건너뛰고 다른 제시문

에 주력하자고 할 수도 있었을 거야. 이 글은 짧은 글이니까 그렇게 오해할 가능성은 적지만 긴 글을 저자와 출전만 보고 대충 메시지를 파악해서 글을 쓰게 되면 그게 바로 오독이 되는 거지. 오독한 친구들의 특징이 뭔지 알아?

학생C 뭔데요?

쌤 그 친구들이 배경 지식이 부족한 친구들이 아냐. 대충 읽고 내가 아는 걸 섣부르게 적용해서 그런 실수를 저지르는 거야. 문화 이야기 나오면 피에르 부르디외의 '아비투스'를 언급하는 식으로 도식적으로 논제와 제시문을 파악하는 거야. 이런 글들이 대개 현란하기는 하지. 그런데 무슨 소린지 잘 모르겠다는 인상을 주게 되거든. 논술 답안을 채점하는 교수님들은 그렇게 잘난 체하는 글을 좋아하지 않아. 맥락에 맞지 않으면 감점 대상이라고 해. 말도 안 되는 글 읽느라 머리가 아픈데 어려운 사회 과학 이론까지 들이대면 얼마나 괴롭겠니?

학생D 고정관념이 무섭다는 거죠. 익숙한 제시문은 고정관념을 키우기 십상이다, 이런 말이죠. 어려운 글 이야기가 나와서 하는 말인데 논술 제시문은 어렵잖아요? 어떻게 읽으면 되나요?

쌤 너희들은 어떤 글이 어렵니?

학생A 저는 시요.

학생B 저는 과학 제시문이요.

학생C 저는 예술에 관한 글이 어렵던데요.

학생D 저는 철학적인 글이 어려워요.

쌤 　시, 예술, 과학, 철학 제시문은 누구에게나 어렵단다. 어려운
　글은 반복해서 읽는 방법이 제일 좋아. 너희들 '독서백편의
　자현讀書百遍義自見'이란 말 들어봤니?

아니요!

쌤 　역시 한자에 약한 세대답구나. 같은 글을 100번 읽으면 모르
　는 뜻을 알게 된다는 이야기야. 모르는 글은 반복해서 읽으면
　그 뜻을 대충 파악할 수 있어. 그런데 시간도 없고 읽어야 할

🔵 **피에르 부르디외** Pierre Bourdieu(1930~2002)

프랑스의 사회학자. 1930년 프랑스 남부 베아른의 작은 농촌 마을에서 태어났다. 1968년 유럽사회학센터를 설립하고 《사회학 연구》를 발행하기 시작, 이 잡지에 활발한 연구 논문을 발표하면서 이른바 '부르디외 학파'를 형성하고, 이때부터 사회학을 '구조와 기능의 차원에서 기술하는 학문'으로 파악하는 한편, 후기 구조주의 입장에서 구조와 행위의 관계를 설명하는 입장을 취했다. 사회 구조를 개관적으로 분석하는 관점을 고수하면서, 사회학적 방법론과는 거리가 있는 문화 예술 현상에도 관심을 가지고 미학적 인식이 사회적으로 구성되어 가는 방식 등에 관한 저서를 잇달아 발표했다. 1970년에는 학교의 독립성과 중립성이 환상에 불과하다는 내용을 다루면서 구조와 행위의 통합을 꾀한 역저 《재생산》을 출간해 사회적으로 큰 반향을 불러일으켰다. 1981년 콜레주 드 프랑스 교수로 취임한 이후 활발한 저술 활동을 하는 틈틈이 현실 참여에도 앞장서 텔레비전에 출연해 언론 기자들을 비판하고, 실업자들을 지지하며, 문명 파괴 반대 운동에도 참여하는 등 행동하는 지식인이라는 평가를 받았다. 또 신자유주의자들을 강하게 비판하면서 이들에 저항하기 위해서는 범세계적인 지식인 연대가 필요하다고 주장했다.

🔵 **아비투스**habitus 피에르 부르디외의 핵심 이론. 인간의 행위는 사회의 객관적 구조와 아비투스라는 내재화된 구조의 변증법적 매개를 통해 나온다고 한다. 여기서 아비투스란 특정한 시간과 장소에 따라 특정한 사회적 환경에 의해 내면화된 성향의 체계로서, 인간 행동의 생산자이며 인지와 평가와 행동의 일반적 모습이다. 아비투스는 '사회화된 주관성'으로 행위자를 다양한 상황에 대응하도록 허락하는 '행동의 연결 원칙'을 말한다.

글은 많은데 같은 글을 100번씩 읽을 수는 없잖아.

학생A 모르는 어휘가 많은 글은 힘들잖아요? 아무리 많이 읽어도.

쌤   어려운 어휘는 학교 측에서 설명을 달아 주는 경우가 많아. 논술 제시문 읽을 때에는 출제자의 의도를 파악하고 핵심적인 주장과 근거 몇 개를 찾으면 되지, 그 뜻을 세세하게 알 필요는 없어. 구조를 파악하라는 거야. 제시문 안에서 독해력을 발휘하는 것보다 제시문 밖에서 독해력을 발휘하는 게 더 중요해. 다른 제시문과의 연관 관계를 파악하는 일이지. 하나하나 뜻을 알지 못해도 상관없어. 논술 시험에서 필요한 독해력은 어휘력도 중요하지만 그보다는 의도 파악 능력, 행간을 읽는 기술들이 더 중요한 거야.

학생B 그럼 '독서백편의자현'이고 뭐고 할 필요가 없잖아요? 구조적으로 읽어야 한다면 말이에요.

쌤   아무리 어려운 글도 몇 번 읽으면 구조가 보이기 때문이야. 구조적으로 글을 읽는 방법은 요약과 관련이 있는데 요약은 곧 쓰기잖아? 다음 과정에서 쌤이 선보일 예정이야. 일단 오늘은 어려운 글에서 출제자의 의도를 파악하는 방법에 대해 확실하게 알아보자꾸나. 정말 어려운 글에 한번 도전해 볼까? 다음 글이 쌤이 보기에는 지금까지 나온 논술 시험 제시문 중에서 난이도가 가장 높았던 글이야. 한번 읽어 봐.

(쌤은 학생들에게 2006년도 서강대 정시 논술 고사 문제와 제시문을

프린트해서 나눠 준다. 다 읽고 난 학생들은 기가 막힌다는 반응이다.)

인간이란 정신이다. 정신이란 무엇인가? 정신이란 자기이다. 자기란 무엇인가? 자기란 자기 자신과 관계하는 관계이다. 즉, 거기에는 관계가 자기 자신과 관계하는 것들이 포함돼 있다. 자기란 단순한 관계가 아니고, 관계가 자기 자신과 관계하는 바를 의미한다.

인간은 유한성과 무한성, 시간성과 영원성, 자유와 필연의 종합이다. 요컨대 인간이란 종합이다. 종합이란 양자 사이의 관계이다. 그러나 이것만으로는 인간은 아직 아무런 자기가 아니다.

양자 사이의 관계에 있어서 관계 그 자체는 부정적 통일*로서의 제삼자이다. 그들 양자는 관계에 대해 관계하는 것이며, 그것도 관계 속에서 관계에 대해 관계하는 것이다. 예를 들면 인간이 영혼이라고 할 경우, 영혼과 육체의 관계는 그와 같은 관계이다. 이에 반해 관계가 그 자신에 대해 관계한다면, 이 관계야말로 적극적인 제삼자인 것이며, 그리고 이것이 자기인 것이다.

자기 자신과 관계하는 그와 같은 관계는 자기를 스스로 정립한 것이거나 아니면 다른 사람에 의해 정립된 것이거나 이 둘 중 하나가 아니면 안 된다.

그런데 자기 자신과 관계하는 관계가 다른 사람에 의해 정립될 경우, 물론 그 관계는 제삼자인 셈이지만 그러나 그 관계, 즉 제삼자는 다시 또 모든 관계를 정립한 것과 관계하는 관계이기도 하다.

이와 같이 도출되어 정립된 관계가 바로 인간인 자기인 것이다. 그것은 인간이 자기 자신과 관계하는 것이요, 동시에 자기 자신과 관계하는 것처럼 그렇게 타자와 관계하는 관계이다.

— 키에르케고르, 《죽음에 이르는 병》에서

---

* 여기서 부정적 통일은 정반합의 변증법적 과정으로서의 종합을 의미한다.

쌤   어때?

학생C 고등학생이 이런 글을 읽어야 한단 말인가요? 논술 시험을
        치르기 위해서?

쌤   이 제시문의 논지를 요약하라는 게 학교 측의 요구였어. 이
        제시문을 출제한 서강대는 논술 시험이 가장 어려운 축에 속
        해. 지금까지는 주로 어려운 제시문이 나왔지만 앞으로는 모
        르겠다. 이 글은 원래 내용도 어려운데 번역문이기 때문에 더
        어려운 거야. 최근에 나오는 번역서는 그런 일이 적은데 예전
        에 나온 번역서는 정말 자동번역기로 번역한 게 아닌가 싶을
        정도로 무성의한 게 많아. 사실 이 글도 적지 않은 문제가 있
        어. 그 이야기는 접어 두고 어려운 제시문을 독해하려면 저자
        에 대해서 사전 지식이 어느 정도 필요하기는 해. 이 사람은
        존재에 관심을 갖고 있는 전형적인 서양 철학자인데, 기독교
        사회에서 그리스도가 부재하는 현실에 대해서 많은 고민을
        했지. 인간의 정체성을 규명하기 위해 인간이 아닌 존재 그리
        스도의 정체성에 대해서 고민을 한 거야. 그리스도는 인간에
        게 철저한 타자이고 타자에 대한 관심을 갖다 보면 자신이 누
        구인지 정체성을 찾을 수 있다는 거지. 남을 통해서 자신을
        깨닫는 경우가 많잖아? 어려운 글을 이해하기 위해서는 몇
        가지 기술이 필요하단다. 이 제시문에서 가장 자주 등장하는
        말이 뭔 것 같니?

학생D 관계요.

쌤 그러면 관계를 중심으로 독해를 해보는 게 좋아. 어려운 글일수록 키워드를 찾아서 키워드를 어떻게 설명하고 있는지 파악해야 한단다. 키워드가 '관계'였다면 중심 문장은 무엇일까? 필자가 이 글을 통해서 말하고 싶은 것? 물론 '관계'란 단어가 들어가야겠지. '관계'란 단어가 들어가는 문장이 너무 많지. 그럼 보조 키워드를 찾아보자. '관계'란 단어 다음으로 자주 눈에 띄는 것?

학생A '자기' 또는 '자신'이 아닐까요?

쌤 맞아. 바로 그거야. 그럼 두 단어가 동시에 들어간 문장은 뭐니?

학생B 글의 후반부에 있지 않나요?

쌤 맞아. 쌤이 정리하면 "인간은 남과 관계를 맺듯 자신과도 관계를 맺는다"는 거야. 쉬운 글들은 앞에 주장을 하고 뒷부분에 근거를 대잖아. 이처럼 어려운 글들은 반대인 경우가 많아. 자신의 사유를 그냥 그대로 펼쳐 놓다가 맨 끝에 가서 종지부를 찍는 거야. 이걸 미괄식이라고 하지.

학생C 나 자신과 관계를 맺는다는 게 무슨 소리예요?

쌤 관계는 타인과의 관계잖아? 외부에서 주어지는 거고. 나 자신과 맺는 관계는 말 자체가 생소하지. 그만큼 현대인은 자신을 안 돌아본다는 이야기 아닐까? 인간은 자신을 객관적으로 돌아보고 스스로 평가해야 할 필요가 있어. 이를 '성찰'이라

고 하잖아? 자신을 성찰하는 인간이 바로 실존적인 인간이잖
아? 결국에는 "거울 보듯이 내 안의 목소리를 들
으라"는 이야기야. 그 이야기를 하려고 스스로 묻고 답하
는 방식으로 복잡하게 풀고 있는 거야. 어려운 글은 구절 하
나하나에 매달리기보다는 '이 사람이 방점을 찍고 있는 단어
가 뭐고, 어떤 방식으로 자신의 생각을 전달하는지' 파악하면
되는 거야. 그러면 여기서 묻자. 이 어려운 글을 학생들에게
읽고 요약하란 출제 교수의 의도는 뭘까?

(여기서 쌤은 논제를 다 공개한다. 논제는 "과학 기술의 발달에 따라
인간의 실존적 상황이 달라질 수 있다. 이와 관련한 현대 사회의 특
징적인 두 단면을 제시문 (다), (라)는 보여 준다. 제시문 (가), (나)의
논지를 요약한 후, 이를 구체적 논거로 활용하여 (다), (라)가 시사하
는 문제점 중 공통점을 중심으로 논술하라"였다. 이 글은 그중에서
제시문 (가)였다.)

학생D '현대인의 자아 상실' 이런 것 아닐까요? 그것이 정체성의 혼
돈 이런 거로 이어질 것 같은데요.

쌤 그래, 학교 측에서는 어려운 제시문을 선택한 이유가 있어.
'나'를 발견하는 일, '나'를 대면하는 일이 그만큼 어렵다는
것을 강조하려고 어려운 제시문을 제시한 거야. '나'를 발견
하는 일이 일상적이고 쉬운 일이라면 이렇게 어려운 제시문
을 출제하겠니? 어려운 제시문이 나오면 그 제시문에서 다뤄

지고 있는 주제가 현대 사회나 현대인들에게 부족한 것 내지는 필요한 것을 다루고 있다고 보면 돼. 학교 입장에서는 학생들이 관심을 가져 줬으면 하는 분야, 학생 입장에서는 평소 관심을 기울이지 않는 분야가 되겠지.

학생A 그럼 쌤, 이 학교에서는 학생들이 실존적인 관심을 가져 달라는 뜻이네요.

쌤 그래, 바로 그거야. 앞에서도 논술 시험은 학풍과 연관이 되어 있다고 했잖아. 이 학교(서강대) 학풍이 무겁고 진지하잖아.

학생B 어려운 글의 경우, 저자가 아니라 왜 이런 글을 출제했을까라고 출제자의 의도를 파악한 뒤 글을 읽는 게 좋겠네요.

쌤 맞아. 제시문을 읽을 때 가장 중요한 일은 의도를 파악하는 거야. 그러기 위해서는 키워드와 중심 문장을 찾고 그다음에 다른 제시문과의 상관관계를 찾는 거지. 이게 바로 논술 시험에서 제시문을 독해하는 순서야.

학생C 앞에서 누가 편집을 한다고 했잖아요? 제시문을 보면 '중략'이라는 게 자주 눈에 띄잖아요? 거기에 어떤 의도가 담겨 있지는 않나요?

쌤 정말 좋은 질문이다. '중략'을 보면 제시문을 선택한 출제자의 의도가 보이는 법이야. 출제 교수들은 제시문을 뽑는다기보다 만든다고 봐야 해. 마음에 쏙 드는 제시문을 찾기가 쉽지가 않잖아? 내가 이 문제를 내기 위해 이런 생각을 담고 있는 제시문을 찾는 작업이 쉽겠어?

학생D　어려울 것 같아요.

쌤　쌤도 예상 문제를 많이 만들어 보았거든. 어려운 건 논제를 만드는 게 아니라 그 논제에 맞는 제시문을 고르는 거였어. 엄청나게 많은 독서량, 그것도 다방면에 걸친 독서량이 필요하고 그다음에 그 책들에서 출제 의도와 맞는 부분을 인출해 내는 능력까지 갖춰야 하니 정말 어렵더구나. 요즘 들어 제시문을 발췌하는 경우보다 교수님들이 직접 쓰는 경우—특히 고려대가 그렇단다—가 많은 게 그만큼 출제 의도와 맞는 제시문을 찾기가 어려워서야. 힘들게 골라도 어디서부터 어디까지 써야 할지 잘라 내는 것도 쉽지가 않았어. 논술을 쓸 때도 불필요한 문장을 쓰지 말라고 하잖아? 교수들이 모범을 보여야 하겠지. 긴 글을 독해하기가 부담스러우니 출제 교수들도 출제 의도와 정확히 맞아떨어지는지 고민한 후 필요한 부분만 제시하려고 해. 그래서 그대로 발췌하는 것을 지양하고 한 작품 속에서 몇 개를 고른 뒤 필요한 부분만 골라서 하나의 제시문으로 만드는 경우가 늘고 있는 거야. 그때 써먹는 게 바로 '중략' 혹은 '(……)'이지. 중략 이후는 필요 없어 자른 거잖아? 글을 읽을 때 대개 중략은 사례 역할을 하는 경우가 많아. 중략된 글에 고갱이가 있지는 않아. 첫 단락이나 중략을 여러 번 하고 최후에 남는 글에 출제자가 말하고 싶은

주장의 핵심이 담겨 있는 경우가 많지.

학생A 출제자의 의도 파악이 쉬운 게 아니군요. 왜 여기서 인용을 멈췄을까? 왜 이 부분을 남겨 놓았을까? 등등까지 고민해야 하니 말이에요.

쌤 더 심각한 문제는 그것이 가장 큰 고민이 아니라는 거지.

학생B 뭔데요?

쌤 두 개 이상의 제시문의 관계 파악이야. 언어 영역과 논술 제시문 독해의 가장 큰 차이는 관계 파악이란다. 세부적인 내용을 물어보는 경우는 논술 시험에서 거의 없잖아? 논술 시험에서는 밑줄 친 문장의 속뜻이 뭐냐, 이런 식으로 물어보지 않으니까. 학생들에게 요구하는 것은 제시문 하나하나의 독해 능력보다 그것들을 읽고 전체 제시문들 속에서 연관 관계를 파악하는 일이야. 제시문 단독 읽기보다 엮어 읽기가 중요한 건 그래서야. 고려대학교 논술 시험이 전형적인 경우인데, 읽기에는 패턴이 있어. 먼저 공통 주제를 찾고 그 주제를 제시문들이 어떤 관점에서 바라보고 있느냐를 살펴봐야 해. 찬성과 반대인지, 긍정과 부정인지, 원인과 결과인지, 문제점과 대안인지, 주장과 논거인지를 말이야. 개념과 사례도 있고. 연관 관계를 묻는 형식은 고대처럼 힌트를 안 주고 물어보는 경우도 있지만 대부분은 논제에서 힌트를 줘.

학생C 어떻게요?

쌤   다음 논제를 볼래. 2004년도 이화여대 정시 논술 고사 논제야.

다음 (가)의 글은 현대 소비 사회의 특성을 묘사하고 있다. 오늘날 (나)와 (다)의 삶의 방식이 (가)의
소비 사회와 갈등을 빚는 이유와 양상을 서술하고, 그 갈등을 해소할 수 있는 방법을 자신의 관점에
서 논술하시오.

쌤   제시문은 3개인데, 논제만 봐도 대충 관계를 파악할 수 있지.
        (나)와 (다)를 한 묶음으로 묶을 수 있고 (가)는 그 반대의 관점
        이라는 것을 논제에서 말해 주고 있는 셈이지. 이럴 경우 그
        만큼 제시문 오독의 위험은 줄어들게 되겠지.

학생D 4개 이상의 제시문은요?

쌤   제시문이 많을수록 복잡해져. 그 대신 제시문의 길이는 짧아
        진단다. 반면에 문제에서 요구하는 사항이 많아지는 점이 특
        징이지. 제시문이 다양해지면 출제할 수 있는 문제가 많아지
        는 거야. "제시문 (가)를 바탕으로 제시문 (나)를 비판하라"든
        지, "제시문 (가)의 논지를 요약하고 (가)의 관점에서 제시문
        (다)에 나타난 문제점의 해결 방안을 기술하라"든지 하는 식으
        로 말이야. 이런 방식이 통합 교과형 논술 시험에 맞다고 할 수
        있어. 결국 앞으로 논술 시험은 제시문 길이는 줄어들고 숫자
        는 늘어난 방식으로 변화할 거야. 오늘 강의는 여기서 마치고

숙제를 내줄게. 다음 4개의 제시문들을 읽고 공통된 주제를 찾고 제시문 간의 연관 관계를 설명해 봐. 고려대 정시 논술 고사와 비슷한 유형의 문제로 쌤이 직접 뽑아 본 거야. 실제 논술 시험이라면 공통 주제를 찾고 연관 관계를 설명하는 것만으론 모자라. 그에 대한 자신의 생각까지 써야 하겠지. 하지만 너희는 공통 주제가 뭔지 찾고, 그 관계를 설명하기만 하면 돼.

학생A 너무 어려워요. 요령을 알려 주세요.

쌤 말이 쉽지. 내신 준비하고 수능 준비하면서 논술 숙제를 해야 하는 너희에게는 부담스럽겠지. 요령은 단계별로 접근하는 거야. 일단 쌤이 가르쳐 준 대로 해. 다음과 같은 순서로 독해를 해봐. 먼저 각각의 제시문을 읽고 각 제시문의 키워드, 중심 문장을 찾아 봐. 그리고 제시문을 다 읽고 쌤이 내준 문제를 푸는 거야. 각 제시문의 키워드를 찾고 중심 문장을 찾아 냈다면 그후부터는 식은 죽 먹기일 거야. 다 풀고 나면 제시문 독해의 길이 어느 정도 보일 거야.

(볼멘소리로) 알았어요.

제시문 1

"구성원 전체의 공동의 힘으로 각자의 신체와 재산을 방어하고 보호하며, 각 개인은 전체에 결합되어 있지만 자기 자신에게밖에 복종하지 않고, 이전과 같이 자유로울 수 있는 하나의 결합 형태를 발견하는 것", 이것이 바로 사회 계약이 해결해 주는 근본 문제인 것이다. 이 계약의 조항들은 그 성격상 조금만 수정하여도 무효가 되며 무용한 것이 되도록 규정되어 있다. 그래서 이 조항들은 아직까지 명문화되어 공포된 적은 한 번도 없었지만 어디에서나 같은 내용으로서, 사회 계약이 깨어져 각자가 계약상의 자유를 잃고 최초의 권리를 되찾으며 계약상의 자유 때문에 폐기했던 자연적 자유를 회복할 때까지는, 어디에서나 무언중에 받아들여져 인정되고 있는 것이다.

사회 계약의 이러한 조항들을 잘 이해하면, 그것은 다음과 같은 단 하나의 조항에 귀착한다. 즉, 사회의 각 구성원들이 자기의 모든 권리와 함께 자신을 공동체 전체에 양도한다는 것이다. 왜냐하면, 첫째로 각자가 자기를 전적으로 양도해 버리고 나면 조건은 모든 사람들에게 평등하게 되고, 또 조건이 모든 사람들에게 평등하게 되면 그 누구도 타인에게 조건을 무겁게 하는 일에 관심을 갖지 않을 것이기 때문이다. 더욱이 양도는 아무런 조건 없이 이루어지기 때문에 결합은 가장 완전해져서, 구성원은 더 요구할 것이 없게 된다. 왜냐하면, 만일 개인들에게 약간의 권리라도 남아 있게 되면, 그들과 군주 사이에서 사리를 판단해 줄 수 있는 공통의 상위자가 없게 되고 따라서 모든 개인들이 어느 점에서는 자기 자신의 심판자이기 때문에 결국 모든 점에 대한 심판자가 되기를 주장할 것이기 때문이다. 그렇게 되면 자연 상태는 그대로 존속할 것이며, 결합은 필연적으로 전체적인 것이 되거나 무력한 것이 되고 말 것이다.

끝으로, 각자는 전체에게 자기를 양도하기 때문에, 그 누구에게도 자기를 양도하지 않는 것이 된다. 그리고 모든 구성원은 자기가 양도하는 것과 똑같은 권리를 다른 구성원들로부터 받기 때문에, 각자는 자기가 상실한 모든 것과 동등한 가치의 것을 얻고 나아가 자기가 가지고 있는 것을 보존하기 위한 더 많은 힘을 얻는다. 그러므로 만약 사회 계약으로부터 본질적이 아닌 부분을 제거해 버리면, 그것은 다음과 같은 말로 요약될 수 있다. "우리들 각자는 자기의 신체와 모든 힘을 공동의 것으로 하여 일반 의지의 최고 지도 아래 맡기고 — 그런 정치 조직 속에서 — 우리 모두는 각 구성원을 전체 가운데 불가분한 한 부분으로 받아들인다."

—루소, 《사회 계약론》 중에서

제시문 2

사회 계약설에는 대체로 두 가지 형태가 있다. 그 하나는 군민 통치 계약설이고, 다른 하나는 사회 계약설이다. 군민 통치 계약설은 원래 왕권신수설에 근거해서 군주의 절대 권력을 견제하고 거기에 대행해서 신민의 자유를 옹호하기 위하여 제기된 것이다. 이 군민 통치 계약설에서 모든 권력은 신에게서 유래하는 것으로, 신이 인민에게 직접 권력을 부여했는데, 그러한 인민이 군주에게 선정을 조건으로 권력을 위임한 것이라고 주장한다. 그러나 군주가 인민을 불법으로 억압하고 폭정을 할 경우에는 인민은 군주에 대한 복종을 철회하고 그러한 폭군을 추방할 권리가 있다고 주장한다. 이것이 소위 폭군 추방권, 폭군 방벌론이다.

이러한 군민 통치 계약설과 달리 사회 계약설은 17세기 후반에 등장한 이론이다. 사회 계약론에 의하면, 인간은 이 세상에 태어날 때 자유롭고 평등한 가운데서 태어났다. 이러한 자연 상태를 버리고 인간이 서로 간의 계약에 의하여 공동체를 형성하게 된 것은 그들 개개인의 천부 인권과 자유와 재산을 보호받고 외부 집단의 침략이나 약탈로부터 공동으로 방위하기 위해서이며, 결국 정부를 조직하고 이에 복종할 것을 서약하게 되었다는 것이다. 그러므로 만약 조직된 정치권력(정부나 군주)이 인민의 자유를 보장하지 않고 폭정을 행한다면 그러한 지배에 대해서는 복종할 의무가 없다는 것이다. 이러한 사회 계약설은 근대 자유 민주주의 국가의 사상적 기초를 제공했다. 사회 계약설에도 인간의 본성, 정치 사회의 형성 이전의 자연 상태, 계약의 성질과 그에 따른 통치 형태 등의 문제와 관련해서 주창자들 간에 견해적 차이를 보이고 있다.

홉스는 《리바이어던》에서 인간의 본성이란 본래 잔인하고 이기적이며 비열한 것이며, 따라서 인간들 간에는 "만인 대 만인의 투쟁"이 야기되는데 이러한 자연 상태의 비참함을 탈피하기 위하여 인간은 자발적인 계약에 의하여 그들이 가진 자연권을 통치자, 즉 군주에게 위임함으로써 국가가 성립한다는 논리를 내세웠다. 일단 위임된 군주의 통치권은 절대적이고 불가침의 것이며, 도전받을 수 없는 성질의 것으로 간주했다. 따라서 신민의 저항권이나 혁명권을 일체 인정하지 않았다. 홉스는 자신의 논리에 따라 당대의 영국 스튜어트 왕조의 절대 군주권을 옹호했다. 로크는 '정부론 2편' 앞에서 홉스의 입장과는 대조적으로 인간의 본성은 본래 사교적이고 평화적이어서 그러한 인간들의 자연 상태는 자유롭고 평등하였다는 것이다. 그러나 개인은 자유, 재산, 생명과 같은 불가양의 권리를 보장받기 위해서 그 자신의 자유의사에 의해 국가를 형성하게 되었다는 것이다. 그러므로 계약을 위반하는 통치자에 대해서는 국민이 반항아여 혁명할 수 있다고 주장한다. 그의 이론은 의회정치와 시민의 권익을 옹호하는 입장에 섰다.

다음으로, 루소는 《사회 계약론》에서 인간의 본성은 순수하고 선하여 자연 상태에서의 인간은 행복한 생활을 영위할 수 있다고 전제한다. 루소도 홉스나 로크와 같이 계약에 의하여 국가가 성립한다는 대전제는 같으나, 홉스와 로크와 달리 계약에 의해 주권이 통치자에게 이양되는 것이 아니라 국민 전체의 권리로 남아 있다고 주장한다. 국민 개개인이 복종해야 할 대상은 통치권이 아니라 인민 주권이라는 것이다. 개인과 정부 간의 계약은 오로지 국민의 일반 의지에 의해서 집행되며, 정부는 단순히 국민의 의사를 집행할 뿐이며, 국민의 의사에 반하는 정부에 대해서는 국민은 저항할 권리가 있다고 주장한다. 이것이 소위 인민 주권론이다.

—김용욱, 《정치론》에서

제시문 3

사르트르의 말에 의하면, 역사의 서술자인 작가는 어디에도 또 어떤 사람한테도 안주해서는 안 된다는 것이다. 사르트르는 일부일처제도에도 적합하지 않았다. 그는 여성들과 함께 있는 걸 매우 좋아했다. 23세의 그는 각양각색의 여자의 매력을 단념할 생각은 없었다. 그는 입버릇처럼 내게 이렇게 설명했다.

"우리의 사랑은 필연적인 것이다. 그러나 우연의 사랑도 알 필요가 있다."

우리는 같은 종류의 인간으로 우리의 생명이 계속하는 한 사이좋게 지낼 것이다. 그것은 이질적인 인간들과의 찰나적인 만남의 풍요로움을 능가하는 것이지만……. 우리는 갖가지 놀라움·경이로움·향수·쾌락 등을 느낄 수 있는데 어떻게 그런 감정에 짐짓 눈을 감을 수 있겠는가. 그것에 대하여 우리는 오랜 시간을 산책하면서 생각했던 것이다. 어느 날 오후 우리는 니잔 부부와 함께 〈아시아의 폭풍〉이란 영화를 보러 갔다. 그들과 헤어진 후 우리는 카르제르 정원까지 걸어가서 루브르박물관 한쪽에 있는 돌 벤치에 앉았다. 그때 사르트르가 "2년간의 계약을 맺자"라고 제안해 왔다. 그 2년 동안 나는 파리에서 살 수 있도록 손을 쓰면 되는 것이고 가능한 한 친밀한 생활을 하자, 그리고 그후에는 나도

외국에 작업을 구하라고 사르트르는 권했다.

2~3년 동안 우리는 헤어져 살게 되지만 어딘가 세계 한 모퉁이에서 예를 들면 아테네 같은 곳에서 재회하여 다시 얼마 동안 공동생활에 가까운 생활을 영위할 것이다. 우리는 결코 완전한 남남이 되지는 않을 것이다. 둘 중에 어느 쪽인가가 상대를 찾을 때 반드시 응할 것, 그리고 우리 두 사람의 결합 이상 가는 것은 아무것도 없을 것이다. 그러나 그것이 속박과 습관이 되지 않도록 온힘을 다하여 그런 부패에서 우리를 지키지 않으면 안 된다는 취지의 이야기였다.

이 2년 동안의 계약 기간에다 이론적으로 서로 인정하고 있는 자유를 이용할 생각은 전혀 없었다. 우리는 이 새로운 관계에 주저 없이 모든 것을 쏟을 작정이었다. 우리는 또 하나의 약속을 했는데, 둘 다 거짓말을 하지 않고 서로 숨기는 일이 없어야 한다는 약속이었다.

—시몬 드 보부아르, 《계약 결혼》에서

제시문 4 고대 그리스에 프로타고라스란 철학자가 있었다. 그에게 어느 날 에우아틀로스라는 청년이 찾아와서 변론술 수업을 받고자 했다. 그는 수업료의 절반을 처음에 지불하고 나머지 반은 수업이 끝나고 자신이 최고의 변론가가 되면 주겠다고 약속했다. 시간이 지나 이 청년은 웅변술의 대가가 되어 그리스 아테네에서

명성을 날리게 되었다. 하지만 스승에게 수업료의 나머지를 지불하지 않았다. 프로타고라스는 이 청년을 고발했다. 두 사람은 결국 수업료 때문에 법정에서 만나게 되었다.

두 사람은 변론에는 자신이 있었기 때문에 변호사를 세우지 않고 직접 자기 자신을 변호했다. 프로타고라스는 이렇게 주장했다.

"법원의 판결이 어떻든 나는 수업료를 받을 수 있다. 제자가 만약 재판에서 진다면 그 법의 판결에 따라 내게 수업료를 내야 한다. 제자가 만약 재판에서 이긴다면 스승인 나까지 이김으로써 그리스 최고의 변론가가 되었다는 걸 증명한 셈이니 계약에 따라 수업료를 지불해야 한다. 제자는 이 재판에서 이기거나 지거나 할 것이다. 제3의 경우는 없다. 그러므로 이기거나 지거나 제자는 내게 수업료를 지불해야 한다."

제자는 반대로 주장했다.

"스승님이 이 재판에서 지신다면 스승님은 법의 판결에 따라 제게서 수업료를 받을 수 없습니다. 스승님이 이 재판에서 이기신다면 스승님은 저를 최고의 변론가로 만들어 주겠다는 계약을 위반하셨으므로 수업료를 받을 수 없습니다. 스승님은 이 재판에서 이기거나 지거나 할 것입니다. 제3의 경우는 없습니다. 그러므로 이기거나 지거나 스승님은 제게서 수업료를 받으실 수 없습니다."

—프로타고라스와 제자 간의 유명한 일화

(1) 전체 제시문에서 일관되게 드러나는 키워드를 쓰세요.

_____

_____

(2) 제시문 1~4를 비슷한 그룹으로 묶으려 합니다. 어떤 조합이 가장 적절할까요?

_____

_____

(3) 그렇게 묶을 수 있는 범주를 써보세요.

_____

_____

_____

답 : (1) 개성 (2) 제시문 1과 2를 한나로 묶고 제시문 3과 4를 하나로 묶는다. (3) 개인(3~4)과 사회(1~2)

【해설】 사회라는 집단으로 제시문이 좋아지 않은지 아렇지 않은지 어떤지 않은지 혹은 혹은 개성과 사회를 제시문 1과 2로 제시

제시문이 해나이지 1과나로 묶고 제시문 3과 4로 개인 것이 되며 개인의 따라서 사회라는 제시문과 막혀로 제시됨을 수

범주으로 묶을 수 있는 것이다.

16

제시문에 도표나 그림이 많이 나오는데 어떻게 대처해야 하나요?

쌤   지난번 숙제는 어려웠니?

그렇게 어렵지는 않았어요.
제시문도 그다지 어렵지 않았고요.
상관관계도 찾기 힘들지는 않았어요.
우리에게 무엇을 요구하는지 파악이
금방 되던데요.

쌤   제시문의 공통 주제와 상관관계 찾기는 훈련을 거치면 돼. 훈
련을 거치지 않더라도 책을 많이 읽고 독해력을 키우면 누구
나 풀 수 있는 문제야. 그런데 그렇지 않은 경우도 있어. 바로
그림과 도표지. 문자를 읽는 해독 능력과는 다른 능력이 필요
한 분야야. 요즘 들어 제시문으로 그림과 도표가 출제되는 경

향이 부쩍 늘었어. 왜 그런 것 같니?

학생A 영상 시대라는 말도 있듯이 시대가 영상과 이미지를 강조하
잖아요?

쌤 영상 시대에 그림 해석 능력도 필요하겠지. 꼭 그런 이유 때
문일까?

학생B 통합 때문이 아닌가요? 문자와 이미지도 통합해서 생각할 수
있는지 따지는 거 아닌가요?

쌤 좋은 생각이다. 언어 제시문과 비언어 제시문을 정확하게 분
석한 뒤 통합해서 이를 하나의 논리적인 글로 쓸 수 있는 능
력을 체크하겠다는 거지. 다른 의견 없어?

학생C 변별력 아닐까요? 대부분 논술 준비하기 위해 책만 읽는데
그림이나 도표를 읽어 내는 게 어려울 수 있잖아요?

쌤 쌤이 보기에도 그래. 표면적인 명분은 이미지 시대에 문자 언
어뿐 아니라 영상 언어에 대한 해석 능력도 학생들이 갖추어
야 한다는 거야. 하지만 속내는 그게 아냐. 사교육 시비 때문
에 어려운 제시문을 내지 못하고, 영어 제시문도 출제하지 못
하니까 대안으로 그림이나 도표를 활용하는 거야. 변별력을
갖추고 명분도 있어. 그 이유는 다음과 같아. 논술 고사가 사
교육을 부추겼다는 소리를 듣지 않으려고 각 대학들은 논술
시험에 고등학교의 여러 교과를 통합하여 문제를 출제할 수
밖에 없다고 했잖아? 그런데 대부분의 교과목들이 언어 제시

문으로 사용될 수밖에 없는 한계가 있어. 수학 정도가 예외인데 수학 교과는 문과 학생들이 너무 어려워하고 수식이나 도형이 있는 글은 자칫하면 본고사 시비가 붙기 때문에 제시문으로 활용하기 어려워. 그밖에 《사회》나 《과학》이나 《국어》 교과서 등 대부분 교과서는 언어 제시문으로 사용처가 정해져 있어. 예외가 되는 것은 예체능 과목이야. 예체능 과목은 수능에도 없어서 논술 제시문으로 출제하면 공교육 정상화에 기여하고 있다는 소리를 들을 수 있잖아? 그런데 《음악》 교과서를 봐. 음표로 논술 문제를 낼 수 있을까? 반면에 《미술》 교과서는 제시문의 다양화를 시도할 수 있지. 대개 미술은 수학이나 과학 원리와도 깊숙이 연결되어 있기 때문에 과목 간의 영역 전이형 사고력을 평가하기에도 좋지. 그래서 논술 제시문으로 그림이 많이 사용되는 거야. 쌤이 최근에 기출 문제 사례를 보여 줄게.

(쌤은 학생들에게 논제와 함께 그림을 보여 준다.)

2006년도 한양대 수시 2차

(가)의 작품은 '가장 영향력 있는 현대 미술 작품'으로 선정된 뒤샹의 〈샘〉이다. ①이 작품의 예술적 가치 및 의미에 대하여 감상자의 관점에서 작품 자체와 작품 외적 배경으로 나누어 서술하고, ②이런 경향의 작품들에 대해 (나) 지문을 참조하여 비판적인 관점에서 논한 다음, ③이를 바탕으로 예술의 파격과 사회적 일탈의 공통점과 차이점에 대하여 논술하시오.

2007년도 이화여대 수시 1차

(나)와 (다)의 입장에서 그림을 각각 해석하고, 두 해석에 관한 자신의 견해를 논술하시오.

2008년도 서울대 인문계 2차 예시 문항

다음 두 산수화(그림1, 2)는 안견(安堅)의 〈몽유도원도(夢遊桃源圖)〉와, 정선(鄭歚)의 〈인왕제색도(仁王霽色圖)〉이다. 논제 1의 논의를 바탕으로 두 그림을 비교 감상하시오.

▲그림 1

▲그림 2

<blockquote>
쌤   정시에서도 그림이 몇 번 나왔었어. 연세대와 한양대가 특히 그림을 좋아해.
</blockquote>

2003년도 연세대 정시 논술 고사

이미지에 대해 다음과 같은 세 가지 관점이 있을 수 있다.

1. 이미지는 심오한 현실을 표현한다.

2. 이미지는 심오한 현실을 은폐하고 변질시킨다.

3. 이미지는 심오한 현실과는 관계가 없다.

아래 제시문을 바탕으로, 구체적인 사례를 들어 세 가지 관점을 각각 설명하고 자신의 입장을 논하시오.

2006년도 한양대 정시 논술 고사

◈ (가)의 그림과 설명이 의미하는 바를 요약하고, 이를 바탕으로 (나)에 제시된 데카르트의 논지를 구체적으로 비판한 후, (가)와 (다)를 참고하여 미래 사회에서 새롭게 설정될 인간의 정체성 및 인간과 기계의 상호 관계에 대하여 논술하시오.

쌤   글만 있다 그림 있는 논술 시험 보는 기분이 어떠니? 어떤 특
      징이 있는 것 같니?

학생D 대부분 널리 알려진 그림이네요. 애니메이션 영화 〈공각기동
      대〉의 한 장면도 그렇고요.

쌤   맞아. 제시문으로 활용된 그림들은 대부분 너희들에게 친숙
      한 작품이야. 유명한 화가들의 작품이 선택되는 이유는 상식
      이나 교양 이상의 배경 지식을 고등학생들에게 원하지 않기
      때문이야. 논제를 봐봐. 어떤 특징이 있니? 그림에 대한 비평
      을 요구하는 게 아니라 그림을 근거로 사회나 인간의 문제에
      대해서 자신의 관점을 드러내라는 요구잖아? 제시문도 그렇
      고. 제시문에 대한 감상이나 비평을 요구하는 게 아니라 그것
      을 근거로 사회나 인간을 바라보는 자신의 시각을 드러내라
      는 요구 아냐?

학생A 그림은 결국 언어 제시문과 같다는 이야기죠?

쌤   맞아. 그림은 철저하게 다른 제시문과의 관계에서 파악해야
      해. 그림 제시문이 단독으로 나오는 경우는 거의 없고, 대부
      분 언어 제시문과 같이 나오잖아. 언어 제시문도 세세하게 내
      용을 따질 필요 없듯이 그림도 화풍이 어떻고 구상이니 비구
      상이니 따질 필요가 없는 거야. 교수님들은 인간과 사회의 모
      습을 드러내는 그림을 찾아서 제시문으로 사용한 것이고 너
      희들은 그림에서 드러난 사회 현상이나 인간의 모습을 찾아

서 거기에 대해 자신의 관점을 드러내면 되는 거야. 작가가 어떻고 어느 계열의 그림이고 운운할 필요가 없는 거지.

학생B 그림 속에서 사회와 인간을 읽으라는 이야기죠? 말이 쉽지. 실제로는 어려울 것 같아요. 그림은 사실 시보다 더 주관적이잖아요? 감상하는 사람마다 제각각 의견을 내놓기 쉽고요. 그렇게 말만 하지 마시고요, 한번 시범을 보여 주세요, 쌤.

쌤 그럴 줄 알았다. 쌤이 가장 좋아하는 영화 중 하나가 〈공각기동대〉거든. 그래서 2006년도 한양대 정시 논술 고사 문제를 살펴볼 거야. 불만 없지?

네.

쌤 사실 이 그림은 다른 제시문으로 쓰인 그림과 함께 봐야 출제자의 의도를 파악할 수 있어.

(두 그림을 학생들에게 보여 준다. 두 그림 밑에는 학교 측에서 제공한 장문의 그림 설명이 딸려 있다. 다음은 그림 설명이다.)

▲ 그림 1 : 소녀와 컴봇

▲ 그림 2 : 미래의 휴머노이드

(그림 1)은 한국에서 개발한 휴보라고 하는 초기 단계의 컴봇이다. 컴봇은 컴퓨터와 로봇을 결합한 것이다. 이렇게 하면 컴퓨터는 사람처럼 움직일 수 있는 몸을 가지게 된다. 컴봇은 인간과 비슷한 수준의 사고 능력을 가진 존재로 진화할 것이다. 사고 능력을 가진 컴봇은 학습이 가능하며, 사람과 협동하여 새로운 세상을 만들어 갈 수 있다. 소형화 기술과 컴퓨터 설계 기술의 눈부신 발전으로 컴봇은 병렬 계산을 통해 일반적인 사고를 더 빨리 처리할 수 있다. 이 점은 예를 들어 체스 시합 중에 게임의 규칙이 바뀌어도 그에 대해 유연하게 대처할 수 있다는 것을 의미한다. 오늘날 컴봇은 체스 세계 챔피언과 경쟁한다.

허버트 사이먼과 엘런 뉴웰과 같은 뛰어난 인공 지능 과학자들은, 컴봇은 인간이 할 수 있는 것을 모두 다 할 수 있다고 말한다. 그들에 따르면 컴봇은 어떤 문제에 대해서도 그 나름의 해결책을 고안할 수 있고, 따라서 일반화된 사고를 할 수 있으며, 인간과 마찬가지로 끊임없이 진화를 계속할 수 있다는 것이다. 또한 그들은 이런 맥락에서 컴봇이 인간의 모든 행태를 흉내 낼 정도로 진화한다면 그것은 인간과 동등하다고 주장한다.

(그림 2)는 미래 휴머노이드의 가상적인 이미지이다. 휴머노이드란 그 모습뿐만 아니라 사고와 행동까지도 인간과 구별하기 힘들 정도로 진화된 컴봇이다. 미래의 휴머노이드는 고도로 상호 작용적이고 다양한 임무를 효율적으로 수행할 것이다.

그런데 미래 우리 삶에 중요한 문제는 우리가 휴머노이드를 어떻게 바라보게 될 것인가와 인간은 무엇인가에 대한 궁극적 물음이다. 우리가 과연 휴머노이드를 존중해야 할 독립적인 사회적 존재로 생각하게 될 것인가? 또는 휴머노이드가 인간처럼 그들만의 사적인 세계를 갖게 될지, 내면적이고 주관적인 의식 상태를 즐기게 될 것인지에 대해서도 끊임없는 성찰이 필요할 것이다.

쌤   어떤 느낌이 오니?

학생C 하나는 인간의 친구라는 것을 강조하는 것 같고요, 옆의 그림은 전사의 이미지가 느껴져요. 인간에게 위협이 될 수도 있다는.

쌤   정확히 보았다. (그림 1)은 인간과 로봇이 친밀함을 느끼게 해주는 포즈를 취하고 있어. 카이스트에서 일본 혼다사의 아시모를 본따 만든 인간형 로봇 휴보야. 휴보는 휴머노이드 로봇의 합성어란다. 인간과 닮은 로봇으로서 SF 영화에 주로 등장하는 터미네이터 같은 거지. 아직은 걸음마 수준이야. 생각은커녕 사람 같은 표정도 연출하지 못해. 하지만 어린이의 웃는 모습과 함께 고개를 숙이고 있는 모습이잖아? 로봇의 미래에 대해 낙관론이 느껴지니? 아니면 비관론이 느껴지니?

학생D 낙관론이요.

쌤   바로 그거야. 출제 교수는 로봇의 미래에 낙관론을 보여 주려고 이런 그림을 제시문으로 사용한 거야. 그림 설명에서 직접적으로 드러나고 있어. 결국 지금은 인간만이 가능한 일반적인 사고도 언젠가는 컴봇이 갖출 것으로 예상하고 있다는 부분이지. 그림을 보고 글을 읽어 봐. 교수가 하고 싶은 말은 어디에 담겨 있는 것 같니?

학생A 마지막 단락 아닌가요? 컴봇이 인간의 모든 흉내를 낼 정도로 진화한다면 인간과 동등하다는 주장인 것 같은데요.

쌤 그렇지. 로봇이 인간의 친구가 될 수 있다면 인간과 당연히 동등한 대접을 받아야겠지. 그래야 우정이 성립되는 것 아니겠니? 다음 그림을 보자. 〈그림 2〉는 〈공각기동대〉의 주인공인 쿠사나기 소좌야. 로봇은 로봇인데 인간과 거의 구별할 수 없지. 이 애니메이션 영화는 영화 〈매트릭스〉에 큰 영향을 준 사이버펑크 영화야. 미래 사회에서 인간의 장기가 다 기계로 대체되는 세상에서 벌어지는 이야기야. 주인공 쿠사나기는 두뇌를 제외한 대부분의 신체가 기계인 신종 인간으로서 나중에는 두뇌마저도 네트워크 속으로 들어가면서 신체를 버리게 되지. 이 그림을 보여 준 의도가 뭘까?

학생B 미래 사회에서 인간과 로봇의 경계가 의미가 없어진다는 것 아닌가요? 인간이 기계가 되는 거죠?

쌤 맞았어. 바로 그거야. 그럴 경우에 인간과 로봇을 구분해 주는 기준은 뭐고 인간의 정체성은 어떻게 달라질지 고민해 보라는 거야. 이 그림 설명에서는 인간의 정체성을 사회적 존재, 사적인 세계와 주관적인 의식 상태로 보고 있어. 언젠가는 이 그림 속의 주인공처럼 이 세 가지 의식을 사이보그도 갖게 된다는 거지. 실제 영화에서는 주인공이 내가 인간인지 기계인지 고민하는 장면이 등장해. 자, 정리해 보자. 하나는 현재의 로봇 사진이고 다른 하나는 가까운 미래에 예상되는 로봇의 모습이야. 두 제시문을 관통하는 키워드는 뭐겠니?

학생C   "로봇과 인간은 동등해질 것이다"가 아닐까요?

쌤   맞아. 그런데 너희는 그림뿐 아니라 그림 설명도 보았잖아? 그림만으로 이 메시지를 파악하기는 어려울 거야. 그럴지도 모른다는 막연한 인상을 받을 수는 있지만 결국에는 설명을 읽어야 그 느낌이 확실해져. 그림이 섞인 다른 논제들도 그래. 그림만으로는 막연하고 추상적인데 다른 제시문들과 함께 읽으면 "무엇을 묻는지" 내용 파악이 한결 쉬워지는 법이야. 그림 자체보다 그림이 제시된 맥락을 파악하는 게 중요하다는 거지. 그림을 보고 글의 내용을 파악하거나 반대로 글을 읽고 그림의 메시지를 파악한다면 이 이상의 통합적인 사고, 영역 전이적인 사고가 어디에 있겠어? 쌤이 보건대 그림이 제시문으로 등장하는 경우는 계속 늘 거다. 하지만 객관성 확보라는 점에서 설명이나 다른 언어 제시문과 함께 쓰일 거야. 그림만 단독으로 출제되는 일은 없을 테니 그림에 대해서 소양

이 없다고 너무 걱정하지 마.

학생D 결국 논술을 잘 하려면 미술전도 자주 다녀야겠어요.

쌤 얼마 전 르네 마그리트 전시회가 성황리에 끝났잖아? 그런데 시간 날 때마다 다녀. 그 전시회 대박이 난 이유가 논술에 도움이 된다는 주최 측의 선전이 먹혔기 때문이라는구나. 그런데 2003년에 마그리트의 그림이 연대 제시문으로 나왔을 때 학생 중에서 그게 마그리트의 그림인 줄 아는 학생은 거의 없었다는 거야. 지금은 논술, 논술 하니까 그 그림이 마그리트의 그림인 줄 웬만한 초등학생도 알지. 당시로는 제시문으로 그림을 쓴다는 게 창의적이고 파격적인 시도였고 그 그림을 제대로 해석해 낸 학생은 소수였어. 지금은 경우가 달라지겠지. 사실과 이미지의 관계 문제를 어떤 학교가 냈을 때 누가 마그리트의 그림을 예를 들면 더 이상 창의적인 게 아니라 상투적이 되는 거란다. 창의력을 인정받으려면 적어도 남들보다 반걸음 이상은 앞서 가야 해. 그림 이야기는 그만 하고 이제는 도표 해석에 관해서 이야기를 해보자. 표는 그림보다 이해하기 쉽지?

학생A 그런 편이죠.

쌤 왜 그렇지?

학생A 복잡한 것을 단순하게 표현하는 것이 표잖아요? 꼭 필요한 내용만 들어 있고 군더더기는 삭제하고 압축한 뒤 최대한 간결하게 표현한 것이 표 아닌가요?

쌤 표나 그래프는 이해하기 쉬우라고 만드는 거지. 그림에는 설명이 붙지만 표에는 그럴 필요가 없어. 통계는 거짓말을 하지 않는다는 말처럼 객관적이고 정확하다 보니 표를 이용하는 건 쉬울 수밖에 없을 거야. 쌤이 재미있는 이야기 하나 해줄게. 미국과 영국의 글쓰기 문화가 차이가 있대. 도표를 좋아하는 곳은 미국이야. 미국의 교과서를 보면 도표나 그래프를 굉장히 많이 쓰는데, 영국의 교과서는 같은 내용을 문장으로 표현하는 걸 선호한다고 해. 예를 들면 영국의 경제학자 존 케인스의 저서에는 수식은 거의 나오지 않고 대부분의 내용을 문장으로 전달하고 있다는구나. 영국뿐 아니라 프랑스도 마찬가지고. 그런데 우리나라 대학 교수들은 대부분 미국에서 학위를 따왔잖아. 그래서 미국식 글쓰기 문화에 길들여져 있다고 본다면 앞으로 자료에 글뿐만 아니라 도표나 그래프 등을 많이 사용하려고 하겠지. 교수님 의도나 성향을 파악하는 게 중요하니까 생각난 김에 그냥 이야기해 봤다. 도표를 볼 때는 몇 가지 원칙이

있어. 문장으로 전달할 때와 도표로 표현할 때의 차이를 알아야겠지.

학생B 어떤 차이가 있는데요?

쌤 도표는 객관성이 좀 더 확보되잖아? 논술에서는 객관성 확보가 무엇보다 중요하지? 그러기 위해서 빌리는 형식이 추론이잖아? 추론에서 도표는 결정적인 근거가 되는 셈이야. 도표에서 우리가 유념해야 할 것은 무엇이 도표에서 변화하고 있고 그 양상은 어떻게 되는가야. 논술에서는 구체적인 수치보다 전체적인 경향 파악이 더 중요한데 표도 마찬가지야. 주어진 자료가 시간에 따라 감소하는지 증가하는지를 파악하는 게 가장 먼저 할 일이야. 그리고 두 변수 간의 상관관계를 파악하는 게 그다음으로 할 일이고. 흔히 원인과 결과라고 하는 인과 관계가 형성이 되는지를 따져야겠지. 변화 양상을 파악하는 것은 그다지 어렵지 않고 이 상관관계를 파악하는 게 어려울 거야.

학생C 쌤, 이번에도 시범을 보여 주세요.

쌤 그럴 줄 알고 기출 문제를 준비해 두었다. 숙명여대 2006년도 정시 문제야.

1. (가)와 (나)는 우리나라의 출생 성비(性比) 변화와 관련된 자료다. (나)의 신문 기사를 참고하여 (가)의 통계 자료가 의미하는 바를 해석하고, 이와 같은 성비 불균형 현상이 나타난 원인과 이를 해소할 수 있는 방안에 대하여 논술하시오.

(가) 우리나라 출산 순위별 출생 성비(단위 : 여아 100명당 남아 수)

연도	전체	첫째 자녀	둘째 자녀	셋째 자녀	넷째 자녀 이상
1980	105.3	106.0	106.5	106.9	110.2
1985	109.4	106.0	107.8	129.2	146.8
1990	116.5	108.5	117.0	188.8	209.2
1995	113.2	105.8	111.7	177.2	203.9
2000	110.2	106.2	107.4	141.7	167.5
2004	108.2	105.2	106.2	132.0	138.4

(나) "태아 성 감별 의사 첫 구속"

임신부의 부탁을 받고 태아의 성을 감별해 알려 준 산부인과 의사와 조산사 등 18명이 검찰에 적발됐다. 서울지검 특수 2부는 한 차례에 30만~50만 원씩을 받고 7명의 임신부에게 태아 성 감별을 해준 혐의로 산부인과 원장 오모 씨 등 4명을 구속했다고 1일 발표했다.

또 16명의 임신부로부터 80만~150만 원을 받고 성 감별을 해준 혐의를 받고 있는 조산사 권 모 씨도 구속됐다. 검찰은 다른 의사 3명은 불구속 기소하고, 2명은 벌금 500만 원에 약식 기소하였으며, 8명은 보건복지부에 비위 사실을 통보했다. 1987년 태아 성 감별 의료 행위가 법률로 금지되고 1994년 개정 의료법에 따라 처벌이 강화된 이후에 태아 성 감별을 해준 의사가 구속된 것은 이번이 처음이다. 검찰 관계자는 성 감별을 통한 중절 수술이 만연돼 남녀의 성비가 심하게 왜곡되는 등 문제가 있다는 판단에 따라 수사했다고 말했다.

― 〈○○일보〉, 1996. 10. 2.

쌤   어떻게 대처하면 좋을까? 표도 그림과 마찬가지야. 표와 제
시문과의 상관관계를 따져야겠지. 제시문으로 쓰인 신문 기
사는 독해가 쉬워. 임산부로부터 돈을 받고 성 감별을 해준
의사와 조산사들이 처벌을 받았다는 거야. 그리고 성 감별에
관한 법률이 어떤 역사를 갖고 있는지 설명해 주고 있어. 연
도가 나오잖아. 당연히 제시문에 나온 연도와 도표의 연도가
어떤 상관관계가 있어 보이지 않니?

학생D 예. 1987년과 1994년 사이에 무슨 일이 있었겠네요.

쌤   눈에 보이지. 그러면 그 사이에 무슨 일이 있었나 도표를 보
면 되잖아? 통계 자료는 어디에 해당하니?

학생A 1990년에서 1995년 사이요.

쌤   그게 바로 변곡점이야. 그래프를 그리면 그 부분에서 꺾이게
되는 거지. 도표나 그래프는 변곡점을 찾는 것이 키포인트야.
그때 무슨 일이 있었지?

학생A 증가하던 수치가 다소 감소하고 있네요.

쌤   맞아. 그 이유는 무엇인 것 같니?

학생A 제시문에 있잖아요? 법률의 제정과 처벌 강화.

쌤   그렇게 어렵지 않지? 제시문과 연결해서 볼 경우 표의 난이
도는 말이야.

예.

쌤   그런데 원인과 해결책을 쓰라고 했잖아? 남녀 성비 불균형이
       개선되고 있는데 왜 해결책을 쓰라는 거지?

학생B 그래도 여전히 성비 불균형이 심각하니까 더 낮춰야 한다는
       이야기 아닐까요?

쌤   그렇지. 단순하게 1990~1995년도 수치만 보면 그렇지만 더
       중요한 건 출산 순위별 추세야. 출산 순위별 추세를 보면 셋
       째 자녀 이상에서 1990~1995년 사이에 남녀 차가 가장 크게
       벌어지고 있어. 법이 1987년에 제정되고 첫 처벌이 1994년
       에 발생했는데 그 기간에 남아 선호 사상은 줄지 않았다고 결
       론을 내릴 수 있는 거지. 셋째 자녀 이상에서 유달리 남녀 성
       비가 불균형인 사실에서 아들 낳기 위해 자녀를 셋 이상 낳았
       다는 결과를 도출할 수 있는 거지. 이처럼 표의 가로축뿐 아
       니라 세로축도 읽어야 하는 거야. 그래서 "남녀 성비 불균형
       이 조금씩 개선되고 있다, 한국 사회에서 머지않아 남아 선호
       사상이 사라질 것이다"라고 쓰면 안 되는 거야. 사실 이 표에
       는 근본적으로 누락된 게 있어. 뭔지 아니?

학생C 글쎄요.

쌤   1990년대 후반부터 우리 사회에서 양극화가 심해지고 많은
       사람들이 중산층에서 하류층으로 전락했잖아? 그 결과 가족
       관계가 변화를 맞았다는 이야기 들어 본 적 없어?

학생D 가장이 자살하는 경우가 늘었지요.

쌤   그리고 또 가족 구성원에서 어떤 변화가 있었는데?

학생A 아, 교육비와 양육비 부담으로 중산층 이하의 가정에서 자녀를 많이 낳지 않는다는 기사를 본 것 같아요. 그때부터 아이를 낳아도 하나만 낳는 경우가 늘지 않았나요?

쌤   맞아. 그거야. 요즘에는 자녀 수가 부의 척도라고 하잖아. IMF 이후 출산율이 급격히 줄었어. 남아 선호 현상이 줄어들어서 성비 차가 준 게 아니라 전반적으로 아이를 적게 낳으면서 외동아이가 느는 결과 남자 아이와 여자 아이의 성비 차가 자연스럽게 준 거야. 이 표에는 그게 누락되어 있어. 표는 단순화하는 거잖아? 문장으로 전달할 때와 달리 같은 내용을 도표로 만들 때에는 빠지는 것들이 있다는 거지. 결국 무엇을 누락하고 무엇을 올리느냐에 따라 다른 도표가 나올 수 있다는 거야. 도표에는 도표를 만드는 사람의 의도가 강하게 반영된단다. 문제는 도표는 사람들이 누구나 객관적이라고 생각하기 때문에 이런 식으로 중요한 변수를 누락시킬 경우, 문제의 본질을 왜곡할 수 있다는 거야. 그것이 의도적으로 누락되거나 과장되면 문제가 더 커지지. 그러니까 표를 볼 때 표는 거짓말을 하지 않는다는 점을 절대 믿지 말고 누락된 게 있는지, 없는지 따져 가면서 읽어야 해. 도표의 작성자가 강조하거나 숨기려 한 점이 무엇인지 정확히 간파해야 한단다.

★★★★★

표를 만들면서 글을 쓰는 습관을 들이는 것이 가장 좋은 대비책이야. 논술문에 표를 쓰는 일이 없으니까 표를 만들 필요가 없다고 생각하기 쉬워. 하지만 그렇지 않단다. 표가 어려우면 개조식을 만들어 보는 것도 추천하고 싶어. 개조식이란 하나의 글을 표로 만든다고 생각하고 표에 들어갈 내용들을 문장으로 정리하는 거야. 표와 문장의 중간 형태라고 할 수 있지.

학생B 도표를 잘 보려면 어떤 방법이 도움이 되나요?

쌤 쌤이 보기에는 표를 만들면서 글을 쓰는 습관을 들이는 것이 가장 좋은 대비책이야. 논술문에 표를 쓰는 일이 없으니까 표를 만들 필요가 없다고 생각하기 쉬워. 하지만 그렇지 않단다. 표가 어려우면 개조식을 만들어 보는 것도 추천하고 싶어. 개조식이란 하나의 글을 표로 만든다고 생각하고 표에 들어갈 내용들을 문장으로 정리하는 거야. 표와 문장의 중간 형태라고 할 수 있지. 막연한 것에서 핵심을 골라내야 하잖아? 중요한 걸 골라야 하기 때문에 일종의 요약하기 연습도 되는 거야. 쌤도 기자 시절에 내가 취재한 내용을 표로 만들면 머릿속이 정리되는 느낌을 받곤 했어. 도표는 내 머릿속을 남에게 보여 주는 거지. 글은 들려주는 거라고 할 수 있고. 너희들 통계가 많이 나와 있는 자료가 뭐라고 생각하니?

학생C 신문 아닌가요?

쌤 맞아. 통계를 다룬 기사를 보고 표를 만들어 본 뒤 실제 표와 비교해 봐. 그러면 도표에 대한 해석 능력은 자연스럽게 생길 거다. 오늘 강의를 끝으로 제시문 독해 과정은 마칠게. 이제 다음 과정에서는 본격적으로 논술문 쓰기에 도전해 보자. 그동안 수고했다. 다음 과정에도 꼭 너희 얼굴 볼 수 있으면 좋겠다.

17

논술 대비를 잘하려면
어떤 책을 읽어야 하나요?

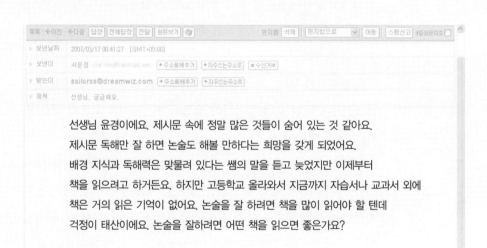

목록 | ◆이전 | ◆다음 | 답장 | 전체답장 | 전달 | 원문보기 | 📧   편지를 | 삭제 | 편지함으로 ▼ | 이동 | 스팸신고 | 중요편지로 □

▷ 보낸날짜   2007/03/17 00:41:27 [GMT+09:00]

▷ 보낸이   서윤경 ▭▭▭▭▭▭▭▭▭ ✚주소록에추가 ✚자주쓰는주소로 ✖수신거부

▷ 받는이   sailorss@dreamwiz.com ✚주소록에추가 ✚자주쓰는주소로

▷ 제목   선생님, 궁금해요.

선생님 윤경이에요. 제시문 속에 정말 많은 것들이 숨어 있는 것 같아요.
제시문 독해만 잘 하면 논술도 해볼 만하다는 희망을 갖게 되었어요.
배경 지식과 독해력은 맞물려 있다는 쌤의 말을 듣고 늦었지만 이제부터
책을 읽으려고 하거든요. 하지만 고등학교 올라와서 지금까지 자습서나 교과서 외에
책은 거의 읽은 기억이 없어요. 논술을 잘 하려면 책을 많이 읽어야 할 텐데
걱정이 태산이에요. 논술을 잘하려면 어떤 책을 읽으면 좋은가요?

● 인터넷

윤경이에게는 발상의 전환이 필요하겠구나. 일단 논술을 위한 독서라는 콘셉트부터 바꾸자. 그냥 책이 좋아 읽는 거야. 그러다 보면 논술도 잘할 수 있는 거고. 윤경이 생각은 원인과 결과가 뒤바뀐 거지. 책을 읽다 보면 논술을 포함해 모든 분야에 대한 시야가 넓어진단다. 책을 통해 세상에 대한 관심이 생기기 시작하고 시야가 넓어지면 논술을 잘할 수 있는 거야. 글쓰기 테크닉은 사실 아무것도 아냐. 곁가지지, 논술의 본질은 독서에 있어. 그렇게 생각하는 게 좋아. 논술이 입시에서 중요해지니까 책을 읽지 않던 학생들도 책에 대해서 관심을 표명하기 시작해. 긍정적인 측면이 있지만 한편으로는 걱정이 되기도 한단다.

윤경이처럼 "무슨 책을 읽어야 하느냐"라고 묻는 학생에게 선생님이 "자기가 읽을 책은 자기가 고르라"며 "자신과 코드가 맞는 작가의 책이 제일 좋은 책"이라고 말해 준다면 어떨까? 조금 섭섭하고 무책임하게 느껴지지? 내가 누구와 코드가 맞는지 그것을 모르는데 그런 식으로 대답하면 정말 성의 없어 보일지 몰라. 하지만 필독서라는 권위에 주눅 들거나 논술에 도움이 되는 독서라는 사탕발림에 속지 말라는 말이야. 내가 읽어서 좋으면 그게 고전이고 명작이야. 여기서 선생님 이야기를 들려줄게.

윤경이는 멘토mentor란 말을 들어봤니? 상담자, 지도자, 스승, 선생, 조언자 등 다양한 뜻으로 쓰이는 말이야. 원래 그리스어로, 호

메로스의 서사시 《오디세이아Odysseia》
에 나오는 오디세우스의 충실한 조언
자의 이름에서 유래했다는구나. 선
생님은 여러 번역 중에서 인생의 스
승이라는 말이 가장 마음에 와 닿는단
다. 비슷한 단어로는 티처teacher나 튜터
tutor가 있는데 이들 단어들은 지식의 전달자라는
느낌을 많이 주거든. 선생님은 지식의 전달
자로 너희들에게 기억되기보다 너희보
다 먼저 산 사람으로서 인생의 스승으로
기억되고 싶은 욕심이 있단다. 누가 나에게 그
런 인생의 스승이 있냐고 물으면 나는 내가 읽은 책의 저자라고 말
하고 싶어. 선생님은 학창 시절 좋은 선생님을 만날 기회가 없었단
다. 그래서 선생님은 인생의 멘토를 저자로 잡았던 거야. 책을 많이
읽다 보니 좋아하는 저자가 생겼고 그 저자의 책을 집중적으로 읽
는 버릇이 생겼단다. 그러다 보니 자연스럽게 나와 일면식도 없는
저자가 내 멘토가 된 거야. 선생님에게 이런 아이디어를 귀
띔해 준 인물은 20세기의 대표적인 성경 연구가 아서
핑크였단다. 그는 자신의 독서법을 소개하면서 "한두
명의 저자에게 보내는 시간을 다른 20~30명의 저자
보다 50~60배 더 많이 하라"라고 했어. 책을 읽을 때 산

멘토란 말을 들어봤니? 상담자, 지도자, 스승, 선생, 조언자 등 다양한 뜻으로 쓰이는 말이야. 원래 그리스어로 《오디세이아》에 나오는 오디세우스의 충실한 조언자의 이름에서 유래했다고 하는구나. 누가 나에게 그런 인생의 스승이 있냐고 물으면 나는 내가 읽은 책의 저자라고 말하고 싶어.

최근에 멘토로 모신 분들을 소개해 줄게. 선생님처럼 기자 출신으로 뇌, 우주, 원숭이, 대형 비리 사건 전말 등 전방위로 글을 써내는 다치바나 다카시와 누구나 즐길 수 있는 대중문화로 그 어려운 철학 개념을 우아하고 아름답게 풀어가는 영산대 김용석 교수야.

만하게 이 책 저 책 읽지 말고 자기와 코드가 맞는 작가의 책을 집중적으로 읽으라는 주문이지. 책을 읽다 보면 확실히 독자와 코드가 맞는 작가가 있단다. 그 사람이 말한 내용은 한 번 읽어도 머리에 쑥쑥 기억에 남아. 그 사람들의 경험이 마치 내 체험처럼 생생하게 느껴지는 때도 있어. 선생님에게 누가 그런 저자들이냐고? 선생님은 자신의 사상이나 생각을 강요하는 사람의 글보다 "이런 걸 이렇게 볼 수도 있구나" 라는 깨달음을 주는 저자의 글을 좋아해. 독자를 세뇌시키는 것이 아니라 시야를 틔워 준다는 느낌을 받거든. 그런 사람을 사부로 모시고 싶은 거야.

최근에 멘토로 모신 분들을 소개해 줄게. 선생님처럼 기자 출신으로 뇌, 우주, 원숭이, 대형 비리 사건 전말 등 전방위로 글을 써내는 다치바나 다카시와 누구나 즐길 수 있는 대중문화로 어려운 철학 개념을 우아하고 아름답게 풀어 가는 영산대 김용석 교수야. 이분들의 작품들을 읽다 보면 내가 그분들을 사부로 모시고 있고 그분들로부터 수련을 받아 언젠가는 강호의 고수에 오를 수 있다는 희망을 느낄 때가 있지.

이야기가 약간 샜는데 자기중심의 책 읽기가 논술에 가장 도움이 되는 책 읽기라는 사실을 윤경이가 깨달아 줬으면 해서 선생님 이야기를 한 거야. 자기중심의 책 읽기란 뭘까? 선생님은 책 중에서 자기 계발서를 읽어야 한다고 생각해. 자기 계발서하면 실용서적으로 시류에 편승한 처세술 책이 생각난다고? 아냐, 그렇지 않아. 그 이유는 개발과 계발을 혼동해서 그러는 것 같아. 개발과 계발의 차이를 알아보자. 계발은 자신의 지식이 오래되고 낡은 것이라는 것을 알고 새로운 지식에 눈을 뜨게 하는 거야. 반면 개발은 자신의 지식이나 재능을 끄집어내어 키우는 거고. 계발은 자기에 대해서 눈을 뜬다는 거지. 그러면 세상도 보이는 법이야. 자신을 긍정적으로 변화시키는 것이 계발이고 그 역할을 책이 할 경우, 그 책을 자기 계발서라고 할 수 있는 거야. 선생님이 보기에는 이 세상 모든 책이 자기 계발서야. 그 책을 읽고 내가 긍정적으로 달라질 수 있다면 그 어떤 책도 자기 계발서가 될 수 있단다. 무협지도 괜찮고 판타지 소설도 괜찮아. 시도 좋고 산문도 좋고, 읽고 나서 스스로 어떤 변화를 느낀다면 그게 명작인 거야. 선생님의 예를 들어 줄게.

그동안 선생님은 대중들이 별로 찾지 않는 철학서를 열심히 읽었어. 모름지기 책이라면 개념과 본질 이런 것들에 대해서 논해야지, 시시하게 돈 버는 방법 따위를 배우려고 책을 사지는 않겠다는 자존심 같은 것이 있었지. 그래서 실용서나 사람들이 많이 읽는 베스트셀러는 은근슬쩍 무시했어. 그런데 선생님에게 이런 일이 있었단다. 선생님이 너희들을 가르치기 전에 경제적으로 어려움을 겪은 적이 있었는데 그때 서점에서 우연히 《부자 아빠 가난한 아빠》라는 책을 집게 됐어. 너무 유명한 책이었지만 그전까지는 마케팅에 의해서 부풀려진 책이라고 생각했지. 차별적이고 이분법적인 제목부터 마음에 안 들었고, 나같이 가난한 아빠를 기죽이는 책이라고 분

★★★★★

선생님이 보기에는 이 세상 모든 책이 자기 계발서야. 그 책을 읽고 내가 긍정적으로 달라질 수 있다면 그 어떤 책도 자기 계발서가 될 수 있단다. 무협지도 괜찮고 판타지 소설도 괜찮아. 시도 좋고 산문도 좋고, 읽고 나서 스스로 어떤 변화를 느낀다면 그게 명작인 거야.

해했지. 그런데 읽어 보니 그게 아니었어. 내가 이 책을 조금만 더 일찍 읽었더라면 경제적으로 고생하지 않았을 거라는 후회가 드는 거 있지. 돈에 대한 내 태도와 내 습관이 문제였던 거야. 그 책을 읽고 돈에 대해서 제대로 아는 게 중요하다. 돈을 알아야 돈을 다룰 수 있고 돈의 노예가 되지 않을 수 있는 길이 보인다는 생각을 갖게 된 거야. 그러고 나서 내 잘못된 경제 습관부터 고치기 시작했단다. 그 책을 읽고 내가 부자 아빠가 되고 안 되고는 중요한 게 아냐. 내가 달라지고 내 마음이 편해졌다면 그게 중요한 거지.

윤경아, 책을 읽고 그 책이 논술에 도움이 되고 안 되고는 중요한 게 아니란다. 중요한 건 책을 읽고 나서 생기는 관심이야. 레이첼 카슨의 《침묵의 봄》을 읽고 전혀 관심이 없었던 환경 문제에 대해서 한 번 생각해 보게 된다든지, 최재천 교수의 《생명이 있는 것은 다 아름답다》라는 책을 읽고 개미라는 곤충이 달리 보인다든지 하면 그게 바로 논술에 도움이 되는 거야. 어려운 책이 아니라도 좋아. 《마사코의 질문》은 초등학생들이 주로 읽지만 고등학생인 너희들이 그 책을 읽고 정신대 할머니들의 고통에 대해서 공감할 수 있다면 그 책도 논술에 도움이 되는 거야. 책을 읽고 이것저것 생각하는 과정에서 논술의 기초 체력인 사고력이 키워진단다.

책 속에서 지식이 아니라 '나'를 발견해야 해. 그 점을 잊지 마라.

18

통합적 책 읽기
이렇게 하자

제자들에게

쌤이 윤경이의 메일을 읽고 모두에게 전체 메일을 보낸다. 쌤의 강의는 모두 세 과정으로 진행되는데 그중에서 과정 2인 읽기 강의가 이번 주로 끝이 났구나. 그런데 얼마 전에 윤경이로부터 논술 시험이 코앞에 다가왔는데 제시문 읽기가 여전히 자신이 없다는 고백을 듣고 쌤은 충격에 빠졌단다. 이제 고 3인데 논술을 포기해야 할까? 절대 그렇지 않아. 비법이자 지름길이 있기 때문이야. 바로 통합적統合的, Syntopical 독서가 그 지름길이자 비법이란다. 통합적 독서란 같은 주제를 가진 여러 권의 책을 비교하고 분석하는 방법이란다. 이름에서 벌써 '통합 논술에 도움이 될 것 같다'는 냄새가 팍 나지 않니? 제시문 읽기가 바로 통합적 독서야. 논술 시

험은 고전과 현대문에서 다양하게 출제되는 제시문을 읽고 이들의
공통 주제와 각 주제문 사이의 공통점과 차이점을 빠른 시간 안에
파악해야 해.

통합적 독서는 영어로는 'Syntopical Reading'인데 여기서
'Syn'은 '함께' 또는 '동시에'의 뜻을 나타내는 접두사고 'topical'
은 '제목' 및 '주제' 등의 의미를 갖는단다. 우리나라에서도 번역된
모티어 J. 애들러와 찰스 반 도렌의 공저인 《생각을 넓혀 주는 독서
법How to Read a Book》에서 처음 소개됐어. 아들러는 이 책에서 독
서를 모두 4단계로 나누고 있어. 가장 낮은 수준의 독서는 초급 독
서야. '이 글은 무엇을 말하고 있는가?'를 파악하면서 읽는 수준이
지. 그다음 단계가 점검 독서야. 대강의 내용을 파악하면서 읽는 거
란다. 목차를 보면서 '대충 이런 흐름으로 구성되어 있겠구나'라고
판단한다면 이게 바로 점검 독서에 해당하는 거지. 세 번째 단계가
분석 독서야. 책의 구체적인 내용을 하나하나 붙잡고 빠져 드는 독
서로서 너희가 수능 언어 영역 지문을 공부할 때 주로 사용했던 독
서법이야. 그런데 논술 시험에서는 분석 독서도 필요하지만 제시문
내용 하나하나에 함몰되기보다는 제시문을 벗어나서 제시문들의
관계를 구조적으로 파악하는 일이 더 중요하다고 할 수 있어. 필요
이상으로 제시문 독해를 열심히 해서 출제자가 의도한 이상으로 제
시문을 확대 해석할 경우 논점을 일탈할 가능성이 있기 때문이야.
논술 시험에서는 분석 독서를 통합적 독서의 보조 수단으로 활용하는 게 좋아. 제시문이 많아질수록 제시문 하나하나 분석에 들이는 시간보다는 여러 제시문들의 관계를 파악하는 일이 더 중요하다는 점을 명심해야 한다. 통합적 독서는 우리나라 고등학교 《독서》 교과서(케이스판)에도 실려 있어. 인용해 볼게.

통합적 독서는 한 가지 과제를 해결하기 위해 두 권 이상의 책을 읽고, 그 내용을 비교, 대조, 종합하는 독서의 최종 단계이다. 다시 말해 이것은 개별 독서물의 범주를 넘어서 여러 도서물들의 내용을 비교하여 새로운 결론을 이끌어 내는 방법으로, 문제 해결을 위한 독서 방법인 것이다. 이 독서 방법은 독자가 구체적이고 명확한 주제 또는 문제를 설정하고, 그것과 관련된 독서물들을 비교해서 읽은 후, 독자 나름의 결론을 이끌어 내는 것이다.

여기서 독자가 가장 먼저 해야 할 일은 자신이 설정한 주제와 연관이 있다고 판단되는 글들을 수집하여 주제와 관련이 있는 부분을 발견하는 것이다. 그리고 각각의 글에 나타나 있는 필자의 논점들을 명확히 파악한다. 그런 후 논점 사이의 공통점과 차이점을 찾아내고, 각각의 주장을 뒷받침하는 논증 내용을 점검하여 객관적인 결론을 이끌어 낸다. 독자는 이 단계가 되면 단순히 독자의 차원에 머물지 않고 새로운 결론을 이끌어 내는 창조적인 작자로서의 준비를 갖추게 된다.

논증을 점검하면서 결론을 끄집어내기 때문에 창조적인 독서가 가능하다고 정의를 내리고 있네. 통합적 독서의 매력은 동일 주제에 관한 2권 이상의 책을 읽음으로써 그 주제에 대한 개념 이해를 심층적으로 할 수 있다는 점이야. 얼핏 보면 발췌독과도 비슷해. 발췌독은 한 권의 책 가운데에 자기에게 꼭 필요한 부분만 골라 읽는 방법을 말해. 발췌독도 통합적 독서의 한 부분이야. 이것은 지식이나 정보를 얻기 위해서 읽는, 일종의 조사용 독서라고 할 수 있지. 반대말은 통독이란다.

애들러도 그렇고 우리 독서 교과서도 그렇고 결론을 내리면 통합적 독서는 같은 주제를 다룬 책을 여러 권 읽고 쟁점을 파악하는 독서법이라고 정의를 내릴 수 있어. 특히 이 방법은 철학과 사회 과학 서적을 읽는 데 주효하단다. 왜 그럴까?

이들 분야는 확실한 정답이 있는 게 아니라 글을 쓴 저자마다 다른 결론을 내리고 있기 때문이야. 수학 책은 미분미면 미분, 함수면 함수, 책마다 똑같잖아. 하지만 이들 분야에서는 같은 주제로 다른 의견이 나올 수밖에 없지. 그래서 한 권을 꼼꼼히 읽는 것보다는 같은 주제를 다룬 여러 권을 두루 읽어야 하는 거란다. 인간들이 모여서 사는 사회도 그래. 자연계 지식처럼 확고부동한 진리가 없는 관계로 다양한 입장이 우리 사회에 혼재할 수밖에 없어. 갈등이 있을 수밖에 없는 거지. 한미 FTA든 양극화든 한 가지 쟁점에 대해서 다양한 전선戰線이 형성될 수밖에 없고, 이를 보고 올바른 평가를 내리려면 서로 다른 시각의 책을 적어도 두 권 이상 읽어야 해. 논조가 다른 신문을 매일 읽어 사태를 균형적으로 볼 수 있는 힘을 얻는 거랑 비슷하다고 할 수 있지.

　백문이 불여일견이라고, 통합적 읽기의 사례를 직접 보여 줄게. 제시문이 보통 4개가 나오니까 4권의 책을 통해 통합적 읽기를 시도해 보자. 주제는 '통합의 본질'로 잡아 볼까? 우선 통합을 다룬 4권의 책을 찾아야겠지. 아마 책 고르기가 가장 어려울지 몰라. 너희들은 자유나 사랑 같은 쉬운 주제로 통합적 읽기를 시도해 봐. 제목에 그 글자가 들어가는 책을 찾는 게 제일 좋은 방법이지. 집에 책이 없으면 도서관을 이용하든지, 인터넷 서점에서 키워드를 입력해서 뜬 책 중에서 서평이나 독자 리뷰를 보고 책을 고르는 방법도 있을 거야. 쌤은 집에 책이 많으니까 집에 있는 책들로 골라 봤어. 샘플로 이용한 책들은 다음과 같아. 《통섭》(에드먼드 윌슨, 사이언스북스), 《하이브리드 세상 읽기》(홍성욱, 안그라픽스), 《깊이와 넓이 4막 16장》(김용석, 휴머니스트), 《코스모스》(칼 세이건, 사이언스북스). 통합이란 제목이 안 들어가는데 어떻게 이 책들이 통합과 관련이 있는 줄 아냐고? 저자를 알기 때문이야. 저자들이 문과와 이과 울타리를 벗어나서 통합적으로 생각하는 사람들이라는 점을 이미 알고 있어서 제목 안 보고도 책을 고를 수 있었던 거야. 난이도가 쉬운 책부터 어려운 책까지 섞여 있어. 처음에는 이런 식으로 난이도 쉬운 책에서 높은 책까지 골고루 섞는

★★★★★

아마 책 고르기가 가장 어려울지 몰라. 너희들은 자유나 사랑 같은 쉬운 주제로 통합적 읽기를 시도해 봐. 제목에 그 글자가 들어가는 책을 찾는 게 제일 좋은 방법이지.

게 좋아. 책을 단계별로 고를 수 있는 안목이 생길 수 있단다.

① 관련된 부분을 찾자

앞서 소개한 미국의 철학자 모티머 J. 애들러는 《생각을 넓혀 주는 독서법》에서 "통합적인 책 읽기에서 중요한 것은 책이 아니라 독자와 독자가 관심을 갖고 있는 주제이다"라고 말했어. 책의 주인은 글을 쓴 사람이지만 통합적 독서만큼은 독자가 주인이라는 거지. 책을 어떻게 읽든 독자 마음이라는 거야. 책을 완독하는 게 목적이 아니라 책에서 어떤 관점이나 해석을 잡아내는 것이 급선무거든. 따라서 책 뒷부분부터 읽든 중간 부분부터 읽든 읽는 사람 마음이야. 우선 통합에 대해서 찾아야겠지. 통합적 읽기에서는 읽기보다 찾기가 더 중요하다는 점을 명심하자.

통섭이 통합과 가장 비슷하니까 《통섭》부터 하자. 목차와 서문을 먼저 읽고 거기에도 없으면 본문을 찾아 읽는 방식으로 접근해야겠지. 대개 이런 책들은 저자가 책에서 주로 다루는 개념을 서문에서 정의하기 마련이거든. 서문을 보면 이런 대목이 나와. 저자에 따르면 통섭은 '서로 다른 학문 분과들을 넘나들며 인과 설명들을 아우르는 것'이야. 조금 어렵지만 학문의 경계가 없고 모든 것은 연결되어 있다는 뜻이야. 저자의 설명에 따르면 "문학과 생물학과 물리학과 경제학과 의학과 천문학과 사회학과 인류학과, 그 모든 학문의 뿌리는 하나이며 진정 진리에 이르고 싶은 자라면 이들 학문의 경계를 아무런 선입견 없이 넘나들 수 있어야 한다"는 거지. 고대 그리스의 철학자들을 떠올려 봐, 그들은 철학자인 동시에 천문학자였으며 역사가인 동시에 시인이었잖아? 이것이 바로 통섭이야. 레오나르도 다빈치는 화가이면서 과학자였고 데카르트 역시 철학자이면서 수학자였잖아? 우리나라에서도 찾아볼 수 있어. 정약용 선생 같은 경우가 대표적이겠지. 그 이전에 원효대사는 우주의 만상萬象이 일심一心에 의해 하나가 된다는 화엄 사상의 핵심을 통섭이라는 말로 표현했어. 통합과 통섭은 거의 대동소이한데 통합에서는 약간

모나리자...

직업이 이만큼은 돼야...

명함

획일적인 냄새가 나는 반면, 통섭은 하나로 모이지만 각자의 주체
성을 그대로 간직한다고 할 수 있지 않을까? 일단 통합과 통섭을
구별하지 말자. 그의 주장을 요약하면 핵심은 경계의 소멸이야. 자
연 과학의 관점에서 인간의 조건을 이해하고 이를 사회 과학과 인
문 과학으로 확장하여 세 영역을 한데 묶는다는 거지.

그다음은 《하이브리드 세상 읽기》야. 하이브리드도 통합과 유사
개념이야. 이번에도 머리말에 소개되고 있단다. 하이브리드를 잡종
이라는 말로 번역했는데 다음 부분을 읽으면 느낌이 한 방에 와.

> 잡종은 기존의 양분법적 사고를 뛰어넘어 스펙트럼으로 사고
> 한다. 잡종은 기존에 존재하는 것을 새로운 방식으로 섞을 수 있
> 는 주제이다. 잡종적 사유는 창조적 사유의 근원이며, '잡종적 지
> 식인'은 복잡한 위험 사회를 극복할 수 있는 새로운 유형의 지식
> 인이다. 잡종은 양분법과 편 가르기, 이에 근거한 차별과 대립, 타
> 자에 대한 증오를 극복할 수 있는 실천적 힘이다. 잡종은 '힘 있
> 는 자들이 그어 놓은 경계를 자유롭게 넘나드는' 존재이며, 이런
> 잡종의 시선은 주변인에 대한 애정 어린 시선이다.

세 번째 시도는 《깊이와 넓이 4막 16장》이야. 위의 두 분이 자연
과학 입장에서 인문학과의 통합을 주장한다면 이분은 인문학자의
입장에서 자연 과학과의 통합을 주장하고 있어. 역시 프롤로그에

'혼합의 시대를 살다'라고 통합과 비슷한 단어가 나오네. 혼합이지. 저자가 어떻게 정의하고 있는지 살펴볼까? 프롤로그 두 번째 페이지를 보자.

우리는 지금 혼합의 시대에 살고 있다. 즉 아날로그와 디지털, 아톰과 비트, 굴뚝과 벤처, 오프라인과 온라인, 텍스트와 하이퍼텍스트, 종이책과 전자책, 문자 문화와 영상 문화 등이 우리 삶 속에 혼재하고 있다. (……) 그러므로 혼합의 시대를 관찰하고 이해하며 이용하는 것이 중요하다. 더구나 사람들은 이런 복합적인 시대 변동이 주는 피로감을 잘 견디지 못해 쉽게 짜증 내거나 좌절해 버린다. 그래서 '무작정 복고'를 강렬히 추구하거나, 아니면 지나치게 '실속 없는 첨단'을 외치기 쉽다. 인간의 지혜는 바로 이런 혼합의 시대에 발휘되어야 하는데도 말이다. (……) 문명사적으로 '섞임'에 대한 혜안은 우리에게 과거와 미래는 언제나 현재 속의 과거와 미래라는 것을 가르친다. 시간이 끊임없이 흐르는 역동성 그 자체라면 엄밀히 말해 현재는 존재하지 않는다.

마지막으로 가장 두꺼운 《코스모스》에 도전해 보자. 다른 세 권의 책이 통합에 대해서 다루고 있는 반면 이 책은 간접적으로 다루고 있어. 어려운 과학 이론을 역사적으로 풀어 가는 방법으로 통합을 시도하고 있지. 역시 머리말을 보니 힌트가 나와. 이번에는 총체적이라는 말로 표현되고 있더구나.

> 과학도 인간의 여타 문화 활동과 마찬가지로 문화 전반을 아우르는 총체적 관점에서 조명하고 논의해야 한다. 과학과 과학 이외의 문화 활동이 서로 격리돼서 성립할 수 있는 것이 아니기 때문이다. 과학의 발달 경로가 어떤 시기에는 다른 분야의 발달 경로와 살짝 스치기도 하고, 때로는 정면으로 충돌하기도 한다. 사회적, 정치적, 종교적, 그리고 철학적 문제와의 관계가 특히 그러했다.

이처럼 책의 전부를 읽은 게 아니라 서문(머리말)을 읽었어. 서문에 통합이 무엇인지 보여 주는 좋은 글들이 있었어. 구슬을 얻었으니 이제 꿰는 일만 남았구나.

② 한 문장으로 주제를 압축하라

이번엔 앞에서 찾은 내용을 정리해 한 문장으로 개념화해 보자. 모두 4문장이 나올 수 있겠네. 《통섭》에서 얻은 결론은 "모든 학문의 뿌리는 하나이며 진정 진리에 이르고 싶은 자라면 이들 학문의 경계를 아무런 선입견 없이 넘나들 수 있어야 한다"야. 《하이브리드 세상 읽기》에서 내린 결론은 "잡종은 '힘 있는 자들이 그어 놓은 경계를 자유롭게 넘나드는' 존재이다"라는 대목이야. 세 번째 책 《깊이와 넓이 4막 16장》의 주제는 "인간의 지혜는 바로 이런 혼합의 시대에 발휘되어야 한다"였고, 이런 식으로 네 번째 책 《코스모스》의 주제는 "과학을 비롯한 인간의 모든 활동은 총체적으로 이해되어야 한다"였어.

③ 같은 것끼리 묶어라

이제는 4명의 의견을 바탕으로 이를 분류하자. 4인 4색이 나올 수도 있고, 찬/반으로 갈릴 수도 있어. 한 의견으로 모을 수도 있어. 앞의 두 사람은 통합의 개념 정의를 시도하고 있고 두 사람은 통합의 시대에 무엇을 해야 한다는 당위론을 주장하고 있지. 첫 번째와 두 번째를 하나로 묶고 세 번째와 네 번째를 하나로 묶을 수 있어. 이제 남은 일은 얻은 정보를 취합해 이를 하나의 문장으로 만드는 작업이란다.

④ 진실을 밝혀라

지금까지 찾은 과정의 실체적 진실을 밝히는 작업이란다. 최종 결론을 내리는 순간이야. 진실은 다양한 루트에서 발견돼. 어떤 경우에는 서로 반대되는 것들의 갈등 속에서 찾을 수 있고, 하나의 지점으로 수렴되면서 진실이 명확하게 밝혀지는 경우도 있어. 4권의 책을 가지고 시도한 통합적 읽기는 후자였어. 최종적으로 내린 결론은 "통합의 본질은 경계를 허무는 데 있고 그것을 위해서는 인간의 지혜와 사물의 총체적인 이해가 필요하다"였단다.

설명만 듣고서는 지금까지 내용이 조금 어려울 수도 있어. 일단 해봐야 해. 한 주제에 대해 도서 목록을 뒤져 적합한 책을 고른 뒤 관련 부분을 찾고 이를 문장으로 만들어 개념화하는 것이 크게 도움이 된단다. 지금까지 해온 과정을 정리하면 다음과 같아. 너희도 쌤처럼 통합적 독서에 도전해 보고 그 결과물을 쌤에게 제출하면 쌤이 평가를 해줄게.

① 키워드에 관한 내가 미리 알고 있는 배경 지식을 떠올려 본다.

② 떠올린 배경 지식 중에서 확실한 것과 불확실한 것을 나누어 본다.

③ 불확실한 것은 인터넷이나 집안 혹은 학교 도서관의 책들에서 찾아본다.

④ 불확실한 것들이 명료해졌다면 그 주제에 관한 책들의 목록을 작성한다.

⑤ 목록에 적힌 책들을 찾아 목차를 미리 보고 그 주제에 관해 언급한 대목이 어디에 있는지 찾아본다. 적어도 4권 이상은 찾는 게 좋다.

⑥ 목차에 없으면 색인에서 자신이 찾고자 하는 키워드가 있는지 찾아본다.

⑦ 그 키워드에 관해 저자의 입장이 확연하게 드러나는 대목을 읽는다.

⑧ 그 입장을 한 문장으로 개념화한다.

⑨ 개념화한 문장을 비슷한 것은 비슷한 것끼리 반대되는 것은 반대되는 것으로 묶는다.

⑩ 이 4개를 관통하는 주제문을 한 문장으로 만들어라.

CHAPTER 3

논리적으로 생각하고
논증적으로 써라!

19
요약과 함께
논술은 시작된다

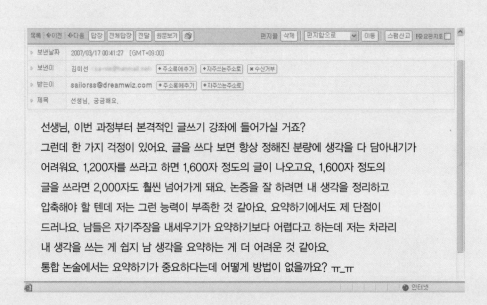

| 목록 | ◆이전 | ◆다음 | 답장 | 전체답장 | 전달 | 원문보기 | | | 편지를 | 삭제 | 편지함으로 ▼ | 이동 | 스팸신고 | ◆중요편지로 ☐ |

▶ 보낸날짜 2007/03/17 00:41:27 [GMT+09:00]

▶ 보낸이 김미선 ◆주소록에추가 ◆자주쓰는주소로 ✖수신거부

▶ 받는이 sailorss@dreamwiz.com ◆주소록에추가 ◆자주쓰는주소로

▶ 제목 선생님, 궁금해요.

선생님, 이번 과정부터 본격적인 글쓰기 강좌에 들어가실 거죠?
그런데 한 가지 걱정이 있어요. 글을 쓰다 보면 항상 정해진 분량에 생각을 다 담아내기가
어려워요. 1,200자를 쓰라고 하면 1,600자 정도의 글이 나오고요, 1,600자 정도의
글을 쓰라면 2,000자도 훨씬 넘어가게 돼요. 논증을 잘 하려면 내 생각을 정리하고
압축해야 할 텐데 저는 그런 능력이 부족한 것 같아요. 요약하기에서도 제 단점이
드러나요. 남들은 자기주장을 내세우기가 요약하기보다 어렵다고 하는데 저는 차라리
내 생각을 쓰는 게 쉽지 남 생각을 요약하는 게 더 어려운 것 같아요.
통합 논술에서는 요약하기가 중요하다는데 어떻게 방법이 없을까요? ㅠ_ㅠ

● 인터넷

미선에게

미선아, 너무 걱정 마. 요약은 훈련으로 충분히 극복할 수 있단다. 어려운 건 자기 생각 표현하기지. 미선이에게는 남들에게는 없는 장점이 있으니 장점을 키우고 단점을 보완하면 돼. 요약하기는 주어진 글을 읽고 글 내용의 핵심만 골라내 일정한 분량으로 줄이는 작업이야. 미선이 말대로 통합 교과 논술 시험과 그냥 논술 시험의 가장 큰 차이는 아마 요약하기의 유무일 거야. 하지만 예전에도 요약하기는 중요했었단다. 1과정에서도 살펴보았지만 모든 학교가 논술 시험에서 제시문 이해 정도를 파악하기 때문에 실제로는 모든 논술 시험에 요약하기가 포함돼 있는 셈이란다. 요약을 요구하지 않아도 제시문의 요지를 한두 문장으로 압축해 답안에 반영해야 하므로 요약은 모든 논술 답안을 작성할 때 출발점이었던 거지. 대학들은 왜 요약하기를 좋아하는 걸까? 그 이유는 짧은 시간에 지문의 중요 문장과 주장을 얼마만큼 파악하고 이해했느냐를 판단할 수 있는 아주 유용한 방법이기 때문이야. 요약하기는 글쓰기 시험이면서 동시에 독해력 테스트이기도 한 거지. 요약하기를 잘 하려면 평소 다양한 분야의 글을 읽고 중심 문장을 찾아내며 요약해 보는 습관을 기르는 것이 중요하단다. 요약하기에 가장 좋은 소재는 신문의 칼럼이나 교과서에 실린 비문학 장르의 작품들이야. 안 그래도 선생님은 신문 기사나 칼럼을 갖고 요약 훈

련을 너희에게 수업 시간 중에 시킬 예정이야. 이들 글은 주장과 논거가 확실한 글들이잖아? 그래서 요약을 하는 동안 전문가들이 어떻게 자신의 주장과 근거를 구성하는지 짜임새를 배울 수 있어.

요약이 어렵게 느껴진다면 처음부터 문장으로 요약하지 말고 중심 내용을 명사구 형태로 정리한 뒤 이를 문장으로 바꾸는 게 좋단다. 그게 바로 역개요란다. 역개요가 중요한 이유는 남의 글을 제대로 분석하는 것이 논술의 기본이고 좋은 글을 쓸 수 있는 첫 걸음이기 때문이란다. 미선아, 요약이 어려우면 역개요를 짜보자꾸나. 글쓰기 전에 개요를 짜면 생각이 정리되듯 요약하기 전에 역개요를 짜면 글이 훨씬 더 잘 보여. 선생님이 시범을 보일게.

선생님이 소개하는 글은 전남대학교 철학과 박구용 교수의 글이야. 이분의 글은 읽을 때마다 진한 감동과 함께 부끄러워지는 느낌을 받는단다. 반성하고 설득당하는 거지. 가장 논증적인 글은 가장 설득적인 글이라고 했잖아? 전문가들은 '오컴의 면도날'이라고 해서 밋밋하지만 군더더기가 없는 깔끔한 글을 이상적인 논술문으로 보고 있어. 이분의 글은 논리적이면서도 미사여구도 풍부하고 화려한 편이야. 사람들은 논리로도 설득을 당하지만 화려한 수사에도 설득을 당해. 논리의 일관성도 배워야 하지만 설득적인 표현도 배워야 하는 거야. 따라서 논술을 공부한다고 담백하고 드라이한 글들만 읽을 필요는 없어. 논증적인 글이면서 인상적인 구절과 문장이 많은 글이라면 논술 공부가 그만큼 더 재미있어지지 않겠니? 좋은 글에 대한 기준은 누구나 다를 수 있으니 미선이가 연습할 때는 선생님이 권하는 글을 억지로 하지 말고 미선이가 감동을 받은 글을 갖고 역개요를 짜봐. 몰입이 되어야지 효과가 있단다.

　역개요는 이렇게 짜는 거야. 우선 단락별로 요지를 풀어 가는 거란다. 이 단락에서 저자는 무슨 이야기를 하고 있나, 하고 싶은 말은 무엇이고, 그것을 위해 어떤 내용을 근거로서 활용하고 있는지 나름으로 해석해 보는 거란다. 해석할 때 내 나름의 비유와 사례를 들어서 쉽게 풀어 설명하려고 해봐. 저자의 말이 맞다. 이런 예를 봐라. 이런 식으로 말이야. 형식은 없어. 화살표를 긋고 생각나는 대로 적어 가면 돼. 그 작업을 마쳤으면 내가 해석한 내용을 죽 읽어 봐. 그리고 저자는 첫 단락에서 이렇게 이야기하고 두 번째 단락에서는 이렇게 주장한다는 식으로 내가 풀어 쓴 것을 하나의 글로 정리해 봐. 그다음 내가 정리한 글이 말이 되는지 따지고 그 내용이 원래 저자의 글과 어느 정도 유사한지 체크해야겠지. 저자의 글과 다시 비교해서 읽어 보니 내가 해석한 글만으로도 저자가 하고 싶은 말을 파악할 수 있다면 글을 정확히 독해한 거야. 그다음 각 단락에서 가장 핵심이 되는 것을 골라 봐. 단락별로 핵심을 적으면 그게 바로 역개요야. 역개요가 말은 어렵지만 별것 아니란다. 지은이의 핵심 주장을 바탕으로 각 단락의 주제문을 뽑으면 그것이 역개요가 되는 거야. 역개요에 보조 문장이라는 살을 붙이면 그게 바로 한 편의 논술문이 되는 거고. 둘의 관계는 압축 파일과 압축 파일을 푼 뒤에 나오는 정상 크기의 파일로 볼 수 있어.

그리고 마지막으로 역개요를 저자의 원본과 꼼꼼히 비교해 보면서 한 번 더 읽어 봐. 시간이 되면 역개요를 늘려서 글을 써보는 것도 좋단다. 그리고 그 글을 원본과 비교해 봐. 얼마나 비슷하고 얼마나 달라졌는지 차이를 느껴 봐. 저자만큼 잘 쓸 수는 없겠지만 단락별로 저자와 비슷한 주장과 비슷한 근거를 댔다면 대성공으로 봐야겠지. 풀이 및 역개요 작성은 선생님이 학생이 되었다고 생각해서 학생의 입장에서 써본 거야. 문체가 달라졌다고 놀라지 마라.

연민은 항상 도덕적인가

박구용(전남대 철학과 교수), 〈한겨레〉, 2006. 5. 24일자

모든 문명사회는 고통받는 사람에 대한 연민과 도움을 자연스런 미덕으로 간주한다. 고통에 깃든 불행을 직시하는 연민은 분명 아름다운 도덕이다. 그러나 고통받는 타인과의 진정한 연대를 거부하는 연민은 오히려 비도덕적일 수 있다. 연민이 고통받는 타인에 대한 도움과 시혜를 선전한다면, 연대는 타인의 권리 찾기를 강조한다. 연민은 고통과 행복의 분리에서 생기지만, 연대는 행복에서 고통을, 고통에서 행복을 보기 때문이다. '더 많은, 더 높은, 더 화려한 성공'을 약속하는 현대 문명은 이처럼 빛과 어둠을 분리하는 연민의 도덕에서 자양분을 공급받는다.

연민과 연대의 차이를 이야기하고 있어. 두 개념을 비교하고 대조하는 방식의 서론이야. 저자에 따르면 연민은 타인의 고통을 통해 자신의 행복을 확인하는 것이고, 연대는 타인의 고통에서 자신의 불행을 느끼고 그들에 동참하는 것이야. 저자는 오늘날은 연대 의식은 사라지고 연민의 도덕만이 남은 사회라고 말하고 있어. 이 도입부를 읽으니 행복은 남과 비교하지 말고 불행은 남과 비교하라는 말이 떠올라. 현대인들은 타인의 고통을 보면서 그래도 '나'는 행복하다고 위안을 느낀다는 말이겠지. 그런데 연대는 행복에서 고통을, 고통에서 행복을 본다는 게 무슨 말일까? 읽다 보면 나오겠지.

　　얼마 전 성공한 친구의 자녀 교육론을 들었다. 그 친구는 명암이 극명하게 대비되는 삶의 현장을 체험 학습의 소재로 선택한단다. 그는 아이들에게 묻는다. 호화 주택과 빈민가 중에서 어느 곳에 살고 싶은지, 고급 승용차로 드라이브를 즐기는 삶과 온종일 세차장 일로 생계를 유지하는 삶 중에서 어느 쪽을 자신의 미래로 선택할지. 빛과 어둠을 선명하게 대비시킨 이 섬뜩한 교육관을 누가 비난할 수 있으랴. 어둠을 경멸하고 빛을 지향하는 한국 사회의 본질을 온몸으로 체득하게 하는 교육인데.

　이게 본론 첫 번째 단락이겠지. 자신의 주장을 뒷받침하기 위해 사례를 들고 있어. 우리 사회에서는 연민의 쓰임새가 특별하다는 이야기네. 우리 사회의 성공 이데올로기에 반면교사로 쓰인다는 말이겠지. 저자는 한국인들은 타인의 고통을 통해 성공 이데올로기를 학습한다고 하네. 너무 잔인해. 선생님이 해준 말이 기억 나. 예전에는 "공장 가서 미싱 할래? 대학 가서 미팅 할래?"라고 학생들을 몰아세웠다나. "잠을 한 시간 줄이면 남편의 얼굴이 바뀔 수 있다"는 말은 그에 비하면 애교스러워.

그날 새벽 네온사인이 흐릿해져 가는 시간, 집 앞에서 폐지를 모으는 꼬부랑 할머니를 보았다. 친구의 말에 반론이라도 제기하듯 할머니에 대한 연민이 밀려온다. 친구의 아이들은 할머니의 고통을 어떻게 바라볼까? 그 아이들은 앞으로 할머니의 삶에서 느껴지는 버거움과는 비교할 수 없이 수많은 고통과 상처에 응답해야 할 것이다. 그때마다 그들이 아버지의 뜻에 따라 타인의 고통으로부터 고개를 돌리고 '뒤처지지 말자, 성공하자'고 자신을 다그칠까 두렵다. 그러나 타인의 고통에 아랑곳하지 않는 아이들과 고통에 직면한 타인을 연민으로 바라보는 나는 어떤 차이가 있을까? 고통에 대한 무관심뿐만 아니라 연민도 어둠 속에서 빛을 보지 않고, 빛 속의 어둠을 보지 않으려는 현대인의 자기기만이 아닐까.

본론 2의 핵심은 저자 자신은 그나마 연민을 갖고 있는데 그 연민도 일종의 자기기만이라는 주장이야. 역시 사례를 들어 스스로를 비판하고 있어. 저자의 반성은 읽는 나를 얼마나 부끄럽게 만드는지 몰라. 빛 속의 어둠을 본다는 말이 내게는 어려워. 이런 뜻 아닐까? 양극화라는 말도 있잖아? 자본주의 사회는 성공과 실패가 공존하는 사회잖아? 즉, 타인의 실패가 있어야 누군가의 성공이 있는 제로섬 게임 사회라는 거지. 저자는 나의 성공은 남의 고통에 빚을 질 수밖에 없다는 말을 하고 싶은 건 아닐까?

고통의 뿌리에 다가서지 않는 감상적 연민은 현대 문명을 지탱하는 빛과 어둠의 이분법에서 자유로울 수 없다. 그런 연민은 타인의 고통과 상처를 그의 운명이나 무능함으로 환원시키려는 내면의 음모로 쉽게 변질된다. 연민은 고통의 뿌리를 제거하는 것이 불가능하다는 체념을 은연중에 부추긴다. 더구나 연민은 타인이 겪는 고통의 뿌리와 자기 삶의 안락이 깊숙이 연루되어 있다는 것을 알려고 하지도 않는다. 무엇보다 연민이 위선적인 경우는 고통받는 타인의 삶 속에 깃든 아름다운 빛을 보지 않고 타인의 고통을 지나치게 과장할 때다. 가난, 질병, 장애보다 그것을 불행이나 비정상으로 보는 시선이 고통과 상처를 더 키운다.

내가 예상했던 게 맞나 봐. 그런 내용들이 나오고 있네. 본론 3은 연민에 대해서 강도 높은 비판이야. 이 단락에서 저자는 사례를 들지 않고 개념적인 접근을 시도하고 있어. 뿌리를 찾고 있는 거야.

그 뿌리를 이분법적 사고에서 찾고 있어. 나와 타자의 삶의 분리라는 이분법 말이야. 타자의 고통은 나와 무관하다는 인식을 버리라는 이야기지. 고통의 뿌리에 다가선다는 건 무슨 말일까? 고통이 발생하는 원인을 알고 그것을 제거하기 위해 애써야 한다는 뜻 아닐까? 그런데 저자에 따르면 이것을 연민이 방해한다는 거잖아? 연민은 고통을 지나치게 과장해서 그 고통과 상처를 더 키운다는 이야기인데 너무 편협한 견해 아닐까? 타인의 고통을 과장할 경우 많은 사람들의 관심이 집중될 것이고 이 경우, 실질적인 도움의 손길이 그들에게 제공될 수 있지 않을까? 그렇다면 그들은 고통으로부터 어느 정도 자유로워질 수 있잖아?

타인의 고통은 그의 운명이나 무능력의 결과가 아니다. 나의 행복은 언제나 타인의 고통에 빚지고 있다. 이 때문에 고통받는 타인에 대한 연민과 시혜가 아니라, 타인의 권리 찾기를 위한 나와 너의 연대가 필요하다. 연민은 타인의 고통에 대한 슬픔에서 멈추지만, 연대는 그것을 극복하기 위해 실천한다. 연민을 넘어 연대를 지향하는 사람만이 가난과 상처, 고통에서도 아름다운 진실을 볼 수 있다. 만남, 소통, 연대의 장에서 어둠 속에 깃든 빛을 보는 사람들만이 한국 사회가 지향하는 빛(풍요) 속에 똬리를 틀고 있는 어둠(빈곤)을 폭로할 수 있다. 그러나 한국 사회를 지배하는 성공 이데올로기 교육은 연민조차 불가능하게 만든다. 우리의 아이들은 연대는커녕 소박한 연민조차 느끼지 못하는 불감증 환자로 길들여지고 있다.

이제 결론이네. 결론에서 저자는 지금까지 한 말들을 종합해서 정리하고 있어. 전체 문장의 핵심 주장이기도 해. 바로 타인의 권리를 찾기 위한 나와 너의 연대가 필요하다는 거지. 연민은 슬픔에서 멈추고 연대는 실천까지 이어진다는 저자의 분석은 타당성이 있어. 단, 저자가 정의한 연민과 연대의 차이에 대해서 동의할 때만. 연민도 고통받는 사람에게 실제적인 도움을 줄 수 있다고 나는 생각해. 하지만 저자는 우리 사회 시스템상 연민은 그런 역할을 할 수 없다고 보는 것 같아. 그가 내린 최종 결론은 암울해. 연대가 아니라 연민조차 메말라 가는 부박한 세상으로 바뀌고 있다고 저자는 보고 있네. 듣고 보니 저자의 말이 맞는 것 같아. 몸이 불편한 친구를 '애자'라고 놀리고 괴롭히는 학교 아이들을 보니 그래. 장애인 시설이나 학교가 들어오는 걸 결사반대하는 어른들의 가르침을 우리 아이들이 충실하게 학습한 결과가 아닐까?

이 글을 읽고 쌤이 판단한 저자의 의도
이 글을 쓴 저자는 서론에서는 문제 제기를 개념적으로 시도하고, 연민과 연대의 차이를 비교하고 대조하는 방법을 쓰고 있다. 3

개의 본론은 갈수록 비판의 도가 강해지는 점강법을 사용하고 있는데 첫 번째 본론에서는 친구의 사례를 들어 우리 사회의 연민의 숨은 이데올로기를 파헤친다. 두 번째 본론에서는 자신의 사례를 통해 연민이 자기기만이라는 점을 강조한다. 자신의 사례이기 때문에 그 주장은 설득력이 있다. 마지막 본론에서는 사례에서 다시 개념으로 돌아 왔다. 연민의 문제점을 논리적으로 짚고 있다. 결론에서는 연민 대신 연대가 필요하다면서 그 이유들을 설명한다. 하지만 마무리는 그것이 불가능하다는 암울한 전망을 내리고 있다. 그나마 얼마 안 남은 연민조차 사라질 수 있다는 것이다. 저자의 현실 분석에는 어느 정도 동의하지만 연민에 대해서 너무 가혹한 평가를 내리는 게 아닌가 하는 생각이 든다. 연민이 그렇게 무기력하지만은 않다. 위선적인 연민이라도 없는 것보다는 있는 것이 낫다. 폐지를 모으는 꼬부랑 할머니나 빈민가 사람들에게 자선의 형식일지라도 실질적인 도움을 주기 때문이다. 어느 사회건 나눔 문화는 연대가 아닌 연민에 기반하고 있다. 그나만 연민의 감정마저 없어진다면 한국 사회의 가진 자와 못 가진 자의 불평등은 더욱 커질 것이다. 그 점에 대해서는 필자의 생각과 내 생각이 같다.

분석을 끝내고 내가 만든 역개요는 다음과 같다.

서론 : 연민과 연대는 다르다.

본론 1 : 연민에는 성공 이데올로기가 숨어 있다.

본론 2 : 연민은 일종의 자기기만이다.

본론 3 : 연민은 감상적이며 위선적이기도 하다.

결론 : 연민이 아니라 타인의 권리를 찾기 위한 연대가 필요하다.

20
요약하기에도
요령이 있나요? (1)

쌤   오늘은 너희들이 실제로 요약을 해보는 거야. 논술은 실기
      시험이라고 볼 수 있어. 이론이나 배경 지식이 필
      요하기는 하지만 내가 얼마만큼 써보느냐에 따라
      잘하고 못하고가 판명이 난다고 봐야 해. 배경 지
      식이나 이론을 외우는 것도 도움이 되겠지만 그
      보다는 글을 많이 써보고 첨삭을 받고 글을 고쳐
      보는 과정에서 얻게 된 경험이 감각 기억으로 남
      아 있다가 시험 현장에서 논제, 제시문 분석과 함
      께 맞물려서 힘을 쓸 수 있느냐가 중요한 거야. 앞
      에서도 우리나라 논술 시험은 요약하기와 자기 견해 쓰기의
      조립품이라고 했어. 요약하기는 기술적으로 충분히 극복이

가능해. 매사에 자기 견해를 갖고 그것을 표현하기가 어려운 법이지.

학생A 요약은 그렇게 어려운 것은 아니라고 하셨잖아요? 요약하기 전에 주의해야 할 것들은 뭐가 있을까요?

쌤 단락별로 글을 보고 각 단락을 중심 문장과 보조 문장으로 나누고 보조 문장은 과감하게 생략한 뒤 중심 내용만을 쓰면 돼. 단어의 치환도 중요한데 그 이유는 어느 학교나 제시문의 문장을 그대로 옮기는 것은 감점 처리를 하고 있기 때문이야. 나만의 언어, 자신의 문장으로 바꾸는 연습을 해야겠지. 이는 같은 뜻을 지닌 다른 말로 바꾸는 훈련이 되는데 결국 요약 훈련은 어휘력을 키워 주는 방법이 되기도 해.

학생B 요약할 때 내 주장이 들어가도 괜찮은가요?

쌤 "요약에 자신의 평가가 들어가도 무방하냐?"는 질문을 많이 하더구나. 일단 대학에서는 요약에 개인적인 평가가 들어가는 것을 원치 않는다고 봐야 해. 의미를 정확하게 전달해야지 곡해를 할까 봐 그러는 모양이야. 요약은 창의적인 글쓰기 시험이 아니라 글을 구조적으로 볼 수 있는 능력을 재는 독해력 시험이야. 글을 구조적으로 보기 위해서는 몇 가지 순서가 있단다. 자, 이 자료를 잘 읽어 봐.

① 속독으로 글을 대충 읽는다.

② 단락별로 정독으로 읽는다. 이때는 손가락 조절기로 가상의 줄을 그으면서 읽는 것도 좋은 방법이다.

③ 각 단락별로 가장 중요하다고 생각하는 단어, 저자가 강조하거나 되풀이되거나, 같은 말로 바뀌거나 하는 단어를 하나씩 찾고 동그라미를 친다.

④ 각 단락의 중심 문장(대개는 키워드가 들어간 문장으로 맨 앞에 있거나 뒤에 있다)의 시작 부분부터 마지막 부분까지 밑줄을 친다.

⑤ 전체 단락의 키워드들을 비교해 보면서 전체 글을 대변할 수 있는 키워드를 찾는다.

⑥ 전체 단락의 중심 문장을 비교해 보면서 가장 핵심적인 문장을 찾는다. (논술 시험에 자주 등장하는 제시문의 핵심 문장은 저자의 핵심 주장을 담고 있는 경우가 많고, 나머지 단락의 핵심 문장들은 그 주장을 뒷받침하는 근거인 경우가 많다.)

⑦ 요약은 가능하면 두괄식으로 하자. 전체 중심 문장을 맨 머리에 적고 근거가 되는 각 단락의 핵심 문장을 순서대로 배치한다.

쌤　이제부터 너희들은 이 순서대로 요약을 하면 돼. 요약은 읽기가 선행되어야 하니까 글을 읽을 때 원칙이 있어야 하는데 다음과 같은 순서로 읽어 봐. 쌤이 칠판에 적은 것과 비슷한 맥락이야. 가장 먼저 할 일은 논의 주제를 찾는 일이지. 흔히 쟁점이라고 해. 제시된 글이 주로 논의하고 있는 문제, 쟁점이지. 그다음에 할 일은 키워드를 찾는 일이야. 키워드는 논의의 중심이 되는 용어야. 키워드 먼저 찾고 쟁점을 나중에 찾아도 돼. 그다음에는 요약에서 가장 중요한 일인데 바로 필자의 주장(논지, 견해, 결론, 대안, 해법 등으로 불린다)을 찾는 작업이야. 핵심 주장을 찾았다면 마지막으로 저자가 자신의 주장을 뒷받침하기 위해 제시하는 이유 즉, 근거(논거, 이유, 전제)를 찾아야 해. 사실 이 순서만 지키면 아무리 글이 어려워도 요약은 쉽게 누구나 할 수 있어. 아무렴 내 견해를 논리적으로 쓰는 게 어렵지, 기존의 글을 요약하는 게 더 어렵겠니?

학생C 이해는 되는데 실제 해보면 어떨지 모르겠어요. 한번 저희에게 과제를 주어 보시겠어요?

쌤 그러려고 준비를 했지. 논술 시험에서 가장 많이 나오는 비문학 지문. 비문학 지문에서도 너희가 가장 관심 없어 하는 환경 칼럼을 들고 왔다. 독해를 먼저 하고 요약을 해보자. 독해는 10분을 줄게. 독해를 한 다음에 쌤과 함께 확인을 해보자. 제대로 독해를 했는지 말이야.

환경은 이제 뒷전인가?

개혁적 시민 단체들이 '반(反)노무현 정부'를 선언하는 일이 벌어졌다. 11월 10일 출범한 '환경 비상시국 회의'는 현 사태를 '환경 비상 상황'으로 규정하고 1만 인 서명 운동을 벌이기 시작했다.

이들이 반환경 정책 철회와 환경 문제에 대한 전면적 재검토를 요구하게 된 것은 사필귀정이다. 집권 이후 노무현 정부가 추진한 각종 정책은 대통령, 정부 및 여권 엘리트의 머릿속에 '녹색'은 애당초 없었음을 보여 준다. 핵 폐기장 문제로 발생한 부안 사태, 고속철과 연관된 천성산 터널 문제, 새만금 간척 사업 등 굵직한 현안에 대한 정부의 갈팡질팡 대응은 결국 비전을 상실한 퇴행적 결정으로 이어졌다. 오죽하면 비상시국이라는 구호를 내걸었겠는가.

최근 크고 작은 반환경적 정책이 봇물 터지듯 쏟아져 나온다. 시국회의가 열거한 것만 해도 수도권 내 공장 신설 증설 허용, 골프장 230개 건설 및 규제 완화, 토지 수용권과 개발 이익을 보장하는 기업 도시 특별법 제정 추진, 경유 상용차 배출 가스 기준 유예 조치 등 이루 말할 수 없다. 한국판 뉴딜 정책은 그 압권이 되지 않겠는가.

물론 이런 탈규제 바람이 정부만의 책임일 수는 없다. 경제가 어렵다는, 정쟁을 그만두고 민생을 돌봐야 한다는 구호하에 정부 엘리트, 여야 정치인, 재벌, 대기업 산하 연구소, 경제학자에서 대다수 언론에 이르기까지 모두들 '경기 부양'만을 목소리 높여 강조하고 있다. 공정한 시장 규칙을 만들기 위한 약간의 공공적 제약마저 '반시장', '좌파적 발상'으로 매도된다. 당연히 '녹색 마인드'는 안중에도 없다.

환경을 문서상의 수사로만 생각하는 정책 결정 집단들은 이 기회에 반환경적 정책을 밀어붙이려는 기세다(행정 수도 이전을 둘러싼 첨예한 갈등 속에서도 그것이 야기할 환경 파괴적인 결과에 대한 사회적 논의가 없었다는 사실은 놀라운 일 아닌가?). 그나마 어렵게 쌓아 온 환경 인프라는 안에서부터 무너지고 있다. '개발 독재'에 대한 향수는 그 위험한 증후다. 여론 주도층은 '먹고사는 문제'가 제일 중요하다고 얘기한다. 과거에 귀 따갑게 들었던 구호들이 '먹고사는 데' 전혀 지장이 없는 사람들 입에서 퍼져 나간다. 무한 경쟁 시대의 국가 경쟁력 강화, 2만 달러 시대 등의 부국강병적 언설이 한국 경제의 문제점을 질타하며 환경 파괴를 정당화하는 암묵적 합의를 쉽게 넓힌다.

지구의 생태적 용량을 고려할 때 개발 독재형 산업화나 선진국형 산업화 모두 '지속 불가능한' 삶의 양식이라는 게 환경론의 상식이다. 깊이 생각해야 할 점은 성장주의, 반환경적인 정책으로는 인간 자체도 온전한 삶을 살 수 없다는 것이다. 인간과 자연, 인간과 다른 생명들 간의 유기적 관계망이 파괴될 때 영혼도 마음도 몸도 황폐해진다(개별적 이기적 차원의 대응이지만 도처의 '참살이' 바람도 이 고리를 사람들이 무의식적으로라도 깨닫고 있다는 증거다). 또 그 파괴의 결과로 개발업자들의 이익은 늘어나지만 불평등은 심화된다는 점이다. 1997년 말 경제 위기 후 본격화된 '경제 살리기' 정책에 의해 과연 어떤 현상이 벌어졌는가. 그 부담은 비정규직 노동자, 중소 영세 산업, 여성, 노인, 신빈곤층, 이주 노동자 및 실업자에게 고스란히 넘겨졌고 중산층마저 급격하게 붕괴되었다. '살려 낸 경제'는 중산층과 서민의 경제를 되레 파괴하는 역설적 결과를 초래했다.

현재 맹위를 떨치고 있는 '경제 위기'의 담론에는 '경제 성장 숭배'의 이데올로기가 깔려 있다. 그것은 경제에 대한 근본적 질문을 던지지 않으며 이를 중립적이고 공평무사한 가치로 전제한다. 누구를 위한, 무엇을 위한 경제인가. 민주주의와 규제로부터 해방되고 싶어 안달하는 경제는 사람, 생명, 자연과의 관계, 부자와 빈자의 관계에 어떤 영향을 미치는가. 경제 성장 숭배라는 이 시대의 우상은 이러한 질문들을 인식론 입구에서부터 봉쇄하고 있다. 그 문밖에서 환경은 파괴되고 주변부 사람들의 삶은 벼랑 끝으로 몰리고 있다.

—권혁범 대전대 교수 · 정치학 《신문 명칼럼 6》, 문이당)

쌤   다 읽었어? 어렵지 않지?

 (모두 다 어렵다는 반응이다.)

쌤   아니, 이 글이 어렵단 말이야? 누구나 알아들을 수 있게 쓴 신문 칼럼인데도?

학생A   저희가 문과생인지라 환경 문제에 관심이 없잖아요? 지금 제

가 배우는 과목 중에서 유일하게 환경과 관련 있는 과목이
'생태와 환경'인데 그 시간에 주로 자습을 시키세요.

쌤 환경 문제는 이과의 문제만이 아니야. 앞에서도 이야기했지
만 문과 이과를 통합할 때 가장 써먹기 좋은 소재가 바로 환
경이야. 문과생도 환경에 대해서 관심을 가져야 돼. 문과생들
도 과학이나 환경에 관심을 가져 주었으면 하는데. 너희들이
환경 문제에 관심이 없고, 환경 관련 글을 어려워하는 까닭도
잘 몰라서 그래. 책은 못 읽더라도 최소한 방송이나 신문에서
나오는 환경 관련 뉴스나 칼럼은 그냥 지나치지 말자.

(풀 죽은 목소리로)
예.

쌤 이 글은 생각의 흐름이 명료한 글이야. 무엇을 이야기하는지,
무엇을 말하고자 하는지 금방 드러나는 글이야. 너희도 이런
식으로 써야 돼. 내가 무엇을 말하는지 상대방이 알
수 있도록 쓰는 것, 그게 좋은 글이야. 논술에서
가장 중요한 건 내용이 아니라 의사 전달과 설득
이라는 것 잊지 마라. 어려운 글일수록 기계적으로 접근
하자고 했잖아? 우선 이 글이 무엇을 말하는 것 같니? 그렇게
말하면 어려울 수 있겠다. 일에는 순서가 있는 법이지. 이 글
의 핵심 키워드가 뭐라고 생각하니?

학생B 반환경적 정책 아닐까요? 현 정부가 환경을 무시하는 것 이야기하고 있지 않나요?

학생C 저도 반환경적 정책 같아요. 환경 파괴를 고발하고 있는데 그 원인이 반환경 정책 때문에 초래됐다고 주장하고 있어요.

학생D 저는 생각이 달라요. 녹색 마인드 같아요. 문제에 대한 대안을 특히 강조하고 있는 것 같습니다. 저자가 제안하는 대안이 바로 녹색 마인드 아닌가요?

쌤   너는?

학생A 저는 '지속 불가능한 삶'이라고 생각해요. 그 말이 가장 인상적이었어요.

쌤   이렇게 제각각이네. 그런데 그중에서 하나를 골라야 한다 말이지. 음~, 쌤이 보기에는 3개가 다 중요하다고 생각해. 너희가 독해를 잘한 거야. 다만 누구는 대안에 비중을 두고 누구는 현실에 비중을 두는 차이에 따라 가장 중요하다고 생각하는 키워드가 조금씩 다른 거야. 쌤이 보기에는 저자는 현실을 비판하고 있지만 궁극적으로 원하는 것은 정부의 관심 내지 행동인 것 같아. 따라서 으뜸 키워드는 녹색 마인드고 버금 키워드는 반환경적 정책 내지 지속 불가능한 삶이라고 봐야겠지. 너희는 이미 핵심을 요약했어. 이 세 단어를 갖고 핵심 문장을 만들어 보자.

학생B 반환경적 정책은 지속 불가능한 삶을 만들고 그것의 대안은 녹색 마인드다.

쌤   오케이.

(쌤은 수업을 마치고 이 칼럼을 400자로 요약해 보라는 숙제를 내주었다. 학생들은 이메일로 숙제를 보내 왔다. 다음은 그 내용이다. 쌤은 요약한 내용을 보고 다음과 같이 답장을 써주었다.)

상준의 글

시민 단체들이 반환경정책 철회와 환경 문제에 대한 전면적 재검토를 요구하며 '반노무현 정부'를 선언했다. 핵 폐기장 문제, 새만금 간척 사업 등에 대한 정부의 태도는 애초에 정치가들의 머릿속엔 '녹색'은 없었음을 보여 준다. 최근 수도권 내 공장 신설 증설 허용, 기업 도시 특별법과 같은 반환경적 정책이 봇물 터지듯 쏟아진다. 물론 이것이 정부의 책임만은 아니다. 정치인뿐만 아니라 재벌, 경제학자, 언론에 이르기까지 '경기 부양'만을 강조한다. 녹색 마인드는 안중에도 없다. 성장주의, 반환경 정책은 온전한 삶을 살 수 없는 '지속 불가능한' 삶의 양식이다. 1997년 말 본격화된 '경제 살리기' 정책은 중산층과 서민의 경제를 되레 파괴하는 역설적 결과를 초래했다. 이처럼 현재 맹위를 떨치고 있는 '경제 위기'의 담론에는 '경제 성장 숭배'의 이데올로기가 깔려 있다. 이것은 환경 파괴를 초래하고, 사람들의 삶을 벼랑 끝으로 몰아가고 있다.

요약하기에는 두 가지 방법이 있어. 글을 쓴 사람의 의도를 살리면서 나만의 언어로 바꾸되 글의 흐름이나 구성에 있어서는 약간의 변형을 기하는 방법과 그대로 흐름을 따라가면서 압축하는 경우지. 상준이는 후자의 방법을 시도하고 있네. 요약을 처음 해보는 시점에서는 글의 흐름을 그대로 따라가면서 고갱이 부분만 골라내는 압축 능력이 더 도움이 된단다. 선생님이 키워드를 찾아 키워드 순서대로 중심 문장을 배치하라고 했잖아? 선생님은 '환경 비상 상황'-'반환경적 정책'-'녹색 마인드'-'지속 불가능한 삶'-'경제 성장 숭배'를 키워드로 제시했어. 환경 비상 상황이란 단어가 등장하지는 않지만 나머지 단어들은 적절하게 배치된 것 같아. 아주 잘했어. 다만 용어 사용 시 제시문에 나와 있는 단어들을 그대로 갖다 쓰려고 하지 말고 다른 단어들로 바꾸려는 노력을 할 필요가 있어. 그리고 문장 호응이 안 맞는 부분이 몇 개 눈에 띄어. 중간 단락에서 "'경기 부양'만을 강조한다"는 대목은 "경기 부양만을 강조한 탓이다"로 고쳐야겠지.

개혁적 시민 단체들이 반노무현 정부를 선언하고 있다. 그들은 환경을 고려하지 않고 경기 부양을 앞세워 정책을 정당화하려는 태도를 비판하고 있다. 민생 안정, 경제 성장이 우선이라는 그들의 태도에서는 녹색 마인드는 전혀 고려되지 않는다. 이런 태도는 과거 개발 독재 시대의 모습이며 매우 위험하다. 이런 모습을 환경적으로 볼 때 지속 불가능한 삶이라 말한다. 인간과 자연이 같이 살아간다는 생각이 깨지고 인간을 위해서만 추구한다면 우리의 생활은 매우 위태로워진다. 또한 무리한 파괴는 개발 업체들에게는 이익이 되지만 더 많은 문제를 가져온다. 불평등 심화와 비정규직, 실업자가 증가했으며 생활은 더욱 힘들어졌다. 이런 점에서 시민 단체들은 정부에게 의문을 제기하면서 올바른 정책 수립을 요구하고 있다.

요약하기에는 2가지 방법이 있어. 글을 쓴 사람의 의도를 살리면서 나만의 언어로 바꾸되 글의 흐름이나 구성에 있어서는 약간의 변형을 기하는 방법과 그대로 흐름을 따라가면서 압축하는 경우지. 미선이는 전자의 방법을 시도하고 있네. 하지만 전자가 어려워. 왜냐하면 내가 재구성하는 과정에서 필자가 중요하게 강조한 부분이 누락될 수 있고 지엽적인 게 본질적인 것처럼 강조될 수 있기 때문이야. 요약을 처음 해보는 시점에서는 글의 흐름을 그대로 따라가면서 고갱이 부분만 골라내는 압축 능력이 더 도움이 된단다. 선생님이 키워드를 찾

아 키워드 순서대로 중심 문장을 배치하라고 했잖아? 선생님은 환경 비상 상황 – 반환경적 정책 – 녹색 마인드 – 지속 불가능한 삶 – 경제 성장 숭배를 키워드로 제시했어. 그런데 미선이 요약본에서는 녹색 마인드와 지속 불가능한 삶을 제외하고는 나머지 단어들이 눈에 띄지 않네. 저자가 말하고 싶은 것 중에서 환경 정책 부재와 불평등 심화가 지속되고 있다는 현상 분석에 치중한 느낌이야. 미선이가 강조점을 찍는 것은 구체적인 정책 부재의 현실인데 그렇게 될 경우 문제가 너무 두루뭉수리해질 수 있어. 다행히도 미선이는 전체 요지를 파악하고 있어서 요약본과 원본의 뜻이 통하기는 해. 앞으로는 안배에 조금 더 신경을 쓰자. 글의 흐름을 따라가도록 노력하는 거야. 내가 꽂힌 부분에 집중하느라 전체를 보지 못하는 그런 우는 범하지 않도록 하자.

21

요약하기에도
요령이 있나요? (2)

쌤 이번에는 문학 장르 요약에 도전해 보자. 사실 문학 작품은
요약을 하기 쉽지 않아. 문학 작품은 칼럼처럼 형식적인 글이
아니잖아? 칼럼은 주장 – 근거로 구성되어 있어서 무엇을 말
하는지 쉽게 판명할 수 있지만 시나 소설은 그렇지 않아. 은
유와 비유, 상징 이런 것들이 있기 때문에 어려워. 그리고 실
제 논술 시험에서 소설이나 시를 요약하라는 문제는 거의 나
오기 어려울 거야. 하지만 이들 글 역시 요약하기가 도움이
된단다. 왜 그럴까?

학생A 독해력에 도움이 돼서 그런 것 아닌가요?

쌤 맞아. 요약하기는 독해력을 높여 주는 글쓰기이기 때문에 그
래. 독해력은 비문학만 필요한 게 아니라 문학 작품도 필요하

지. 다만 비문학 작품과 문학 작품에선 요약하는 방법이 다를 뿐이야.

학생B 어떻게 다른데요?

쌤 성미 급하기는……, 칠판에 적을 테니 기다려 봐.

1. 비문학 지문과 문학 지문의 차이는 묘사문과 대사에 있다. 그걸 어떻게 줄이느냐에 따라 요약문의 완성도가 결정된다.
2. 묘사 위주의 글은 화자와 배경의 관계 파악이 중요하다. 화자가 배경을 어떻게 보느냐는 시각을 알아내야 한다.
3. 대화 위주의 글은 인물의 갈등 구조 파악이 핵이다. 두 사람이 어떤 점에서 충돌을 시작했고 어떻게 전개되고 있으며 앞으로 어떻게 펼쳐질지 전망을 해보자.
4. 결국 소설이나 시나 작가의 메시지가 중요하다. 바탕에 깔려 있는 사상을 파악해야 한다.
5. 대화 위주의 글은 지문에 의도나 동기가 나타날 수 있다. 대화가 이어지다 지문이 나오는 부분에 주목하자.

학생C 알듯 말듯 한데요, 구체적으로 사례를 들어 주세요.

(쌤은 두 편의 소설을 텍스트로 준비했다. 이청준의 〈선학동 나그네〉와 전상국의 〈우상의 눈물〉이었다. 〈선학동 나그네〉는 판소리를 하는 오누이에 대한 연작 소설로서 영화 〈서편제〉에 이어 〈천년학〉이라는 제목으로 임권택 감독에 의해 영화로 옮겨졌다. 전상국의 〈우상의 눈

물〉은 이문열의 〈우리들의 일그러진 영웅〉처럼 학교를 빗대 권력과 폭력의 허상을 파헤치는 글이다. 둘 다 고등학교 《문학》 교과서에 실려 있지만 학생들의 반응은 달랐다. 이청준의 작품은 본 적이 없고 전상국의 작품은 읽었거나 무슨 책인지 내용을 안다는 반응이었다. 쌤이 인용한 대목은 〈선학동 나그네〉의 도입부에서 작가가 선학동을 묘사하는 부분과 〈우상의 눈물〉 중에 새 학기를 맞아 반장을 뽑는 과정에서 벌어진 갈등이었다. 쌤은 학생들에게 읽을 시간을 주었다. 각각의 글에는 묘사형 글과 갈등형 글이라는 태그가 붙어 있다.)

묘사형 글 : 요약 자료 1

그곳엔 예부터 기이한 이야기 한 가지가 전해 오고 있었다. 이야기는 포구 안쪽에 자리 잡은 선학동의 뒷산 모습으로부터 연유된 것이다. 그 산세가 영락없는 법승의 자태를 닮고 있었기 때문이다. 마을 뒤쪽으로 주봉을 이루고 있는 관음봉은 고깔처럼 뾰죽하게 하늘로 치솟아 오른 모습이 영락없는 법승의 머리통을 방불케 하였고, 그 정봉頂峯을 한참 내려와 좌우로 길게 펼쳐 내려간 양쪽 산줄기는 앉아 있는 법승의 장삼자락을 형상 짓고 있었다. 선학동 마을은 이를테면 그 법승의 장삼자락에 안겨 든 형국이었는데, 게다가 마을 앞 포구에 밀물이 차오르면 관음봉 쪽 산심의 어디선가로부터 둥둥둥둥 법승이 북을 울려 대는 듯한 신기한 지

령음地靈音이 물 건너 돌고개 일대까지 들려오곤 한다는 것이었
다. 마을터가 상서롭게 일컬어져 온 것은 말할 나위가 없었다.

　　그러나 마을 사람들에게 보다 더 관심이 가는 일은 선대들의 묏
자리를 위해 관음봉 산자락 가운데서도 진짜 지령음이 솟아오르
는 명당明堂 줄기를 찾는 일이었다. 마을엔 예부터 그 지령음이 울
려 나오는 곳에 진짜 명당이 숨어 있다는 말이 전해져 오고 있는
데다, 사람들은 그 명당을 찾아 조상의 뼈를 묻음으로써 관음봉의
음덕陰德을 대대손손 누리고 싶어들 하였기 때문이다. 뿐더러, 관
음봉 산록에 명당이 있다 함은 이 마을을 선학동이라 부르게 된
데에도 또 하나 깊은 내력이 있었다. 산의 이름이 관음봉이라 한
다면 마을 이름도 마땅히 관음리 정도가 되는 게 상례였다. 그러
나 마을은 예부터 이름이 선학동이라 하였다. 까닭인즉, 마을 앞
포구에 밀물이 차오르면 관음봉이 문득 한 마리 학으로 그 물위를
날아오르기 때문이었다. 포구에 물이 들면 관음봉의 산그림자가
영락없는 비상학의 형국을 지어 냈다.

　　하늘로 치솟아 오른 고깔 모양의 주봉은 힘찬 비상을 시작하고
있는 학의 머리요, 길게 굽이쳐 내린 양쪽 산줄기는 그 날개의 형
상이 완연했다. 포구에 물이 차오르면 관음봉은 그래 한 마리 학
으로 물위를 떠돌았다. 선학동은 그 날아오르는 학의 품 안에 안
겨진 마을인 셈이었다.

—이청준, 〈선학동 나그네〉(문이당, 청소년 현대 문학선 《선학동 나그네》 중에서)

쌤   다 읽었지? 날아오르는 학의 모습이 눈에 선하지 않니?

학생A   한자어가 많아서 독해하기가 쉽지 않았어요.

쌤   문체가 조금 적응이 안 될 거야. 머릿속에서 이미지를 떠올리면서 읽도록 해봐. 마치 한 편의 영화를 본다고 생각하고. 그림에 자신 있으면 그림을 그려 봐도 좋고. 쌤이 칠판에 적은 것 있잖아? 문학 제시문 요약의 방법들. 하나하나 따져 보자. 우선 화자와 묘사하는 대상의 관계를 파악하라고 했지. 화자는 누구니?

잘 드러나지 않는데요. 선학동 나그네인가요?

쌤   이분은 3인칭 전지적 작가 시점을 좋아하는 작가셔. 작가가 화자지. 대상은 뭔지 금방 드러나지.

학생B   선학동 아닌가요?

쌤   맞아, 주된 내용은 동네 이름이 선학동으로 불리게 된 연유야. 묘사하고 있는 대상에 대한 화자의 정서는 어떤 것 같니?

학생C   선학동이라는 마을에 감탄하고, 찬미하는 듯해요.

학생D   의도적으로 신비로움을 감싸고 있는 듯해요.

쌤   맞았어. 앞에 비문학 지문에서도 했듯 키워드 3개만 찾아볼래?

학생A 선학동, 관음봉, 지령음 아닐까요?

쌤   맞았어. 그러면 이 단어들은 지명 이름이잖아? 이 글에서는
      이 지명들의 유래를 묘사하고 있잖아? 어떻게 묘사하고 있는
      지 그 내용을 적어 볼래. 쌤이 시간을 줄게.

 (학생들은 열심히 적는다.)

(한 학생의 글이다.)

① 선학동 : 관음봉이 있는 마을 포구에 밀물이 차오르면 관음봉의
    산 그림자가 비상학의 모습을 지어낸다 하여 붙여진 마을 이름
    이다.

② 관음봉 : 선학동 마을 뒤쪽에 주봉을 이루는 산으로 산세가 법
    승을 닮았기 때문에 붙여졌다.

③ 지령음 : 선학동 앞 포구에 밀물이 차오르면 관음봉쪽 산심의
    어딘가에서 법승이 북을 울려대는 듯한 소리를 낸다.

쌤   잘 했어. 내친김에 요약까지 해보자. 묘사형 글의 요약도 어
      려운 게 아냐. 지금 정의한 단어와 단어 설명을 그대로 합쳐
      서 하나의 글로 만들어 봐. 200자로 줄여 보자.

(그 학생이 쓴 내용은 다음과 같다.)

선학동은 마을 앞 포구에 물이 차면 그 뒷산 법승의 자태를 닮은 관음봉의 그림자가 비상학 같다하여 붙여진 이름이다. 마을 앞 포구에 물이 차면 관음봉 쪽 어딘가에서 법승이 북을 울리는 듯한 지령음이 들린다. 그것 때문에 지령음이 나는 곳에 조상의 뼈를 묻으면 음덕을 받는다는 이야기가 전해진다.

샘　위의 세 단어에 음덕 부분만 추가됐을 뿐이지. 어때 이 친구가 잘 한 것 같니?

잘 한 것 같아요.

샘　문학 작품은 키워드를 찾는 것도 중요하지만 정서를 파악하는 게 이처럼 중요한 거야. 정서만 확실하게 파악되면 의외로 쉽게 요약할 수 있어. 이번에는 갈등형 글을 보자.

갈등형 글 : 요약 자료 2

　새 담임선생은 과학 교사답지 않게 적절한 비유로써 자기가 맡은 반 아이들에게 뭔가 불어넣으려 애쓰고 있는 것 같았다. 그에게 중요한 것은 무사안일 속의 1년이었던 것이다.

　"고삐는 여러분 손에 쥐어져 있다. 필요하다고 생각할 때 그 고삐를 당겨 여러분 스스로를 제어해 주기 바란다. 내가 가장 우려하는 바는 여러분 스스로가 내 손에 그 고삐를 쥐어 주는 일이다. 나는 자율이라는 낱말을 좋아한다."

담임선생님은 자율이라는 낱말로 요술을 부려 우리들을 묶고 있었다. 어느 연극 잡지에서 완숙한 연출가는 배우 스스로가 연출하도록 유도하는 비결을 가지고 있다는 것을 읽은 것이 생각났다. 대단한 담임을 만났다는 기대로 아이들은 가슴을 부풀이며 앉아 있었다. 14개 반에서 4~5명씩 떨어져 나와 새로이 편성된 새 반의 분위기는 사뭇 숙연했다. 나는 문득 이런 숙연한 분위기가 우습게 생각되었다. 단 며칠 못 가 형편없이 허물어질 아이들이 목에 잔뜩 힘을 주고 앉아 담임선생의 말을 경청하고 있는 게 우습게 보였던 것이다. 이들의 긴장을 풀어 주고 싶은 충동을 받았다.

"선생님, 우리가 탄 배의 선장은 누굽니까?"

내가 불쑥 일어나서 말했다. 선장은 도대체 누구란 말인가. 자율이라는 낱말로 우리를 묶으면서도 실상 우리들 머리 위에 군왕처럼 군림하고 싶은 그의 저의를 찔러 주고 싶었던 것이다. 아이들이 내 느닷없는 질문에 부스럭부스럭 굳은 몸을 풀고 있었다.

"이 배의 선장이 누구냐, 그렇게 묻고 있는 사람의 번호와 이름은?"

담임이 얼굴 가득 미소를 잡으며 여유 있게 나를 훑었다. 반격을 당한 나는 얼굴을 붉히며 엉거주춤 다시 일어나야 했다.

"35번 이유댑니다."

"예수를 판 유단가, 이스라엘 유댄가?"

아이들이 와하하 웃음을 터뜨렸다.

"오얏 리, 옥 유, 큰 대 자, 이유대입니다."

"좋았어. 이유대 군이 오늘 이 시간부터 일주일간 2학년 13반의 임시 선장이다. 물론 일주일 뒤에는 새 선장을 뽑겠다. 다시 한번 강조해 두겠다. 이 배의 주인은 여러분 자신이다. 이유대 선장, 내 말의 뜻을 알겠나?"

아이들이 와하하 웃으며 박수를 쳤다. 반장하고 싶어 몸살 난 애라고요. 그렇게 소리 지르는 놈도 있었다. 실로 난처한 입장이 돼버렸다. 한낱 농으로 시작한 일이 담임의 임기응변에 의해 꼼짝없이 임시 반장 감투를 쓰게 되었다. 꽁무닐 빼고 어쩌고 할 기회를 주지 않은 채 담임은 첫 만남을 끝냈다. 이렇게 해서 된 임시 반장이 기표의 비위를 사납게 하는 결정적인 이유가 됐을 것이다.

—전상국, 〈우상의 눈물〉(문이당, 청소년 현대 문학선 《아베의 가족》 중에서)

쌤   이번에는 너희가 잘 아는 소설이야. 갈등형 글은 배경이 아니라 사건이 중요한 거야? 이 장면의 핵심 사건은 무어라고 생각하니?

학생A 이유대가 갑작스럽게 배의 선장이 누구인지 물어본 것 아닐까요?

쌤   다른 친구는?

학생B 새 담임선생이 군왕처럼 군림하고 싶은 마음을 알아낸 나의
      반항이요.

쌤   멋있다. 사건이라기보다는 제목이 더 어울릴 것 같아. 화자는
      누구지?

이유대요.

쌤   그 화자와 갈등 관계에 있는 인물은 누굴까?

담임선생님요.

쌤   주인공이 그 사람에 대해 느끼는 심리는 어떠니?

(다른 학생들은 침묵을 지키고 학생C만이 손을 든다.)

학생C 새 담임선생에게서 위선이나 가식을 느끼고 그것을 깨주고
      싶어 해요. 선생님에게 노골적으로 묻잖아요? 이 배의 선장
      이 누구냐고?

쌤   제대로 문맥을 읽었어. 담임선생은 겉으로는 자율을 강조하
      고 있지만 실은 굉장히 권위적인 사람이야. 학생들에게 자율

을 주어도 자율을 이용할 수 없다는 점을 악용해 군림하려고 하는 거지. 사실 이 제시문만으로는 그런 의도를 파악하기가 힘들어. 이 소설을 읽은 학생이라면 이유대의 말이 맞다는 걸 알 수 있지. 이 소설은 기표와 이유대의 마찰이 주된 갈등인데 이 제시문에서는 선생과 이유대의 갈등이 핵심이야. 그럼 그 갈등이 어느 단어에서 충돌하고 있니? 충돌 지점을 찾자고 했잖아? 어디가 될까?

학생D 고삐와 자율 그리고 군림 아닐까요?

쌤 좋아. 말을 안 해도 쌤의 의중을 파악해서 세 개만 이야기하는구나. 다른 학생들은 어때?

저희도 같은 생각이에요.

쌤 오늘로서 요약은 끝이다. 더 이상 가르칠 게 없다. 다음부터는 본격적인 논술문 쓰기에 대해서 알아보자. 오늘 수업 끝. 참, '요약 자료 2'를 300자로 요약한 뒤 메일 날려라. 알았지?

(학생들은 쌤에게 메일로 요약문을 보내 왔다. 쌤은 그중에서 윤경이의 글을 골라 다음과 같이 답장을 해주었다.)

새 담임선생님은 "고삐가 각자의 손에 있으며, 그 고삐로 스스로를 제어하기를 바라며 자신을 자율을 좋아한다"고 했다. 이유대는 며칠 못 가 허물어질 아이들의 진지하게 경청하는 모습이 우습게 보였고, 아이들의 긴장을 풀어 주고 싶은 충동에서 "그들이 탄 배의 선장이 누구냐"고 물었다. 자율이라는 낱말로 아이들을 묶고, 사실상 군왕으로 군림하고 싶은 그의 저의를 찔러 주고 싶었던 것이다. 그러나 도리어 이유대는 담임의 임기응변에 당하고, 이것은 이유대가 기표의 비위를 건드리는 결정적 이유가 되었다.

윤경에게

아주 잘했다. 대사도 잘 줄이고 핵심을 인용 부호를 써서 잘 전달했어. 그리고 지문에 담긴 이유대의 심리를 요약하면서 정확히 해석했고 그후의 전개 상황도 잘 압축했어. 분량도 정확히 맞추었네. 나날이 발전하는 모습을 보여 주어서 쌤은 너무 기쁘다.

22

논술은 글쓰기 시험이
아니라던데요?

쌤   이제부터는 본격적인 글쓰기다. 오늘은 워밍업으로 글쓰기라
     는 것에 대해서 생각을 정리해 보자. 지난 시간에 배운 요약
     도 쓰기지만 내 생각을 풀어내는 것은 아니었지. 요약은 공식
     이 있어서 요령을 알면 그다지 어렵지 않은데 생각 쓰기는 요
     약보다 훨씬 더 힘들어. 알고 있는 지식을 글로 풀어내는 작
     업은 학자나 전문가에게도 무척 어려운 일이야. 많이 안다고
     글을 잘 쓰는 건 아니지. 많이 알면 글을 잘 쓸 수 있을까?

학생A 글쎄요. 꼭 그렇지만도 않은 것 같아요.

쌤   예를 들어 볼래?

학생A 예전에 책이나 신문에서 읽었거나 어디서 본 내용이 머릿속
     에서는 뱅뱅 돌기만 하고 막상 원고지에는 써지지 않던 경

험이 있어요.

쌤　글이란 그런 거야. 아는 것과 쓰는 것은 다른 거야. 논술은 이
점에서 외국어와 비슷해. 외국어는 꾸준히 사용하지 않으면
실력이 늘지 않잖아? 토익 점수 높고 수능 점수 높다고 해서
영어를 잘 하는 게 아니듯 논술도 배경 지식이 아무리 많아도
쓰는 과정을 반복적으로 거치지 않으면 무용지물인 거야. 머
리와 손을 동시에 사용해야 해. 머릿속에 품은 생각을 끄집어
내서 손으로 써야 실력이 느는 거야.

학생B　그게 어렵지 않나요? 머릿속 생각을 정리하는 것 말이에요.

쌤　서랍 정리와 비슷한 거지. 어디에 있는지 알면 내가 필요한
것 손쉽게 꺼낼 수 있듯이 말이야. 그전에 한번 너희들에게
묻고 싶다. 다음 글을 읽고 여러분 생각을 말해 볼래.

한편 채점 과정에서 무엇을 가치 있는 것으로 볼 것인가 하는 점에서 교수들마다 차이가 있다. 이는
논술 고사가 내포하고 있는 다층적 성격 때문에 발생하는 문제이다. 채점하는 교수에 따라서 수사
학적인 글의 구조나 논리의 일관성에 관심을 가질 수도 있고, 창의적이고 독창적인 내용에 초점을
두어 평가할 수도 있다. 결국 글에서 드러나는 내용과 형식에 대해서 채점하는 교수들마다 서로 다
른 잣대를 들이댈 수 있다. 지금도 논술이 글쓰기 시험인가 아니면 <u>창의적 비판적 사고 능력에 대한
시험인가 논란이 있는 것을 보면</u> 충분히 예상이 가능한 시나리오다. 논술 고사는 기본적으로 글쓰
기 시험이다. 사고의 과정은 반드시 글로 표현되어야 하고 그것이 평가의 자료가 된다. 따라서 좋은

글에 대한 공통의 기준이 있어야 하지만, 현실은 그렇지 못하다. 우리나라의 경우 학문 분야마다 다양한 성장 배경을 가지고 있을 뿐만 아니라 교수들이 교육 받은 배경도 매우 다양하다. 따라서 그들이 서로 상이한 글쓰기 기준을 갖고 있을 가능성이 높다.

—〈경향신문〉, 2007년 3월 24일자 칼럼 중에서

쌤이 왜 밑줄을 쳤을까?

학생C 논술이 글쓰기 시험인지 사고력 시험인지 논란이 있다는 말씀을 하시는 것 아닌가요?

쌤 맞아. 너희는 논술이 글쓰기 시험이라고 생각하니, 아니면 사고력 시험이라고 생각하니?

글쓰기 시험이요.

학생B 말할 것도 없잖아요? 논술이 글쓰기가 아니라면 뭐예요? 말장난 아닌가요?

학생C 저는 중용을 택할래요. 논술은 사고력을 측정하는 글쓰기 시험이다.

쌤 일단 논술이 글쓰기 시험이라는 게 대세구나. 쌤도 같은 생각이야. 사고력이든 배경 지식이든 결국 글로써 표현해야 하는 시험이잖아? 교수님들은 사고의 결과이든지 아니면 지식의 집대성이든지, 결과물인 글 가지고 평가를 하는 거고. 결국 글쓰기 시험이 될 수밖에.

학생C 그런데 쌤, 논술이 글쓰기 시험인데 왜 표현력, 문장력 같은 것은 배점이 낮은 거예요? 창의력이나 이해 분석력 논증력이 주요 평가 요소지, 문장력이나 표현력은 거의 비중이 없잖아요? 그런 의미에서 논술은 단순한 글쓰기 시험이 아니라고 할 수 있지 않을까요?

쌤 좋은 지적이다. 다음 글을 읽어 볼래?

대학 입시에서 논술 평가 기준이 공개되지 않는 것과도 통한다. 어휘가 적확하게 쓰여졌는가, 문장이 적절한 어휘의 조합으로 구성됐는가, 그 문장들이 논리적으로 연결돼 전체적으로 일관된 구조를 갖는가 등을 평가하려면 이를 평가할 기준이 있어야 하는데 누구라도 동의해 기준 삼을 만한 한국어 사전이 없다. 그런 까닭에 하나의 논술문을 두고 심사자마다 평가 편차가 크게 나타난다는 것이다. 그러니 심사 기준과 평가 결과를 쉽게 공개하지 못하는 게 아니겠는가.

—〈한겨레〉, 2007년 3월 23일자 기사 중에서

쌤 무엇이 좋은 글인지, 평가할 객관적인 기준이 없단 말이잖아? 이 상황에 가장 적절한 어휘가 무엇인지, 이 문장과 다음

문장과의 사이에 어떤 문장이 들어가야 한다면 무엇이 가장 논리적인 연결이 되어야 하는지에 대해서 누구나 동의할 수 있는 기준이 없다는 거야. 띄어쓰기나 맞춤법이나 오탈자는 기계적으로 적용할 수 있지만 어휘나 문장, 단락으로 글쓰기 평가를 확대할 경우, 역시 주관적인 평가의 소지가 크다는 거지. 물론 앞의 글은 창의성, 논리의 일관성에서도 개인적인 편차가 크다는 거였고.

학생D 그렇다면 좋은 글의 기준은 저마다 다르다는 것 아닌가요? 논술을 준비해야 하는 저희들은 어떻게 해야 하나요?

쌤 그래서 독해력이 중요한 거야. 앞에서도 이야기했지만 논제 분석과 제시문 독해는 확실한 답이 있잖아? 따라서 대학들도 이 기준을 실제로는 절대적인 평가 요소로 활용하면서 겉으로는 '비판적 사고력을 중시한다느니 창의력을 본다'느니 하는 말로 상황을 오도하는 거지. 글쓰기로 사고력을 측정한다는 말은 상당히 애매한 부분이 있어. 하지만 솔직하게 배경 지식이 풍부한 글은 누가 봐도 쉽게 구분할 수 있지. 너희가 신문 기사나 칼럼을 볼 때 기가 죽는 이유가 뭐야?

학생A 우리가 잘 모르는 것에 대해서 글 쓴 사람이 많이 알고 있다는 것에 대한 상대적인 꿀림이요.

쌤 바로 그거야. 결국 배경 지식이 사고력까지 결정하는 거야. 배경 지식이 별로 없는데 뛰어난 사고력을 보여 준다는 것이

★★★★★

결국 배경 지식이 사고력까지 결정하는 거야. 배경 지식이 별로 없는데 뛰어난 사고력을 보여 준다는 것이 이론적으로는 가능하겠지만 현실적으로는 어려운 거지. 환경 칼럼 요약하면서 느껴 보았잖아? 배경 지식 유무에 따라 내 사고가 늘었다 줄었다 한다는 걸 말이야. 내가 모르는 분야에서는 생각이 터지지 않고 내가 잘 아는 분야에서는 생각이 꼬리에 꼬리를 물면서 이어지는 경험을 누구나가 했을 거야.

이론적으로는 가능하겠지만 현실적으로는 어려운 거지. 환경 칼럼 요약하면서 느껴 보았잖아? 배경 지식 유무에 따라 내 사고가 늘었다 줄었다 한다는 걸 말이야. 내가 모르는 분야에서는 생각이 터지지 않고 내가 잘 아는 분야에서는 생각이 꼬리에 꼬리를 물면서 이어지는 경험을 누구나가 했을 거야.

학생B 글쓰기에도 배경 지식이 중요하다는 이야기는 글쓰기가 아는 것과 다르다는 쌤 말과는 어떻게 연결이 되나요?

쌤 날카로운 질문이다. 글 쓸 때 아는 게 많을수록 유리하지만 아는 게 많다고 해서 글을 잘 쓰는 건 아니지. 필요조건과 충분조건의 차이인 셈이야. 배경 지식은 글쓰기의 필요조건은 되어도 충분조건은 되지 않는다는 말이야.

학생C 그럼 충분조건은 뭐예요?

쌤 뭐로 충분할까? 바로 연습, 습관, 강제라고 할 수 있어.

학생D 하나하나 설명해 주시겠어요?

쌤 먼저 글쓰기는 연습이야. 이 말에 대해서는 누구나 동의하지?

학생A 지금까지 하신 말씀이 그 말 아니었던가요? 구체적으로 어떻게 연습해야 하나요? 기출 문제를 많이 써보면 되나요?

쌤 학원에서는 기출 문제 가지고 실전 논술을 써보게 하잖아? 하지만 그 방법이 연습이 될 수 없다는 거야. 그건 어느 정도 실력을 갖추고 운전면허 시험장에서 모의시험을 치르는 행위와 다름없고 글쓰기 연습은 되지 않는다는 거지. 일단 쌤의 철학은 단계별로 접근하자는 거야.

학생B 어떻게요?

쌤 우선 원고지 공포증을 극복하는 방법부터 실천하자고 권하고 싶어. 너희는 글을 원고지에 쓰잖아? 그런데 원고지 앞에서 생각이 잘 터지던, 아니면 떠오르던 생각도 그냥 시들해지던?

후자요.

쌤 바로 그거야. 너희는 논술 공포증 이전에 쓰기, 구체적으로는 원고지 공포증이 있어. 그것을 극복해 내야 해. 원고지 사용법도 익힐 겸, 교과서에 있는 글이나 신문 명칼럼을 원고지에 그대로 베껴 쓰는 훈련을 해봐야 해. 좋은 글이 무엇인지 눈으로 아는 것과 손으로 써보면서 느끼는 것은 분명히 달라. 쌤은 반드시 후자의 단계를 거쳐야 한다고 봐. 원고지가 컴퓨터처럼 자연스러워야 논술 시험 원고지 앞에서 내 생각이 죽지 않고 살아날 수 있는 거야.

학생C 그럴 듯해요. 그다음에는요?

쌤 원고지 필사 훈련을 거쳤다면 요약 훈련이지. 역시 손으로 원고지에 써야 해. 요약 다음에는 뭘까?

학생D 개요 짜기 아닐까요?

쌤 맞아. 내가 뭘 쓸지 계획표를 짜는 거야. 실제 글을 안 써도 좋

★★★★★

총명함이 부지런히 메모하는 놈을 못 이긴다는 거야. 생각 날 때마다 메모를 해. 쌤은 기자 출신이어서이기도 하지 만 항상 취재 수첩을 들고 다 녀. 그러면서 생각나는 단어, 책 읽다 인상적인 구절들을 적어. 날짜 시간 상황 느낌 순서로 적는데 항상 간략하게 키워드만 적어. 나중에 키워 드를 보면 그때 상황과 내가 읽었던 책이나 만났던 사람이 한 말들이 떠오른단다. 너희 들도 개요 노트를 만들고 나 중에 보면 당시 내가 읽었던 책이나 생각했던 내용들이 떠 오를 거야.

으니까 생각나는 대로 메모를 해봐. 개요 노트를 만드는 거야. 내가 만약 이 주제로 글을 쓰게 될 경우, 나는 이런 이야기를 서론에 담고, 이런 걸 본론에 담고, 이런 걸 결론에 배치하고 싶다 등의 이야기를 말이야. 언젠가는 쓰고 말 거야 라고. 메 모를 반드시 해라. 옛말에도 둔필승총鈍筆勝聰이라고 했다.

학생B 무슨 말이에요?

쌤 총명함이 부지런히 메모하는 놈을 못 이긴다는 거야. 생각날 때마다 메모를 해. 쌤은 직업이 기자 출신이어서이기도 하지 만 항상 취재 수첩을 들고 다녀. 그러면서 생각나는 단어, 책 읽다 인상적인 구절들을 적어. 날짜 시간 상황 느낌 순서로 적는데 항상 간략하게 키워드만 적어. 나중에 키워드를 보면 그때 상황과 내가 읽었던 책이나 만났던 사람이 한 말들이 떠 오른단다. 너희도 개요 노트를 만들고 나중에 보면 당시 내가 읽었던 책이나 생각했던 내용들이 떠오를 거야. 실제 시험 현 장에서는 떠오르지 않고 시험 끝나고 그 책이 생각났다는 학 생들이 얼마나 많은 줄 아니?

학생C 개요는 일기와도 비슷한 거네요.

쌤 그렇지 글을 어떻게 쓰겠다는 내용이 들어가는 일기인 셈이 지. 개요 다음에 무엇을 연습해 볼까?

학생A 본격적인 글쓰기 아닐까요? 서론-본론-결론의 글 말이에요.

쌤 맞아, 서론-본론-결론 쓰기야. 그런데 글을 한번에 완성하

메모만이 살 길!

는 게 아니라 나눠서 하는 거야. 한동안은 서론만 써보고, 한
동안은 본론만 써보고, 한동안은 결론만 써보는 식으로. 서론
을 쓸 때도 바꿔 써보는 거야. 예를 들어 서론에서 화제를 제
시하면서 썼다면, 똑같은 내용을 개념을 정의하면서 써보는
방식으로 바꾼다든지 하는 식으로. 글의 형식의 차이, 뉘앙스
의 차이도 파악할 수 있어. 본론도 한 번은 예증으로 자신의
주장을 증명해 보고 똑같은 메시지를 이번에는 인용에 의존
해 논증해 본다든지 하는 식으로 말이야. 결론에서도 한 번은
요약을 해보고 한 번은 전망을 해보는 식으로 연습을 하는 거

야. 바꿔 쓰기와 나눠 쓰기가 쌤이 말하고자 하는 글쓰기 연습의 핵심이야.

학생B 습관은 이 연습을 규칙적으로 해야 한다는 말 아닌가요?

쌤 맞아. 반드시 꾸준히 규칙적으로 해야 해. 평소 넋 놓고 있다 수능 끝나고 논술 준비해서는 글이 갑자기 나아질 수 없는 거야. 글이란 건 하루아침에 일취월장할 수 있는 게 아니거든.

학생C 쌤은 글쓰기의 3원칙을 연습, 습관, 강제라고 했잖아요? 연습과 습관은 당연히 이어지는 거라고 알 수 있겠는데 글쓰기에서 강제가 왜 필요한가요?

쌤 글쓰기는 자유롭고 즐거워야 하는데 그게 어려운가 봐. 공교육 현장에서 글쓰기 지도하시는 선생님들은 다른 생각을 하고 계시더라. 마침 유명한 선생님이 강연회에서 하신 말씀이 있어. 그대로 인용할까 해.

글쓰기는 '강제'가 필요한 일이라고 확신하고 있다. 자고自古로 "마감에 쫓기지 않는 명작은 없다"고 하지 않았던가! 제아무리 명문장가라고 해도 글의 마감이 없으면 한없이 늘어지곤 한다. 학생에게 글쓰기를 강제할 수 있는 방안을 생각해 보자. 의외로 길은 주변에 있다. 학교 수행 과제 중 많은 부분은 '조사하기'와 '쓰기'로 되어 있다. 베끼지 말고 성실하게 해보라. 좋은 성적과 함께 글쓰기 실력도 같이 얻을 수 있다. 학교 논술 방과 후 프로그램처럼 글쓰기 과제가 있는 강좌를 수강하는 방법도 좋겠다.

—안광복, 중동고 철학 교사

쌤   이분 말씀은 아무리 글을 잘 쓰는 명문장가일지라도 항상 어
느 정도의 강제가 필요하다는 이야기야. 이 말은 쌤도 100%
동의해. 앞에서 쌤이 아는 걸 글로 표현하는 능력은 전문가가
라고 다 갖춘 게 아니라고 했잖아? 그 능력이 가장 뛰어난 사
람들은 기자야. 마감이라는 스트레스가 기자의 글쓰기 능력
을 키웠다고 생각해. 너희들의 경우에는 글 쓸 시간도 부족하
고 요령도 부족하고 무엇보다도 글 쓰고 싶은 의지가 빈약하
잖아? 그래서 너희들을 위해서 글쓰기는 어느 정도 강제될
필요가 있어. 오늘은 이 정도로 수업을 마치자. 다음 시간에
보자.

23

논증적인 글쓰기는
다른 글쓰기와 어떻게 다른가요?

쌤   오늘은 논증적 글쓰기가 뭔지 알아보자. 논리적인 사람, 혹은
           논증적인 사람은 어떤 사람을 가리키는 것 같니?

학생A   똑똑한 사람이요.

학생B   말 잘 하는 사람이요.

학생C   남을 잘 설득하는 사람 아닐까요?

쌤   말 잘 하고 똑똑하고 설득을 잘 하는 사람이라. 쌤은 생각나
           는 사람이 있네.

학생D   누군데요.

쌤   록 가수 신해철이야. 너희들도 잘 알지?

TV 토론 프로그램이나
토크 쇼에 잘 나오잖아요?
말 잘 하고 똑똑해 보여요.

쌤 그 사람 전공이 철학이었어. 철학 전공한 가수는 보기 드물
지? 철학 하는 사람들이 책을 많이 읽잖아? 그래서 자기주장
이 확실하고 주장에 대해서 근거를 대는 방식에 익숙한 편이
지. 논증하면 워낙 지루하고 졸려 하니까 쌤이 오늘 가수인
신해철 이야기로 풀어 볼게. 신해철이 지난 3월에 TV 프로그
램에 나와서 한 발언이 있어. 물론 TV에서는 길게 이야기했
는데 어느 기자가 신해철이 그날 발언한 내용을 줄인 거야.
한번 들어 볼래.

원래 개를 이용해 사냥하는 나라에서 개를 기른다.
개를 사냥에 활용하지 못하는 나라는 개를 먹는다. 전
세계에서 문제가 되는 것은 개고기를 먹는 게 아니라
소고기다. 잘사는 나라 사람들이 소고기를 과도하게 먹는
데, 그러려면 엄청난 양의 풀을 길러야 한다. 그리고 남은 소를
다시 사료로 써서 같은 종족을 먹은 소가 광우병에 걸리게 된다.
그러니까 선진국 사람들이 소를 조금 덜 먹으면 굶주린 제3 세계
인을 먹여 살릴 수 있다. 소고기가 개고기보다 더 잔인한 것이다.

쌤　철학을 전공하고 그중에서 논리학에 관심이 많은 로커 신해
　　철이라면 공식석상에서는 논증적으로 말을 하려고 할 거야.
　　한번 우리 이 글의 논증을 파헤쳐 볼까?

학생A 어떻게 파헤쳐야 하나요?

쌤　방법은 간단해. 글의 구조를 분석하는 거야. 전제와 결론
　　을 나눠 보는 거지. 전제라는 것은 조건과 비슷한
　　말인데 어떤 상황에서 무슨 이야기를 꺼내기 전
　　에 모두가 인정하는 명제를 뜻해. 예를 들어 형에게
　　대드는 동생에게 엄마가 "그게 무슨 말버릇이니?"라고 혼을
　　낸다면 엄마는 나이가 적은 동생은 형에게 공손해야 한다는
　　전제를 갖고 그 말을 한 거라고 할 수 있지. 그런 전제를 갖고
　　있으니 형에게 대들어서는 안 된다는 결론이 나오는 거야. 신
　　해철의 발언을 전제와 결론으로 나눠 볼 사람? 전제와 결론
　　사이는 '따라서' 내지는 '그러므로'로 이어지는 거야.

학생B 전제는 "소를 기르기 위해 많은 양의 풀을 길러야 한다"이
　　고, 결론은 "따라서 소고기가 개고기보다 더 잔인하다"가 아
　　닐까요?

쌤　"소고기를 먹는 것보다 개고기를 먹는 것이 더 잔인한 것이
　　다"로 바꿔야겠지. '따라서'와 '그러므로'를 찾으면 어렵지
　　않게 찾을 수 있을 거야. 이 경우에는 중간에 하나가 더 있어.
　　흔히 삼단논법이라고 하지. 뭔지 아니?

학생C "모든 사람은 죽는다, 소크라테스는 사람이다. 따라서 소크라테스는 죽는다" 아닌가요?

쌤 맞아. 그럼 "소를 기르기 위해 많은 양의 풀을 길러야 한다"와 "따라서 소고기가 개고기보다 더 잔인하다" 사이에는 뭐가 빠져 있을까?

학생D 풀 때문에 제3 세계 사람들이 굶주린다는 말 같은데요?

쌤 맞았어. 전 세계 인간은 60억, 소는 8억 마리라고 해. 소가 사람보다 20배를 더 먹는데, 따라서 소를 키우기 위해서는 인간이 사는 지역의 7배 이상이 필요한 거지. 소가 풀을 뜯을 자리를 만들기 위해 그곳을 생활 터전으로 살고 있는 제3 세계 주민들이 쫓겨난다는 거야. 결국 서양 사람들이 소고기를 줄인다면 제3 세계 주민들이 덜 고통스럽다는 신해철의 주장은 어때? 근거가 있어 보이니?

학생A 근거가 있어 보여요.

쌤 주장이 말이 되는 이유가 근거가 타당하기 때문이지. 이게 바로 논증적인 거야. 원래 논증적인 말인데 그걸 줄이다 보니까 조금 비약이 생겨서 논증의 참맛을 맛보기 어려워지기는 했어. 신해철의 주장을 논리적으로 분석해 보면 다음과 같을 거야.

첫째, 선진국에서는 소를 즐겨 먹는데 그러기 위해서는 많은 목초지가 필요하다.

둘째, 그 과정에서 후진국 주민들이 목초지에서 쫓겨나는 일이 발생한다.

셋째, 따라서 소고기를 먹는 것이 개고기를 먹는 것보다 잔인한 일이다.

학생B 쌤, 한 가지 이상한 게 있어요. 소고기를 먹는 게 잔인한 건 맞는데 위 논증에서는 소고기를 먹는 게 개고기를 먹는 것보다 더 잔인하다고 했잖아요? 위 논증에서는 그 근거가 없잖아요?

쌤 지금부터 그 이야기를 하려고 해. 신해철의 발언은 이중 전제를 깔고 있어. 어디에 있냐면 첫 문장에 있지. "원래 개를 이용해 사냥하는 나라에서 개를 기른다. 개를 사냥에 활용하지 못하는 나라는 개를 먹는다."

학생C 개고기를 먹는 우리나라를 변호하는 것 같은데요.

쌤 맞아. 우리나라는 농경 국가로서 개를 사냥에 쓸 일이 없으니까 개를 식용으로 먹었다는 거야. 그런데 이게 논증에서 전제는 아냐. 신해철이 본격적으로 하고 싶었던 말은 다음 문장이야. 한번 읽어 볼래.

학생D "전 세계에서 문제가 되는 것은 개고기를 먹는 게 아니라 소고기다."

쌤 그래, 바로 그거야. 개고기를 먹는 나라는 극히 소수고 소고기를 먹는 나라가 다수라는 거지. 사람에게 주는 피해라는 관점에서는 소고기가 개고기보다 훨씬 더 잔인하다는 거야. 논증적인 사람은 결론을 받아들이라고 강요하지 않아. 전제에 일단 동의를 하게 한 다음에 결론도 따라서 동의하게 만드는 거야. 이제 감이 좀 잡히니?

학생A 무작정 결론을 들이밀지 말고 상황이 이렇고 저러니 이렇게 해야 하지 않겠느냐라고 써야 한다는 말씀이시지요?

쌤 내 말을 잘 정리했어. 그게 바로 논증적인 글이야.

학생B 쌤! 논증적인 글은 전제와 결론으로 나눌 수 있고 전제와 결론이 긴밀하게 연결됨으로써 사람을 설득시키는 글이라고 하셨잖아요? 그런데 논술 시험에서는 논증적인 글 이상으로 생각이 드러나도록 써야 하잖아요? 그 글은 어떻게 쓰면 되나요?

쌤 좋은 질문이다. '생각이 드러나지 않는 글이 이 세상에 어디에 있겠느냐'마는 논술문은 유독 생각을 좋아하는 것 같아. 좋은 논술문은 자신의 생각이 잘 드러난 글이라고 하잖아? 생각은 책을 통해 도출할 수도 있고 경험을 통해서 끄집어낼 수도 있어. 이때 생각은 의견이나 견해라고 할 수 있어. 쌤이 보기에는 논술문에서 생각이라 함은 의견 + 근거라고 할 수 있어. 내 생각이 뭔지를 정하면 그후에는 자신의 생각을 교수님들에게 설득시킬 수 있는 방법, 즉 근거를 찾아야 하는데 그 과정까지 다 생각이라고 할 수 있지. 의견과 근거를 동시에 생각하는 과정을 사유라고 할 거야.

학생C   '사유' 하면 너무 무거워지네요. 어떻게 하면 좋을까요?

쌤   가장 좋은 방법은 쟁점을 생각해 보는 거야. 그 문제에 관해서 뭐가 문제인지 고민해 보는 거지. 몇 가지 방법들이 있는데 너희들 "나는 생각한다, 고로 존재한다"는 말 알지?

데카르트가 한 말 아닌가요?

쌤   데카르트가 《방법 서설》이라는 책에서 한 말인데 그 책에 보면 이런 대목이 나와. 사유에는 네 가지 규칙이 있어. 첫 번째는 명증의 규칙이야. 내가 참인 것으로 분명하게 알지 못하는 것은 결코 참으로 받아들이지 말아야 하며, 추호의 의심도 없이 명석판명하게 나의 정신에 제시되는 것 외에는 나의 판단 속에 어떤 다른 것도 포함시키지 말아야 한다는 것이야. 두 번째는 분석으로, 검토 중인 어려운 문제들을 각각 할 수 있는 한 그리고 타당한 해답을 얻는 데 필요한 만큼 작은 부분으로 나누는 거지. 세 번째는 종합이야. 가장 쉬운 대상들로부터 시작해서 복잡한 대상에 대한 지식에 이르는 순서로 사유를 진행하는 것을 말해. 마지막으로 열거의 규칙인데 이는 아무것도 빠뜨린 것이 없다고 확신할 수 있을 만큼 완전하게 열거한 뒤에 검증을 거쳐야 한다는 거야. 사유는 명증 – 분석 – 종합 – 열거를 거친다는 거지.

학생D 조금 어렵네요. 설명만 들으면 알 것 같은데 막상 글 쓸 때는
별로 도움이 될 말 같지는 않고.

쌤 그래서 쌤이 지금 실제 고등학생이 쓴 글을 갖고 사유의 흐름
을 분석해 주려고 한다. 서울대 측이 2008년도 논술 모의고
사를 치르고 우수 답안으로 공개한 글이야. 한번 읽어 볼래.

[논제] 제시문 (다)에 나타난 견해 중 한 가지를 선택하여 조선 시대 개화기 직전의 상황에 대처할
방법을 제시하면서, 이에 대한 가능한 반론과 자신의 재반론을 제시할 것.

한 나라가 외세에 대처하는 방식은 크게 세 가지가 있다. 한 가지는 제시문 (다)에 나온 흥선대원군의
쇄국 정책과 같이 개방을 거부하는 것이 있다. 다른 하나는 제시문 (다)의 중국의 사례와 같이 외세는
받아들이되 그들의 물질문명만 받아들이는 방안이 있다. 마지막으로 제시문 (다)의 일본과 같이 외세
의 물질과 정신문명 모두를 받아들여 개화하는 방안이 있다. 이런 개화 정책의 결과는 일본의 급속한
근대화와 조선, 중국의 식민지화로 나타났다. 이는 당시 조선이 당면한 문제에 많은 시사점을 준다.
당시 조선은 개방 압력에 시달리고 있었다. 그러나 개방을 포기한 흥선대원군과 미진했던 온건 개화
파에 의해 근대화가 늦어지면서 일본의 식민지로 전락하였다. 이는 당시 조선의 대외 개방 정책이 실
패했으며 일본과 같은 적극적 개방 정책이 필요했음을 의미한다. 다시 말하자면 그 당시 조선은 물질
문명뿐만 아니라 정신적인 면까지 수용하여 근대화를 하루빨리 이뤘어야 했다는 것이다. 그 이유는
동도서기론을 주장한 온건 개화파를 보면 알 수 있다. 그들은 물질문명만 받아들이자고 주장했지만

결국 미진한 개방 정책을 실시하여 근대화에 실패하고 말았다.

여기서 정신문화까지 받아들이면 조선의 고유한 가치관과 미풍양속을 해칠 수 있다고 주장할 수도 있다. 그러나 정신문화를 수용하지 않고서는 물질문명을 수용하기는 불가능하다. 왜냐하면 모든 물질에는 각 나라의 생활양식이나 가치관이 포함되어 있기 때문이다. 그러므로 물질만 받아들이자는 주장은 사실상 불가능하다고 볼 수 있다. 또한 오늘날의 세계화를 비추어 볼 때 다른 나라의 생활양식이나 가치관 등이 유입되는 것은 어쩔 수 없는 사실이다. 따라서 새로 유입된 가치관과 전통적인 가치관을 조화시켜 얼마나 창조적으로 발전시키느냐가 세계화에서 성패를 좌우한다. 그 당시의 조선도 정신문화의 유입을 어쩔 수 없는 시대의 흐름으로 받아들이고 우리의 전통과 조화시키고 발전시켜야 한다. 그리하여 물질적으로 발전을 이루고 정신적으로도 한층 성숙해 지는 계기로 삼아야 한다.

쌤 어때 잘 쓴 것 같니? 고등학교 2학년 학생이 쓴 거라고 하더라. 서울대 평을 보면 제시문을 요약한 후 한 가지 견해를 채택한다는 것은 제시문의 내용을 완벽하게 이해하고, 각 견해를 분석할 능력이 있다는 것을 증명한다고 해. 쌤이 보기에도 첫 단락을 아주 잘 썼어. 서울대는 논증 능력을 높이 사고 있는데 그 근거는 두 번째 단락이야. 대원군과 온건 개화파의 노력이 실패로 돌아갔음을 지적하면서 그렇기 때문에 후쿠자와 유키치(일본의 개국을 주도한 인물, 우리나라로 치면 유길준에 해당한다)의 견해를 채용해 적극적인 개방 정책을 펴야 할 필요가 있었음을 역설한 거라네. 실제 역사는 반대였으니 결과론적인 해석이라는 비판을 받을 수 있지. 세 번째 단락이 학교 측에서 요구한 반론과 재반론의 과정이거든. "여기서 정신문화까지 받아들이면 조선의 고유한 가치관과 미풍양속을 해칠 수 있다고 주장할 수도 있다. 그러나 정신문화를 수용하지 않고서는 물질문명을 수용하기는 불가능하다"라는 부분 말이야. 데카르트의 사유의 규칙을 보면 명증한 것, 제시문 속에 나와 있고 누구나 다 아는 공인된 역사적 사실만 첫 단락에서 데이터로 활용하고 있지? 분석은 두 번째 단락에서 시도하고 있어. 당시 쇄국이냐 개방이냐의 기로에 섰던 조선을 물질적인 개방과 정신적인 개방으로 나눠 어떻게 대처했는지 쓰고 있어. 종합은 지금 상황과 그때 상황을 빗대어 그때도 이야기한 부분 "그 당시의 조선도 정신문화의 유입을 어쩔 수 없는 시대의 흐름으로 받아들이고 우리의 전통과 조화시키고 발전시켜야 한다"이겠지. 열거는 학교 측에서 원하는 내용을 원하는 순서대로 쓴 것을 뜻하고 빠진 게 없잖아? 쌤이 보기에는 생각이 잘 드러난 글, 아니 생각을 잘 읽을 수 있는 글이야.

학생A 결국 논증적이란 건 학교 측에서 원하는 대로 쓰는 거로군요. 이 친구는 정신적인 면까지 수용했어야 한다는 주장이 확실했고 그 근거들을 제시문 안팎을 누비며 다양하게 활용했다는 점이 인상적인 것 같아요. 상대 입장도 적절히 인정하고 반박하면서 말이지요.

쌤 논증적인 글쓰기란 내가 어떻게 상황을 보고 있는지가 드러나야 하고 "그렇게 보는 근거가 이렇고 저렇기 때문이다"라고 쓰면 되는 거야.

학생B 이제 논증적인 글이 뭔지 알겠어요. 정말 중요한 질문! 논증적인 글을 잘 쓰려면 어떻게 해야 하나요?

쌤 결국 너희들이 궁금한 건 그거 아니니? 어떻게 하면 내가 그걸 할 수 있느냐?

예.

쌤 추론을 잘 해야겠지. 추리라고도 하지. 둘 사이의 관계 파악하는 능력을 키우는 거야. 영국의 철학자 데이비드 흄은 추론을 크게 둘로 나누고 있어. ― 데카르트처럼 인간 이성을 강조하는 입장을 철학에서는 합리론이라고 불러. 반면 흄과 "아는 것이 힘이다"라고 말한 베이컨 등은 이성보다 경험을 강조하기 때문에 경험론이라고 한다. ― 논증적 추론과 사실 문제에 관한 추론이야. 논증적 추론은 주로 수학적 추론으로, 분석적 또는 동어 반복적 추론이라고도 해. 전제 속에 이미 결론이 있기 때문에 우리에게 새로운 지식을 주지 못하는 거지. 예를 들면 "삼각형의 각은 몇 개인가?" 같은 질문. 삼각형이라는 말 속에 답이 있잖아? 이건 수학 문제 푸는 데는 도움이 되지만 논술에서는 이런 논증을 사용할 일은 별로 없을 거야. 중요한 건 사실 문제에 관한 추론이야. 바로 여기에서 내가 따로따로 알고 있는 것들을 하나로 꿰는 종합 내지 통합이 필요한 거지. 그럼으로써 기존에 알고 있던 것으로부터 새로운 사실을 하나 얻게 되는 경험이지. 그런 것들이 쌓이면 추론 능력이 생긴다고 봐야 해. 연관성이 있는 것들이야 관계를 파악하는 게 어렵지는 않겠지. 하지만 연관이 없어 보이는 것도 '둘 사이에 무슨 관계가 있을까'라고 고민을 해봐. 그게 바로 논술을 하는 자세야. 새로운 관계를 찾은 뒤 사람들을 설득시킬 수 있다면 그게 바로 창의성이겠지. 남과 다른 추론에서 결국 창의성이 나온다면 그 선결 조건은 뭘까?

학생C 사람과 사물에 대한 관심 아닐까요?

쌤 맞아. 관심이야. 그런데 관심도 그 자체로 완전하지는 않아. 뭐가 선행돼야 해. 뭘까?

학생D 애정 아닐까요? 애정을 느껴야 관심이 생길 것 같아요.

쌤 쌤은 논술 시험의 바탕이 논증이라고 했잖아? 너무 논증만 강조하다 보면 글이 딱딱해지고 형식적이기 되기 쉬워. 그래서 논증 능력 외에 열정도 필요한 거야. 열정이 있어야 다른 사람이나 사물에 대해서 관심을 갖게 되잖아? 그래서 너희가 논술 공부하기 위해서 논술문만 써서는 안 되는 거야. 앞에서 인용한 안광복 선생님의 말씀을 여러분께 들려줄게.

저학년일수록 논증적 글쓰기보다는 감성적 쓰기에 더 중점을 두어야 한다고 제안하고 싶다. 감성이 풍부한 학생은 뜨거운 설득력을 지닌 글을 쓸 수 있지만, 논리만 발달한 아이는 모래사장에서 삽을 뜨듯 무미건조한 논증만을 펼 수 있을 뿐이다. 문학적 감수성이 있는 학생은 문장이 미려하고 논리 감수성도 뛰어나기 마련이다. 이 점에서 논술 지도에 앞서 감성과 철학적 깊이를 갖춘 다양한 글쓰기 훈련이 이루어져야 한다고 본다.

학생A   논증적 글쓰기를 잘 하려면 내 안에 죽어 있는 열정을 끄집어내라는 말씀이네요. 결국 논술은 삶의 태도와 연결이 되는군요.

쌤   그래서 쌤이 논술을 좋아하는 이유다. 나 자신을 변화시키는 힘이 있거든. 그것도 좋은 쪽으로의 변화 말이야.

24

신문 읽기가 논술에
정말 도움이 되나요?

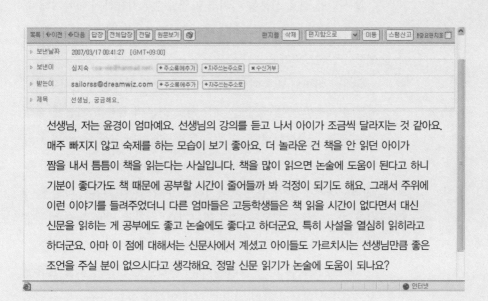

목록 ◆이전 ◆다음 답장 전체답장 전달 원문보기 🖨   편지들 삭제 편지함으로 ▼ 이동 스팸신고 !중요편지함☐
▷ 보낸날짜   2007/03/17 00:41:27 [GMT+09:00]
▷ 보낸이   심지숙 ▪▪▪▪▪@▪▪▪▪▪.com ◆주소록에추가 ◆자주쓰는주소로 ✖수신거부
▷ 받는이   sailorss@dreamwiz.com ◆주소록에추가 ◆자주쓰는주소로
▷ 제목   선생님, 궁금해요.

선생님, 저는 윤경이 엄마예요. 선생님의 강의를 듣고 나서 아이가 조금씩 달라지는 것 같아요.
매주 빠지지 않고 숙제를 하는 모습이 보기 좋아요. 더 놀라운 건 책을 안 읽던 아이가
짬을 내서 틈틈이 책을 읽는다는 사실입니다. 책을 많이 읽으면 논술에 도움이 된다고 하니
기분이 좋다가도 책 때문에 공부할 시간이 줄어들까 봐 걱정이 되기도 해요. 그래서 주위에
이런 이야기를 들려주었더니 다른 엄마들은 고등학생들은 책 읽을 시간이 없다면서 대신
신문을 읽히는 게 공부에도 좋고 논술에도 좋다고 하더군요. 특히 사설을 열심히 읽히라고
하더군요. 아마 이 점에 대해서는 신문사에서 계셨고 아이들도 가르치시는 선생님만큼 좋은
조언을 주실 분이 없으시다고 생각해요. 정말 신문 읽기가 논술에 도움이 되나요?

🖳   ● 인터넷

윤경 어머님께

시간과 분량의 제한, 적확한 주제 추출과 자료 분석, 설득력 있는 근거 제시……. 좋은 논술이 갖춰야 할 요건은 신문의 사설, 칼럼의 경우와 비슷하다.

한 신문에서 읽은 기사를 인용하면서 글을 시작할까 합니다. 윤경이 어머님 걱정 충분히 이해가 됩니다. '책 읽을 시간이 없으니 신문 읽기라도 열심히 해야 하는 것 아니냐?' 하는 말씀이시지요? 충분히 이해합니다. 어떻게 신문을 읽어야 할지에 대해서는 제가 수업 시간에 실제 신문을 가지고 학생들에게 자세하게 이야기해 줄 겁니다. 오늘은 정말 신문이 논술에 도움이 되는지에 대해서만 제 생각을 말씀드릴게요.

윤경이 어머님 말씀대로 논술 시험을 앞둔 학생들이 현실적으로 신문에 의존할 수밖에 없습니다. 저도 신문의 교육적 기능에 대해서는 충분히 공감합니다. 신문은 교과서에서는 다룰 수 없는 최신 지식을 다루고 있으며 교과서에서 배운 원리들을 실제로 적용할 수 있다는 점에서 살아 있는 교과서라고 부를 수 있습니다. 학원뿐 아니라 학교에서도 신문을 많이 권하지요. 실제로 많은 논술 학원들이 신문 기사를 모아 읽기 자료를 만들거나 신문 사설과 칼럼을 갖고 요약과 제목을 다는 훈련을 하는 방식으로 신문을 논술 교육에 적극적으로 활용하고 있습니다. 전에 입시를 앞둔 고등학생을 위해 주요 일간지의 한 주일치 기사를 분석해 주는 NIE Newspaper In

Education(신문 활용 교육) 전문 잡지가 있었어요. 신문은 읽는 것 이상으로 고르는 것이 중요합니다. 기사 선택이 NIE에서 가장 중요한데 중요한 것을 다 골라 주고 나면 학생들이 수동적으로 정보를 받아들일 뿐 문제의식에서 무슨 진전이 있겠습니까? 독서에서도 능동적인 책 읽기가 필요하듯 NIE도 능동적인 읽기가 중요하답니다. 제가 원칙과 요령을 알려주면 어떤 기사를 어떻게 활용할지는 학생 본인이 결정해야겠지요.

하지만 신문이 별로 도움이 되지 않는다고 생각하는 사람들도 있습니다. 특히 사설이 그렇습니다. 어떤 논술 전문가들은 사설 읽기가 반면교사일 뿐이라고 합니다. 그렇게 써야 하는 게 아니라 그렇게 써서는 안 된다는 뜻으로 읽어야 한다는 것이지요. 저 역시 어느 정도 동의를 합니다. 사설은 시각을 틔워 준다기보다는 세뇌 혹은 강요를 목적으로 하는 글이라고 볼 수 있습니다. 사설은 글 쓰는 목적이 뚜렷한 글입니다. 어떤 이슈에 대한 신문사의 공식 입장을 천명하는 글입니다. 신문사는 정보를 파는 대신 여론을 독자로부터 얻어서 연명하는 집단입니다. 이 점은 진보나 보수나 똑같아요. 여론을 자신들의 뜻대로 움직이지 못하면 더 이상 신문사가 아니라 정보 제공 업체로 전락해 버리는 것이지요. 그걸 힘이나 영향력이라는 말로 표현하기도 합니다. 어떤 이슈에 대해서 신문사의 논조가 정해지면 그걸 당연히 많이 알릴 필요가 있겠지요. 저는 여론을 언론의 타고난 욕망이라고 생각합니다. 여론을 자기들의 뜻대로 주도하는 것은 진보든 보수든 모든 언론사들의 타고난 욕망이니까요. 여론을 형성하기 위한 글이라는 목적이 앞서다 보니 사설만큼은 회사의 입장을 관철시키기 위해서 어떤 수단을 다 써도 좋다는 생각을 갖고 있습니다. 기사는 객관적으로 쓰려고 하지만 사설은 그렇지 않은 경우가 많은 것이지요. 그러다 보니 자사에 유리한 쪽으로 상황을 해석하고 데이터도 유리한 것들만 인용하기 쉽습니다. 사물에는 양면이 있기 마련인데 자기가 보고 싶은 면만 보는 겁니다. 그래서 많은 이들이 신문 사설은 목소리는 큰 반면 논거가 부실하다고 지적들을 합니다. 그 이유는 마감 시간 때문에 시간적으로 쫓기면서 쓰다 보니 좋은 논거들을 찾기 어려운 측면도 있습니다. 논술에서도 마감 시간이 있습니다. 때로는 사설처럼 확신을 갖고 써야 합니다. 그런 면에서는 사설과 논술 시험이 비슷합니다. 하지만 그 과정에서는 사설과 논술문이 다릅니다. 논술 시험에서는 좀 더 유연한 자세가 필요하다는 것이지요. 자신의 주장을 피력하기 위해 쟁점이 되는 사안의 긍정적인 면과 부정적인 면을 동시에 보고 때로는 상대 주장도 인정하고 받아들일 필요도 있습니다. 항상 배우는 학생이니까 겸손할 필요도 있습니다. 자신의 주장에 오류가 있을 수도 있다는 자세를 견지해야 합니다. 그런데 신문 사설처럼 썼다가는 학생이 지나치게 계도적이고, 심하게 말하면 건방지다는 인상을 줄 수도 있습니다. 그런 점을 경계해야겠지요.

또 한 가지 사설의 문제점은 사설에서는 개인과 사회의 관계에서 주로 사회 편을 들 수밖에 없다는 점입니다. 항상 개인과 사회의 관계가 갈등 관계인 것은 아니지만 논술 시험은 개인과 사회가 치열하게 맞닥뜨리는 현장을 묻습니다. 여기서 사설과 논술문의 입장은 병치가 아니라 대치를 합니다. 사설은 '나'라는 관점에서 세상을 보기보다는 '우리'라는 관점에서 세상을 주로 본다는 것이지요. 하지만 대입 논술 시험에서는 사회 못지않게 나, 개인도 중요합니다. 개인의 가치관이나 삶의 태도를 묻는 질문도 많고 사회적인 이슈도 그것을 어떻게 자기화하고, 자신의 문제로 받아들이고 해결책을 제시할 수 있는지를 묻는 경우가 많습니다. 그런데 사설에서는 이 대목이 빠져 있습니다. 항상 화자가 '나'가 아닌 '우리'이기 때문에 어쩔 수 없이 발생하는 문제이지요. 쓰다 보니 장점보다 단점을 많이 적었네요. 하지만 이런 단점들이 있지만 사설을 읽음으로써 우리 사회에서 첨예한 이슈가 무엇인지를 매일매일 갈무리할 수 있다는 점은 큰 장점이라고 생각합니다.

　제 개인적으로는 사설 단독보다는 사설과 칼럼 혹은 시론의 패키지를 권해 드리고 싶습니다. 저는 글쓴이의 개인적 색깔이 물씬 풍기는 칼럼 읽기를 즐깁니다만 순수하게 논술에 도움이 되는 측면만을 따진다면 칼럼보다 시론이 더 적절할지 모르겠습니다. 시론은 쟁점에 대해 전문가의 의견을 엿볼 수 있어 배경 지식 쌓기에도 도움이 될뿐더러 설득력을 갖춘 논증 구조를 글 속에서 파악하는 데도 도움이 되기 때문입니다. 학교 측에서 발표한 모범 답안을 보면

★★★★★

제 개인적으로는 사설 단독보다는 사설과 칼럼 혹은 시론의 패키지를 권해 드리고 싶습니다. 저는 글쓴이의 개인적 색깔이 물씬 풍기는 칼럼 읽기를 즐깁니다만 순수하게 논술에 도움이 되는 측면만을 따진다면 칼럼보다 시론이 더 적절할지 모르겠습니다.

그 패턴이 사설이나 칼럼보다는 시론에 가깝습니다. 칼럼은 교수 외에도 소설가나 대중적인 지식인들이 주로 쓰지만 시론은 대부분 그 분야 전문가인 교수가 집필하기 때문에 그런 차이가 발생하는 게 아닌가 싶습니다.

시론 역시 어느 정도 신문사의 입장이란 것을 무시할 수 없으니 한 신문사의 시론만 계속해서 읽다 보면 자연스럽게 그 신문사의 생각과 비슷해지겠지요. 그 관계가 상호적이지 않고 일방적이기 때문에 길들여진다는 표현이 더 적합할 겁니다. 그래서 저는 특정 사안에 대해서 입장을 정하기 전에 반드시 대립되는 의견을 보여 주는 두 신문사의 시론을 함께 읽습니다. 가장 좋은 방법은 〈한겨레〉와 〈조선일보〉를 열심히 읽는 것이지요. 때로는 〈한겨레〉의 손을 들어 주기도 하고 때로는 〈조선일보〉의 손을 들어 주기도 합니다. 그 관점의 차이는 현실주의 혹은 실용주의와 이상주의의 차이라고 볼 수 있습니다. 저는 〈조선일보〉 기자 출신이고 실용주의자를 자처하고 있지만 세상을 심층적으로 바라보며 생각을 키우는 데 도움을 준다는 느낌은 오히려 〈한겨레〉 칼럼에서 더 많이 받습니다. 자신의 생각이 드러나야 하는 논술에서는 현실을 그대로 받아들이기보다는 어느 정도 비판적인 사고가 필요하지요. 우리 사회에서 주류를 형성하고 있는 것들에 대한 비판적인 시각을 갖고 있는 〈한겨레〉 사설이 학생들의 비판적인 사고를 형성하는 데 도움이 된다고 생각합니다. '〈한겨레〉를 읽고 내 아이가 운동권이 되면 어떻게 하나' 같은 걱정은 하지 않으셔도 됩니다. 20대 이상주의자가 아니거나 40대 보수주의자가 아니면 바보라는 이야기가 있듯 젊은 시절 잠깐 동안 이상주의를 꿈꾸었다가도 나이 들면 누구나 다 보수주의자가 되는 법이니까요. 지극히 현실주의적인 삶을 살지라도 논술 공부할 때만이라도 이상주의에 대한 포용을 갖고 살았으면 하는 게 제 바람입니다. 하지만 요즘 추세를 보면 꼭 그런 것도 아닌 모양입니다. 젊은 사람들이 많이 이용하는 포털 사이트 게시판을 보면 이제는 이상주의가 소수가 아니라 절대 소수로 몰리고 있다는 느낌이 들 정도니까요.

그러면 〈한겨레〉적인 세계관과 〈조선일보〉적인 세계관은 어떻게 다를까요? 아마 윤경이 어머님과 윤경이를 포함한 많은 학생들이 궁금증을 느끼는 대목일 겁니다. 그래서 그 시각이 어떻게 다른지 극명하게 보여 주는 두 시론을 갖고 이야기를 해드릴게요. 생명 복제에 관한 시론입니다. 황우석 교수의 연구가 사기라는 것이 판명됐기 때문에 두 시론을 객관적으로 비교하는 것은 불공정하다고 반론을 제기할 수 있습니다. 누군가 그렇게 지적한다면 저는 동의합니다. 그래서 〈한겨레〉의 칼럼이 맞고 〈조선일보〉의 칼럼이 틀리다는 옳고 그름의 문제가 아니라 세상을 보는 관점이 이렇게 다르다는 데에 초점을 맞추시고 제가 링크를 걸어 드린 기사를 읽어 보세요.

사례 1은 〈조선일보〉의 시론입니다. 〈조선일보〉는 "바이오 문명의 중심이 되려면"이라는 제목의 칼럼에서 '바이오의 표준을 우리가 장악해야 한다'는 취지로 경제적인 측면에 초점을 맞추고 있습니다. 대개 〈조선일보〉는 어떤 이슈에 대해서 경제성, 실용성에 먼저 주목합니다. 그러다 보니 부작용이나 문제점은 잘 보지 못하는 측면이 있습니다. 실수를 할 때가 많습니다. 이 글도 사실 그런 실수를 했지요. 이 글은 상당히 많은 비유를 들고 있고 수식어도 많습니다. 레토릭이 뛰어난 글입니다. 전체 논제는 "표준을 장악하는

<조선일보>, 2005. 6. 8일자

金明蕘
연세대 정치외교학과 교수

"
황우석교수 연구 성과
과학 넘어 문명 바꿀 것
명·죽음 등 새 표준 설정
한국이 역시 주도해야
"

바이오문명의 중심이 되려면

황우석 교수팀의 연구 성과는 '영국의 산업혁명'에 비유된다. 근대과학혁명, 산업혁명에 이어 바이오혁명이 시작되었고, 그 중심지로 한국이 부상하고 있는 듯하다. 과학자가 줄기세포 이식을 통해 장애인을 일으켜 세워주는 모습은 마치 이적(異蹟)을 행하는 예수처럼 폭발적인 매력을 지닌다. 그러나 단지 예수가 행한 이적만으로 기독교가 서구문명의 보편적 표준으로 자리잡은 것은 아니다. 바울로 대표되는 정전(正典·canon)이 뒷받침되었다. 마찬가지로 바이오혁명의 지속은 바이오문명의 표준수립을 통해 뒷받침되어야 한다.

코페르니쿠스와 갈릴레이 등이 선도했던 유럽의 과학혁명이 뉴턴으로까지 이어질 수 있었던 것은 데카르트와 흄스 등으로 대표되는 보편을 향한 끊임없는 사유가 뒷받침되었기 때문이다. 마찬가지로 증기기관의 발명에 기초한 산업혁명만으로 영국이 새로운 문명의 중심이 된 것은 아니다. 그 배후에는 애덤 스미스가 있었다. 증기처럼 분출하는 인간의 이기심도 결국 '보이지 않는 손'의 원리에 따라 공익(公益)에 기여할 것이라는 믿음이 있었다. 정작 '보이지 않는 손'의 무능함이 드러났을 때는 마르크스주의적인 대안도 모색되었다. 이처럼 끊임없는 보편화의 노력이 영국의 표준을 만들어냈다. 그리고 한때

는 영국이 인류의 시원지(始原地)라고까지 우겨볼 수도 있었다. 그 증거로 전시된 인류의 화석이 인골(人骨)과 유인원(類人猿)의 뼈를 합성한 것이었음이 나중에 밝혀졌지만.

21세기의 초입에서 대한민국은 바이오혁명의 새로운 불꽃을 댕겼다. 앞으로 이 혁명이 몰고 올 충격은 인류사에 기록될 것이며 어떤 전쟁과 혁명의 충격보다 클지도 모른다. 인류사의 6대 전쟁 중 하나였던 6·25전쟁은 어떤 이념이 한반도(韓半島)를 인도할 것인가를 놓고 싸운 전쟁이었다. 유럽의 30년 종교전쟁은 어떤 길이 내세(來世)로 인도하는 길인지를 놓고 벌인 전쟁이었다. 내세를 믿는 인간들이 벌이는 현세에서의 '성전(聖戰)'이 얼마나 치열한 것인지는 9·11사건과 이라크전쟁에서도 잘 나타난다.

이제 바이오혁명을 통한 인위적인 현세 연장의 가능성은 새로운 갈등을 예고한다. 종교인들과 비종교인들 사이에서 생명윤리를 보는 시각의 차이로 인해 이러한 갈등은 이미 시작되었다. 오랜 계급투쟁의 역사는 전혀 새로운 차원으로 발전한다. 더 이상 죽음 앞에 숙연해지는 부자(富者)의 겸손함도, 죽음을 생각하며 위로받는 빈자(貧者)의 초연함도 기대하기 어려워질지도 모른다.

이것이 미국의 부시행정부나 한국의 민주노동

당이 아구동성으로 황우석 교수의 연구가 빚어낼 부작용을 우려하는 배경일 것이다. 황우석 교수의 연구 결과에 대한 안팎의 도전에 맞서 섣부른 민족주의나 천박한 강대주의로 대한민국이 공구는 바이오혁명의 대열을 보호할 수 없다. 대한민국이 먼저 결자해지(結者解之) 아니 해자결지(解者結之)의 정신을 발휘할 때다.

이제 한국은 생명공학이 인류의 광기와 결합할 수 있는 위험성을 차단하기 위한 국제적 의제 설정에 적극 나서야 한다. 기술적 우위에 있는 한국이 이러한 의제 설정을 주도할 때, 세계인들은 전제와 시샘을 넘어 대한민국을 새롭게 경외하게 될 것이다. 과거 뇌사 판정 사례에서처럼 수십 년 동안 선진국들이 고민한 결실들을 가져다 쓰기만 하겠다는 미성숙성은 벗어버리자. 이제 판도라의 상자를 연 대한민국이 먼저 그 뚜껑을 여닫을 수 있는 보편적 표준의 창출을 위해 겨자씨만한 성의라도 보태야 한다. 연구의 발전을 위한 국가적 지원은 당연하지만, 자본의 지원 양상과는 격을 달리 해야 한다. 국내적 차원에서든, 국제적 차원에서는 새로운 나눔의 규범(Nomos)을 고민하는 장을 함께 만들어야 한다. 그것이 오히려 제2, 제3의 황우석 교수가 나올 수 있는 사회적 기초를 마련하고, 바이오문명의 진정한 중심이 되는 길이다.

사례 1

자가 시장을 장악한다. 우리가 바이오 문명의 표준을 장악하기 위해서는 제2, 제3의 황우석 교수를 만들어 내야 한다"는 논리입니다. 경제주의와 민족주의의 결합이라고 할까요? 우리 국민의 일반적인 정서를 드러내고 있지요. 〈조선일보〉는 그 시점에서 우리 국민의 표준 정서에 가장 가까운 글을 씁니다. 두 번째 사례로 인용한 〈한겨레〉 칼럼도 비슷한 시기에 쓰였습니다. "배아의 사회학"이라는 칼럼에서 '배아는 인간이든 아니든 그 자체로 존중받을 가치가 있다'면서 이 논쟁이 갖고 있는 이분법적인 태도에 대해서 비판하

〈한겨레〉, 2005. 6. 28일자

세상 읽기

김환석
국민대 교수·과학사회학

배아의 사회학

배아가 줄기세포 논쟁을 통해 정치적 의제로 떠올랐다. 배아란 원래 아직 태아로 성장하기 전인 8주 이내의 수정란을 뜻하는 말이었으나, 체세포핵 이식을 통한 복제배아가 나타난 후 수정이 아니어도 배아는 창출된다는 사실이 처음 알려지게 되었다. 국내는 물론 전세계적으로 윤리적 논쟁의 대상이 되고 있는 배아 줄기세포는 시험관 수정 후 냉동보관된 배아를 사용해 만들거나 황우석 교수의 연구에서처럼 복제 배아를 이용해 만들어진다.

줄기세포는 수정 또는 복제 후 14일 이내의 초기 배아에서 추출하는데, 이에 대해 배아 줄기세포 찬성 과학자들은 '원시선' 등 인간 개체의 특징이 나타나기 이전이므로 단순한 세포 덩어리로 봐야 한다고 주장한다. 이에 반해 종교계에서는 지난번 정진석 대주교의 성명에서 보듯이 배아 줄기세포 연구는 "일종의 살인"과도 같은 인간배아 파괴를 전제로 하기 때문"에 반대하는 태도를 취한다. 이미 지난 3월

말 기독교 계통의 생명윤리운동협의회에서는 배아 줄기세포 연구를 허용한 '생명윤리 및 안전에 관한 법률'에 대해 인간존엄성 침해와 배아의 생명권 박탈 등을 이유로 헌법소원을 제기해 판결을 기다리는 중이다.

결국 배아 줄기세포에 관한 생명윤리 논쟁은 배아를 인간으로 볼 것이냐 아니냐의 핵심적 쟁점으로 집약된다고 할 수 있다. 문제는 배아가 인간으로 발전할 모든 잠재력을 지녔지만 동시에 아직 세포 덩어리로 볼 수 있는 모호한 특성을 지닌 존재라는 점에 있다. 그러므로 배아는 그것을 바라보는 이의 관점과 목적에 따라서 인간으로도 세포 덩어리로도 간주될 여지가 있으며, 이 때문에 배아의 지위에 대한 논쟁은 쉽사리 끝나지 않을 것으로 보인다.

나는 배아의 지위를 둘러싼 이러한 대립이야말로 주체와 객체, 인간과 비인간, 사회와 자연이라는 이분법을 통해 세계를 인식하고자 했던 근대주의적 사고방식을 잘 보여주는 사례라고 생각한다. 근대주의는 세계 안의 모든 복잡한 존재들을 이렇게 큰 두 가지 범주로 나누어 놓고, 그 한편(즉 주체, 인간, 사회)에만 존엄성을, 나머지 한편(객체, 비인간, 자연)에는 아무 존엄성도 부여하지 않는 비대칭적인 윤리를 내포하고 있다. 이 면에서 배아 줄기세

포 논쟁의 두 당사자인 과학계와 종교계는 서로 평행선을 달리며 대립하는 것 같지만, 사실은 근대주의적 인식을 공유하고 있다는 점이 흔히 간과된다.

유명한 과학사회학자인 브뤼노 라투르는 근대주의에서는 '인간'으로 인정되면 모든 권리가 부여되어 정치나 윤리의 영역이 되고, '비인간' 사물로 규정되면 모든 권리가 박탈되어 과학의 독점영역으로 간주된다고 지적한다. 우리 근대인은 '인간' 외의 존재에 대해 어떤 존중을 해야 할지 한번도 논의한 적이 없으며, 현대의 정치에는 인간의 대표만 있지 다양한 사물의 대표는 없다는 점을 개탄하면서 그는 사물까지 포함하는 확장된 민주주의를 주장한다.

만일 배아를 '인간'이라 분류하면 존엄성이 부여되고 '비인간'이라 분류하면 아무 존중도 받을 가치가 없는 존재로 취급해야 하는 것일까? 배아는 '인간'이 아니면 모두 '비인간'으로 간주하는 근대주의적 이분법과 비대칭적 윤리의 한계를 드러내는 좋은 사례다. 이번 헌법소원은 근본적으로 이런 이분법적 인식에 기반한 근대주의적 헌법에 비근대적 존재인 배아의 지위에 대한 판결을 호소하는 역설을 내포한다. 인간이든 비인간이든 배아는 그 자체로서 존중받을 가치가 있다.

사례 2

고 있습니다. 2005년의 상황을 자세하게 설명해 드리지요.

당시에는 '생명 윤리냐, 생명 복제냐'라는 쟁점을 갖고 우리 사회 여론이 크게 흔들리던 시기였습니다. 흔들렸다기보다는 다수가 경제적 잠재력에 도취됐고 일부는 경제적 효과만 보지 말고 생명 윤리에도 신경을 쓰자면서 이런 도취된 분위기에 우려를 나타냈지요. 결과적으로는 전자가 틀렸고 후자가 맞은 것으로 드러났지만 5년 뒤, 10년 뒤에는 어떻게 바뀔지 모릅니다. 〈한겨레〉 칼럼은 황우석 교수의 줄기 세포 연구에 광분한 쪽뿐 아니라 생명 윤리를 주장하는 쪽에 대한 비판도 포함돼 있습니다. 윤리적인 문제에 관심을 갖자는 주장에도 데카르트 이후 서양 철학의 기반이 되어 온 인간 중심주의라는 철학이 근저에 깔려 있다는 것이지요. 이 시론을 쓰신 분은 근대성의 극복이라는 좀 더 본원적인 문제를 끌어내고 있습니다. 논술에서는 시사적인 논제라고 하더라도 그 내용에 대해 구체적으로 언급하는 것보다는 그 사안 뒤에 숨겨진 좀 더 본원적인 문제를 끄집어내 그에 대한 자신의 의견을 개진하는 방법이 통합니다. 일종의 모험하기 전략인데 남들과는 다른 참신한 시각이 상위권 대학으로 갈수록 통하기 때문에 상위권 대학 지망생들은 반드시 익혀야 할 필살기입니다. '이렇게 볼 수도 있겠구나, 이런 시각도 가능하겠다'라는 인상을 채점관에게 준다면 설사 모범 답안의 범위 바깥에 있더라도 좋은 평가를 받을 수 있을 겁니다. 하지만 많은 학생들이 그 정도 글을 자신 있게 쓰지는 못하겠지요.

지금은 상황이 180도 달라졌지만 당시 이 논제가 대입 논술 시험에서 나왔다면 가장 많은 학생들이 〈조선일보〉 시론 스타일로 글을 썼을 겁니다. 당시 분위기로선 황우석 교수와 그 업적에 도취된 글을 쓰기 쉬웠겠지요. 그다음 많은 학생들이 아마 윤리적인 문제를 들고 나오면서 신중론을 펼 것입니다. 가장 적은 부류의 학생이 〈한겨레〉처럼 그 논쟁 뒤에 숨어 있는 진실, 대중이 놓치고 있는 포인트에 대해서 쓰겠지요. 일단 다수를 따르는 게 논술 시험에서는 불리하다고 한다면 적어도 이 이슈에 대해서는 〈한겨레〉 시론이 학생들에게 더 도움이 되었을 겁니다. 하지만 앞에서도 말씀드렸듯 어디까지나 케이스 바이 케이스라는 걸 잊지 마세요.

그리고 마지막으로 말씀드리고 싶은 것은 자기 생각과 같은 사람보다는 반대편에 선 사람들의 글을 많이 읽어야 한다는 점입니다. 흔히 학생들은 내가 어떤 주장을 갖고 있으면 나와 비슷한 사람의 글만 읽으려는 경향이 있습니다. 그런데 논술 시험은 자기주장만이 중요한 게 아닙니다. 논술은 어떻게 보면 학생과 교수와의 대화라고 할 수 있습니다. 그러기 위해서는 내가 꽉 막힌 사람이 아니라 소통하려고 하는 의지를 갖고 있는 사람이라는 점을 채점관들에게 보여 줘야 합니다. 채점하시는 교수님은 나와 생각이 같을 수도 있고, 다를 수도 있습니다. 생각이 다른 분을 설득시키기 위해서는 내 생각만 일방적으로 정리하는 게 아니라 반대편의 입장도 소개하고 긍정할 부분은 인정해 주고 비판할 부분은 비판하는 글이 좋겠

★★★★★

자기 생각과 같은 사람보다는 반대편에 선 사람들의 글을 많이 읽어야 한다는 점입니다. 흔히 학생들은 내가 어떤 주장을 갖고 있으면 나와 비슷한 사람의 글만 읽으려는 경향이 있습니다. 그런데 논술 시험은 자기주장만이 중요한 게 아닙니다. 논술은 어떻게 보면 학생과 교수와의 대화라고 할 수 있습니다. 그러기 위해서는 내가 꽉 막힌 사람이 아니라 소통하려고 하는 의지를 갖고 있는 사람이라는 점을 채점관들에게 보여줘야 합니다.

지요. 그러기 위해서는 그들이 무엇을 주장하고 어떻게 주장하는지 알아야겠지요. 상대를 이해하려고 노력하는 과정에서 갈등이나 문제 상황도 풀리기 마련입니다. 내가 진보적인 시각을 갖고 있다고 생각되면 보수적인 생각을 가진 분들의 글도 읽고 내가 보수적인 시각이라면 진보적인 시각의 글을 읽어야 하는 것이지요. 그게 바로 제가 앞서 말씀드린 사설 대 사설의 정신이기도 합니다. 긴 글 읽어 주시느라 고생하셨습니다. 사설을 주로 읽되 한 신문의 사설만 읽어서도 안 되고 사설과 함께 칼럼을 읽어야 한다는 게 제 말의 요지입니다. 윤경이 어머님과 댁내 식구 분 모두 건강하십시오.

25

어떻게 신문을
읽어야 하나요?

쌤 오늘은 3과정의 마지막 시간이다. 쌤과 함께하는 '마지막 수
업'이구나. 얼마 전에 한 학부모님으로부터 신문을 어떻게 활
용하면 좋을지에 대한 질문을 이메일로 받았어. 사설로 논술
공부하는 방법에 대해 쌤의 의견을 말씀드렸는데, 그분께 답
장을 보내고 나니 그 이야기를 너희에게도 꼭 해 주어야 한다
는 의무감이 느껴지더라. 신문을 갖고 논술에 활용하는 법을
따로 시간 내서 해보자는 생각이 들었지. 그래서 이번 과정의
마지막 시간을 NIE로 장식하기로 했다. 신문은 읽기 매체로
도 좋고 쓰기 매체로도 좋아. 그런 의미에서 이번 강의는 2과
정과 3과정의 변증법적 종합인 셈이지. 먼저 너희에게 해주
고 싶은 말은 "논증적인 글쓰기에는 쟁점이 있다"는 말이야.

이 말에 대해서 생각해 보자. 무슨 뜻일까?

학생A 논술의 쟁점과 같은 소리죠? 논술이란 찬반양론이 엇갈리는 쟁점에 대해 자신의 의견을 분명하게 드러내는 글이란 뜻 아닌가요?

쌤 좋은 의견이다. 쟁점은 결국 충돌이야. 사람과 사람 간의 충돌이지. 아무 충돌이 없는 지점에서 쟁점이란 게 나오겠니? '27+55=82인가?'는 쟁점이 될 수 있을까?

학생B 아니요.

쌤 그 이유는?

학생B 누구나 다 동의할 것 아닌가요?

쌤 맞아, '예, 아니요'로 확연하게 갈리는 질문들은 쟁점이 있다고 볼 수 없어. 쟁점 대신 답이 있는 거지. 답이 아니어도 이미 사회적으로 확실하게 합의가 형성돼 있던가. 그런데 이런 문제들은 논술 시험에서 안 나오잖아? 자연계 논술에서는 증명 과정을 글로 쓰라든지 하는 식으로 나올 수 있지만 인문학이나 사회 과학을 주로 다루는 문과 언어 논술에서는 이런 식으로 승부가 한쪽으로 기우는 문제들은 나오지 않을 거야. 쌤이 논술 교육에서 신문을 강조하는 이유는 바로 쟁점 때문이야. 교과서에서는 주로 답이나 사회적 합의가 확실히 정해져 있는 내용이 기술되는 반면에 신문은 시작부터 주요 뉴스를 다루는 첫 페이지에서부터 칼럼이 있는 마지막 페이지까지 모두 쟁점을 다루고 있어. 그래서 신문 이상의 논술 교재가 있을 수 없는 거지. 신문을 열심히 보면 논술을 잘할 수 있다는 말은 그래서 어느 누구도 부인하기 어려운 거야. 쌤이 여기서 질문 하나 할게. 책-교과서-신문-경험 중에서 논술 시험에서 가장 중요한 게 뭐라고 생각하니?

학생C 저는 교과서요. 일단 교과서에서 제시문도 나오고 논제도 나오잖아요?

학생D 쌤 말씀대로 신문이라고 생각해요. 신문 칼럼처럼 글을 쓰면 높은 점수를 받는다잖아요?

학생B 저는 경험이라고 생각해요. 그래야지 독창인 글이 나오지요.

학생A 저도 비슷한 생각이에요.

쌤 경험이 다수 의견이구나. 맞는 이야기다. 좋은 글은 고3 체험에서 우러나온 글이라는 서울대 교수의 말도 있었지. 옛말에 만 권의 책을 읽을 바에야 만 리를 여행하라는 말이 있어. 그런데 우리 실정에서 고교생에게 직접 경험이 가당키나 한 소릴까? 직접 경험할 시간이 있기는 한가? 그러면 간접 경험에 의존할 수밖에 없지 않을까? 결국 책과 신문이겠지. 책은 깊이에서는 신문보다 앞설 거야. 하지만 다양한 간접 경험이라는 측면에서 책보다는 신문이 더 도움이 되겠지.

학생B 간접 체험을 늘리는 데 신문 이상이 없다 이거죠? 신문은 그

런데 논술을 준비하는 학생들은 다 보잖아요? 대개 수능 끝
나고 신문을 열심히 보면서 논제가 나오면 자기가 최근에 읽
은 신문 기사나 시사 이슈를 기계적으로 들이대는 학생들이
많다면서요. 이런 학생들은 낮은 점수를 받을 수밖에 없다고
신문에서 읽은 적이 있어요.

쌤　봐라. 그 자료 역시 신문에서 읽었잖아. 네 말은 창의성이 중
요하다는 말 같은데 쌤은 이렇게 말해 주고 싶어. 남과 다른
견해를 갖기 위해서는 우선 다른 사람들이 어떻게 생각하는지
알아야 하지 않겠니? 그게 바로 상식인데 그걸 알기 위해 신
문을 보는 것 이상의 방법이 어디에 있을까? 무엇이 상식인지
알아야 상식을 뒤엎는 창의력이 나올 수 있지 않겠니?

학생C　다른 사람들이 어떻게 생각하는지 알기 위해 신문을 봐라, 이
말씀이시지요? 신문 말고 인터넷도 있잖아요? 인터넷은 댓글
도 달려 있어서 다른 사람들이 어떻게 생각하는지 알기 쉽지
않나요?

쌤　좋은 지적이다. 요즘 너희들은 신문보다 인터넷을 더 많이 보
지? 그런데 이런 이야기가 있더라. 인터넷에 댓글을 올리는
사람은 전체 네티즌의 1%라는 이야기. 올리는 사람만 올리
는 거야. 사람들은 소수의 의견을 누리꾼 전체의 반응이라는
식으로 대세인 것처럼 착각할 수 있는 거야. 얼마든지 여론이
조작될 수 있다는 거지. 신문도 여론을 자기 멋대로 조작하는

경우가 없다고는 할 수 없지만 인터넷보다는 덜하다고 할 수 있어.

학생D 말이 나온 김에 신문을 인터넷으로 보는 것과 지면으로 보는 것 중 어느 것이 좋은지 그 차이를 말씀해 주세요.

쌤 쌤은 월간지와 주간지, 일간지 기자를 모두 해본 적이 있어. 그리고 정보 통신 분야를 취재할 때는 인터넷 언론 기자 역할도 했단다. 그래서 온라인과 오프라인 매체의 특징을 누구보다 잘 알고 있는 편이야. 어느 정도 신문에 익숙한 사람이라면 인터넷으로 뉴스를 보는 것도 괜찮아. 그런데 뉴스를 잘 모르는 사람들은 신문 형태의 편집에 익숙해질 필요가 있어. 사실 신문은 기사도 중요하지만 기사와 기사의 배치, 즉 편집도 눈여겨봐야 하거든. 같은 기사를 어떻게 배치하느냐에 따라 사람들이 전혀 다른 메시지를 기사에서 읽을 수 있는 거야. 편집이 어떻게 이루어지는지는 지면으로 된 신문이 아니고서는 알기 어렵잖아? 한 지면에 여러 기사들이 몰려 있을 경우, 배치를 통해 사안의 중대함을 파악할 수 있고, 제목의 크기, 사진 설명 등으로도 많은 것을 알 수 있는 거야. 반면에 인터넷 신문에서는 그걸 놓치기가 쉬워. 그리고 칼럼이나 사설을 가지고 논술문 쓰기 연습을 할 때 지면에서는 필자의 의도를 정확히 반영해 단락을 나누고 있지만 인터넷에서는 그냥 보기

좋게 아무렇게나 단락을 나누는 경우가 많거든. 칼럼이나 사설을 갖고 요약이나 자기 견해를 쓰는 쓰기 연습을 할 때에는 반드시 종이 신문 가지고 해라.

학생A 쌤 말씀을 들으면 인터넷 신문은 별로 장점이 없는 것 같아요. 인터넷 신문이 편하지 않나요?

쌤 그렇지 않아도 지금부터 장점을 이야기하려던 참이었어. 인터넷은 그 자체가 거대한 백과사전이잖아? 논술 시험에 필요한 배경 지식은 인터넷에 다 있는 셈이고. 쌤은 인터넷 신문을 배경 지식의 보고로 생각해. 예를 들면 기사 읽다가 모르는 단어 나오면 그 자리에서 검색어를 입력하면 설명이 나오잖아? 어떤 단어는 이미지도 뜨고. 훨씬 더 이해가 잘 되겠지. 그에 따라 당연히 독해력도 늘겠지. 그다음에 인터넷 신문의 장점은 또 있어. 인터넷은 하이퍼링크가 되잖아. 포털 사이트들은 뉴스 섹션에서 그 주제로 다양한 신문사들의 다양한 기사들을 모아 놓기 때문에 한 가지 쟁점에 대해 다양한 시각을 입체적으로 읽을 수 있어. 또 한 가지 매력은 관련 기사야. 신문사에서 운영하는 뉴스 사이트들에는 한 기사에 관련 기사들이 딸려 있거든. 기사를 읽고 마우스 클릭 몇 번 만으로도 도서관에서 기사를 찾아야 하는 수고를 덜어 줄 수 있는 거지. 또 이런 경우도 있어. 실시간으로 어떤 사건을 중계하는 거야. 시시각각 변하는 중요 사건을 다룬 기사에서 이런

★★★★★
포털 사이트들은 뉴스 섹션에서 그 주제로 다양한 신문사들의 다양한 기사들을 모아 놓기 때문에 한 가지 쟁점에 대해 다양한 시각을 입체적으로 읽을 수 있어.

경향이 두드러져. 앞부분에는 최신 기사가 실리고 뒷부분에는 같은 기사의 예전 버전을 읽을 수 있는 거야. 상황이 어떻게 변하고 있는지 흐름을 파악할 수 있지. 쌤도 솔직히 말하면 인터넷으로 신문을 본다. 하지만 너희에게는 처음부터 인터넷으로 신문을 보는 습관을 갖지 말고 오프라인 신문과 친해진 다음, 온라인 신문을 이용하기를 바라는 거야. 바로 편집에서 배우는 교육적 효과 때문이야.

학생B 신문 읽는 요령은 대충 알 것 같아요. 그럼 어떤 기사를 주로 읽어야 하나요?

쌤   그 질문에 대한 쌤의 답은 확실해. 사회면과 문화면에 좋은
기사는 쏠려 있어. 그 이유는 사회면에 너희가 가장 관심이
많은 교육 기사가 실리잖아? 그리고 사회에서 일어나는 다양
한 일들이 사건 기사 형태로 실리잖아? 사건 기사들을 눈여
겨보면 우리 사회에서 뭐가 문제인지 알 수 있지. 부정적인
기사만 있는 것은 아냐. 훈훈한 미담과 인물 기사도 주로 사
회면에 있어. 논술 시험에서 사례로 쓰기에 좋은 읽기 자료들
은 이처럼 사회면에 제일 많아. 그다음에는 문화면이야. 문화
면에 실린 기사들은 영화평, 학술, 서평, 미술 등의 기사들이
지? 논술 시험 제시문 중에서 교과서 다음으로 많이 나오는
것이 기사잖아? 어려운 글을 피하다 보니 신문 기사를 인용
하는 경우가 늘었어. 서울대 예시 문항 중에서 새만금 간척
사업에 관한 내용, 이혼율 증가 현상 등 시사적 소재를 다루
고 있는 문제들이 많잖아? 시사적 소재들이 논술에서 주로
다루어진다는 것은 학생들이 자신의 삶과 직 · 간접적으로 연
계되는 사회적 현안에 대해서 관심을 갖고 나름의 견해를 정
리해야 할 필요성을 암시하는 거지.

학생A 어떤 기사들이 제시문으로 많이 나오나요? 정말 궁금해요.

쌤   문화면의 기사들이 많이 활용되고 있어. 그 이유는 문화면 기
사들이 가독성이 높고 교수님들이 가장 관심 있게 보는 지면
이기 때문이지. 하지만 이 추세가 그대로 이어질 것 같지는

않아. 그동안 논술이 주로 인문학 교수님들이 주도해서 출제도 하고 채점도 했잖아? 하지만 통합 논술 시대에는 경제가 중요해졌고 경제학과나 경영학과 교수님들도 출제와 채점에 가담하는 경우가 늘면서 경제 기사도 많이 쓰이고 있어. 앞으로 논술 시험이 계열별로 세분화될 경우, 상대나 사회과학대를 지망하는 학생들의 경우, 경제 기사를 열심히 읽어야 할 필요성이 생기겠지.

학생C 저희는 교육면에 제일 관심이 많거든요. 교육면 기사 중에서 어떤 걸 읽어야 하나요?

쌤 쌤이 해주고 싶은 말은 종이 신문이건 인터넷 신문이건 "논술 자 들어가는 기사는 무조건 읽자"야. 쌤 같은 경우는 포털 사이트 사회 섹션의 교육 기사들을 매일 매일 접속해서 보고 있어. 교육 섹션 외에 다른 곳에도 교육 기사가 실린 경우가 많으니까 검색창에 논술이라고 입력해서 기사들이 죽 뜨면 그중에서 겹치지 않는 기사들을 중심으로 읽어. 예전에는 논술을 입력하면 하루에 한 꼭지 발견하기도 어려웠는데 논술 광풍이라는 말이 맞는 것 같아. 하루에도 몇십 개가 올라오는구나. 각 신문들은 한 주에 한 번 정도 논술 섹션을 제작하잖아? 논술 섹션에는 그 분야 전문가들이 글을 연재하거든. 쌤은 논술 섹션들을 모으고 있어. 매주 스크리닝을 하면서 가끔씩 테마를 정해 글을 몰아 읽는단다. 예를 들면 요약하기에 관한 연재들을 처음부터 가장 최근 것까지 역으로 보는 식으로 말이야.

학생D 저희는 공부 잘하는 학생들의 학습법 기사에 제일 관심이 많아요. 어떻게 읽으면 되나요?

쌤 공부 잘하는 학생들의 경험담을 무조건 받아들일 게 아니라 자기와 그 학생 사이의 공통점과 차이점을 비교해 보고 차이점이 있을 때 왜 그런 차이가 생겼는지 그 차이가 성적의 차이라고 할 수 있는지 등을 면밀하게 따진 다음에 도입해 보는 것이 좋겠지. 신문은 가급적이면 분석적으로 읽고 비판적으로 읽는 게 좋아. 그게 배경 지식을 체계적으로 늘리는 방법이 되기도 해.

학생A 그 이야기를 조금 더 구체적으로 해주세요.

쌤 신문에서 좋은 글을 읽을 때 현실에서 그에 해당하는 사례를 떠올려 보는 거야. 나만의 배경 지식 노트를 만들어 이것은 "무슨무슨 주제로 글을 쓸 때 배경 지식으로 쓸 만하다"라고 기록을 하자 이거야. 예를 들면 이런 거지. (쌤은 학생들에게 2007년 3월 8일자 〈조선일보〉에 김광일 기자가 쓴 칼럼 "레스퐁사블, 메 농 쿠파블" 기사를 학생들에게 나눠 준다.)

쌤 책임을 져야 마땅한 사람이 사과는 하지만 결코 책임을 지지 않는 자세를 비판하고 있어. 이 기사에는 다양한 사례를 들고 있는데 쌤은 이 기사를 읽고 기사 바깥에서 사례를 생각해 보

▨ 태평로 ▨

'레스퐁사블, 메 농 쿠파블'

김광일 문화부장

잘못에 대해 책임 안지고
요리조리 빠져나가는 세태

현대 프랑스어에 이런 유행어가 있다. '책임은 있는, 그러나 유죄(有罪)는 아닌!' 고전에서 유래된 격언이나 속담이 아니다. 책임 소재가 애매하거나 줄거리가 복잡하게 얽힌 스캔들이 터졌을 때 마꾸라지처럼 요리조리 빠져나가는 관련 인사를 꼬집으며 쓰는 말이다. 발음대로 옮기면 '레스퐁사블, 메 농 쿠파블'(responsable, mais non coupable)이다.

최근 '마시멜로 이야기'라는 베스트 셀러가 대리 번역의 혐의를 벗었다. 서울중앙지검 조사부가 '무혐의 처분'을 했다는 것이다. 대리 번역의 부도덕성에 분노했던 독자들은 다소 황당해지겠지만 그것이 우리 검찰의 최종 판단이라 할 말은 없다. 이 책은 작년 가을부터 대리 번역 스캔들에 휘말리면서 오히려 수십만 부가 더 팔려나가는 기현상을 보였다. 이제는 '셀픽션'(selfiction·우화형 자기 계발서)이라는 새로운 출판 영역의 성공사례로 자리매김하게 됐다. 어떻게 보면 기묘한 일이다. 100만 독자가 속았고, 번역자로 이름을 올렸던 아나운서도, 출판사도 책임을 통감한다고 했는데, 모두가 무죄가 됐다.

90년대 초 소설 '즐거운 사라'의 음란성 시비로 마광수 연세대 교수가 법정에 섰을 때 그는 문화 예술인들의 동정을 받았다. 그를 정서로 옹호하는 학자들도 적지 않았다. 작가에게 부여된 표현의 자유는 그 어떤 제약 아래에 놓여서는 안 된다는 이유였다. 그러나

이번엔 그가 제자의 시를 도용한 것으로 드러나 엊그제 정직 2개월의 징계를 학교 당국으로부터 받았다. 그는 "과오를 별충하고 명예회복을 할 겸 시집과 문화비평집을 출판하는 데 집중하겠다"고 말했다. 그 역시 '책임'을 통감하고 있는 것 같기는 한데, '유죄'를 진지하게 생각하고 있는지는 의문이다.

얼마 전 출판계의 '마이더스 손'이라는 별명을 가지고 있는 R씨가 편집한 책의 표지를 도용한 것으로 드러났지만 공식적으로 어떤 조치를 취했는지는 분명하지 않았다. 물론 출판사는 스캔들이 터진 다음에 책에서 빼어내는 표지 표지를 신속하게 바꾸기는 했다. 그러나 독자들은 표지 도용에 대해 어떤 똑 부러진 답변도 듣지 못하고 있다. R씨는 자신의 책을 구입해준 수십만 독자들에게 '레스퐁사블'하지만 '쿠파블'하지는 않다고 말하고 있는 것인지 모른다.

한때나마 우리나라의 교육을 책임졌던 부

총리도, 그리고 우리나라의 대표적인 사학을 책임졌던 총장도 표절 시비로 중간에 낙마했다. 물론 그들은 할 말이 많았다. 언론을 원망하거나 또는 "억울하다, 뭔가 오해했다, 관행이었다"고 하소연했다. 본의 아니게 심려를 끼쳐 죄송하다는 말도 했다. 그러나 우리가 수없이 목격해온 이런 모습은 근본적으로 '레스퐁사블, 농 쿠파블'의 자세다.

상식을 가진 일반인들, 평범한 시민들은 오히려 '책임'과 '유죄'를 거의 같은 의미로 받아들인다. 하다못해 가벼운 접촉사고나 교통법규 위반으로 적발되어도 책임 소재를 분명하게 따지고 있고, 그 책임 소재에 따라서 유·부죄 여부가 확정된다.

프랑스 중앙혈액은행이 공급한 혈액에서 에이즈 바이러스가 검출되는 오염사건이 일어났을 때 중앙혈액은행 총재도, 그를 지휘 감독한 총리도 한결같이 법망을 빠져나갔다. 그리고 국민들에게 사과했다. 피해자들에게 인간적인, 도덕적인 책임을 느낀다고 말했다. 이들날 신문들이 보도했다. 레스퐁사블, 메 농 쿠파블?

우리 문화 예술인들, 지식인들, 정치적 지도자들, 사회의 유력 인사들도 점차 이런 태도를 당연하게 여기는 듯하다. 모든 과오는 시스템 때문에 어쩔 수 없었다는 듯이, 사과를 하는 것은 자신이 아니라 자신의 직책일 뿐이라는 듯이.

kikim@chosun.com

★★★★★

이 기사에는 다양한 사례를 들고 있는데 쌤은 이 기사를 읽고 기사 바깥에서 사례를 생각해 보았어. 쌤은 2007년 겨울에 인기를 끈 〈하얀 거탑〉이라는 드라마를 떠올렸어.

앉어. 쌤은 2007년 겨울에 인기를 끈 〈하얀 거탑〉이라는 드라마를 떠올렸어. 거기서 의료 사고를 낸 장준혁이 재판정에서 한 말이 뭔지 아니?

학생B 유족에게 도의적 책임은 느끼지만 법적 책임은 질 수 없다는 말 아니었나요?

쌤 기억력 좋구나. 맞아, 바로 이게 '레스퐁사블, 메 농 쿠파블'의 전형적인 사례이지. 학생들이 책임이라는 논제의 논술 시

험 문제지를 받았다고 생각해 봐. 이 기사를 읽은 학생들이라면 이 기사에서 나타난 사례들, 프랑스의 에이즈 바이러스 혈액 사건이나 《마시멜로 이야기》를 쓰려고 하겠지. 그런데 신문을 비판적이고 분석적으로 읽는 학생들이라면 이 기사와 〈하얀 거탑〉의 장준혁을 연결시켜 문제점을 더 실감나게 지적할 수 있는 거야. 항상 기사나 칼럼을 읽을 때는 내가 기존에 알고 있던 것과 새로 알게 된 내용을 연결시키려고 하는 자세가 필요하단다. 그게 바로 통합 논술 시대에 가장 중요한 영역 전이형 사고가 되는 거지.

학생C 신문이 좋은 걸 알지만 신문조차 읽을 시간이 없을 때는 어떻게 하죠?

쌤 왜 없겠니? 없으면 만들면 되는 거지. 놀토나 일요일에 그 주일의 신문을 몰아서 읽는 거야. 특히 토요일에는 북스면이 실리잖아? 책 비평 기사는 반드시 읽어. 오죽하면 "가장 좋은 공부는 서평 읽기"라는 말도 생겼겠니? 책을 읽을 시간이 없으면 그 책의 핵심을 다룬 서평 기사를 읽는 것도 대안이 될 수 있거든. 토요일 자에는 신문에서 문화 칼럼이나 과학 칼럼처럼 학생들이 읽을 만한 칼럼들을 많이 연재한단다. 평소에는 정치나 경제 등 무거운 칼럼을 싣다가 주말에는 학생들을 겨냥해서 말랑말랑하면서 학생들에게 필요한 정보를 제공해주려고 노력하는 거야. 이런 이유에서 쌤은 너희들에게는 평일 신문보다 주말 신문을 더 권해 주고 싶어.

학생D 제시문에서도 출제자의 의도 파악이 중요하잖아요? 마찬가지 이유로 신문, 특히 사설이나 칼럼에서도 의도를 파악하는 게 중요하다고 할 수 있을까요?

쌤 그렇지. 글을 쓴 저자의 의도를 파악하는 것도 필요해. 하지만 편집자(신문사에선 데스크라고 해)의 의도를 파악하는 것이 더 중요해. "왜 이 제목을 달았을까?", "중제는 왜 이렇게 달았을까?", "이 사람이 말한 내용 중에서 왜 이 말을 발문으로 뽑았을까" 등을 따져 보라는 거야. 그게 바로 논술 시험에서 제시문 독해할 때 출제자의 의도를 파악하는 과정과 비슷하단다. 내가 데스크가 되어 보는 거야. "내가 데스크라면 이 기사의 제목을 이렇게 뽑았을 텐데, 나라면 이 기사를 상단에 배치했을 텐데" 등등을 머리에 떠올리면서 읽는 거지. 물론 그때마다 "내가 그렇게 생각하는 이유는 무엇 때문이다"라고 근거를 대는 훈련도 해야 해. 그때는 사안마다 다른 기준을 제시하지 말고 나는 "상대주의자이기 때문에 북한의 인권에 대해서 내재적인 접근이 필요하다고 본다든지", "나는 한국 사회에서 탈근대가 시대적인 과제라고 생각하기 때문에 세계화에 찬성한다든지" 하는 식으로 자신의 철학이나 분석 틀을 먼저 분명하게 밝히고 그에 상응하는 의견이나 입장을 대도록 해야 해. 인권을 보편적인 그 무엇으로 생각하면서 북한의 인권은 북한의 특수성 탓으로 돌리는 식의 모순이나 이율배반을 저지르지 않을 수 있어.

학생A 신문을 가지고 논리적으로 생각하고 논리적으로 쓰는 습관을 들이라는 말씀이네요? 하지만 저희들은 쌤처럼 철학도 없고 분석 틀 같은 것은 더더욱 없잖아요?

쌤 철학을 갖자는 이야기인데 그전에 할 일이 있어. 뭐냐면 아무리 전문가라고 하더라도 그 권위에 기죽지 말고 사설이나 칼럼에 대해서 반박해 보는 훈련을 하자는 거야. "나는 그렇게 생각 안 해. 그 이유는 ~때문이야"라고 문장을 만드는 거야. 처음에는 말도 안 되겠지. 하지만 그 문제에 관해서 배경 지식이 늘면서 차츰차츰 내 반박이 말이 된다는 것을 느낄 수 있을 거야. 반대 견해를 정리하면서 사고력이 발전하는 거란다. 반대 견해를 내세우기 어려우면 논의를 수평적으로 확장하자. 무슨 말인고 하니 한미 FTA에 관한 칼럼을 읽었다고 쳐. 그 칼럼이 경제에 미치는 영향에 주목하고 있으면 나는 문화에 미치는 영향에 주목한다든지 하는 거야. 그게 쌓이면 비판적 사고가 자연스럽게 형성되는 거란다.

학생B 그 부분을 자세히 설명해 주세요.

쌤 신문 읽기를 통해 비판적 사고를 길러야 한다고 했잖아? 사설 대 사설로 가능해. 사설 대 사설은 한 쟁점을 놓고 상반된 시각을 보여 주는 두 사설을 나란히 읽는 거야. 왜 이런 작업이 필요하냐 하면 계속해서 한 신문만 볼 경우, 그 신문의 주장이 마치 여론─대세, 아니면 도덕적으로 가치 있는 것처럼 세뇌되기 쉽기 때문이야. 논술은 내 생각을 쓰는 시험이잖아? 우선 내 생각이 과연 내 생각인지 아니면 특정 언론에 의해서 세뇌된 게 아닌지를 따져야겠지. 그러기 위해서는 나와 다른 사람들의 견해에도 관심을 갖고 그들의 주장을 꾸준히 비교해 보는 자세가 필요해. 다른 입장을 가진 사람들이 어떤 주장을 하고 있고 어떤 근거를 갖고 있는지를 알고 있어야 그 사람들을 설득할 수 있는 근거를 댈 수 있는 것 아니겠니? 읽고 나서 쟁점이 무엇이고 그 쟁점에 대한 입장은 어떻게 다르

★★★★★

신문 읽기를 통해 비판적 사고를 길러야 한다고 했잖아? 사설 대 사설로 가능해. 사설 대 사설은 한 쟁점을 놓고 상반된 시각을 보여 주는 두 사설을 나란히 읽는 거야. 왜 이런 작업이 필요하냐 하면 계속해서 한 신문만 볼 경우, 그 신문의 주장이 마치 여론 ─ 대세, 아니면 도덕적으로 가치 있는 것처럼 세뇌되기 쉽기 때문이야.

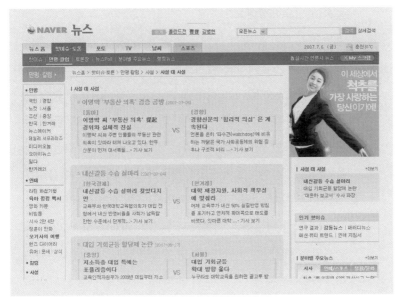

고 자신의 주장을 설득시키기 위해 어떤 논거들을 활용하고 있다는 점을 찾아보는 거지. 주요 포털 사이트에는 이런 방식으로 관점이 다른 사설들을 모아 놓고 있어. 찾기 힘들면 이런 코너를 활용해 보는 것도 좋아. 더 좋은 건 사설을 읽고 나는 어떤 쪽을 지지한다고 댓글을 달아 보는 거야. 그런 식의 발언이 표현력도 키워 주고 사회를 보는 눈도 키워 주는 거거든. 가끔씩 다른 네티즌과 논쟁도 해보고 그러다 보면 논술을 잘 할 수 있는 능력이 키워지는 것이 아닐까?

학생C 결국 논술은 소통이라는 말씀이시네요? 나와 같은 생각을 가진 사람뿐 아니라 다른 사람과의 원활한 소통을 위해서라도 논술이 필요하겠네요.

쌤 소통을 무시한 일방적 독백은 논술이 아냐. 언어폭력일 뿐이야. 신문을 이용해서 논리적으로 생각하고 논리적으로 글쓰기 훈련을 할 수 있다는 것이 오늘 강의의 요지야. 꼭 논술 때문이 아니더라도 논리적으로 사고하고 논리적으로 글 쓰는 훈련은 필요한 거야. 소통이 되는 세상이 결국 아름다운 세상을 만드는 것 아니겠어. 영화 제목이기도 하지만 '아름다운 세상을 위하여' 논술 시험은 존재하는 거지. 입시의 당락을 가르는 핵심 변수라는 이름으로 논술이 시험이 되어 버린 게 슬프기는 하지만 그래도 논술 공부하면 남는 게 있단다. 열심히 객관식 문제 답 찾는 훈련해 봐야 대학 들어가서, 그리고 사회에 나와서 무슨 소용이 있겠니? 논술은 힘들지만 그 공부한 과정이 본인의 인성이나 지력에 고스란히 반영이 되는 거야. 마지막으로 쌤이 너희에게 해주고 싶은 말도 그거야. 논술을 공부하면 반드시 남는 게 있다. 그 말을 꼭 기억해 주기 바란다. 여기까지 오느라 고생했다. 모두, 안녕.

신쌤의 통합 논술 완전 정복

1판1쇄 인쇄 2007년 9월 15일
1판1쇄 발행 2007년 9월 20일

지은이 | 신진상
펴낸이 | 임성규

기획 | 씽크풀(xoproject@naver.com)__ 디자인 | 미담

펴낸곳 | 메가트렌드
등록 | 1988. 11. 5. 제1-832호
주소 | 서울시 성북구 동소문동 4가 111번지
전화 | 928-8741~3(영) 927-4990~2(편)__ 팩스 | 925-5406
ⓒ 신진상, 2007

이메일 | webmaster@munidang.com
홈페이지 | http://www.munidang.com

ISBN 978-89-7456-378-3 43100

값은 뒤표지에 표시되어 있습니다.

메가트렌드는 문이당 출판사의 브랜드입니다.